Impressum

Peter Zingler (Hg):

Rotlicht im Kopf – Das Sudfass

© 2010 B3 Verlag · Norbert Rojan · Markgrafenstraße 12 · 60487 Frankfurt am Main
Alle Rechte vorbehalten. Das Werk einschließlich seiner Teile ist urheberrechtlich geschützt.
Jede Verwertung außerhalb der engen Grenzen des Urheberrechtsgesetzes ist ohne Zustimmung
des Verlages unzulässig und strafbar. Das gilt insbesondere für Kopien, Einspeicherung
und Verarbeitung in elektronischen Systemen.

Weitere Titel des B3 Verlages unter www.bedrei.de

Gestaltung, Satz: Reklamerei Thomas Brähler, Bad Homburg
Umschlag: Maja Farnung, Bad Homburg
Fotos Sudfass: Thomas Goos, Groß-Gerau
Lektorat: Text at Work, Janine Bach, Frankfurt am Main
Druck: Henrich Druck + Medien GmbH, Frankfurt am Main

Alle Texte, bis auf die gesondert gezeichneten, stammen von PETER ZINGLER.

Printed in Germany

ISBN 978-3-938783-70-2

Peter Zingler (Hg.)

Rotlicht im Kopf

DAS SUDFASS
Über das berühmteste Bordell der Welt und warum Männer in den Puff gehen.

Mit Fotos von Thomas Goos

INHALT

Vorwort 7

Mythos Sudfass
Von der Entstehung bis zur Schließung 8

Historie 54

Frauen und Männer
Begebenheiten und Geschichten aus 37 Jahren Sudfass
Wir bleiben hier, wo wir sind 65
Die Märchentante 79
Der Abwinker 95
Das Motorrad, oder wie Lina in den Puff kam 103
Der Fuchs von Rhodos 133
Der Überfall 155
Der Tresorschlüssel 163

Tragische Schicksale
Mona 172
Lissy 173
Franzi 174
Angelika - Der Wunderfick 176
Der größte Idiot im Sudfass 178

Zuhälter 180

Ruhe im Puff oder die Hure als Sündenbock
Eine philosophische Betrachtung von Matthias Beltz u. Torsten Schiller 190

Sudfass Gästeliste 196

Warum Männer in den Puff gehen
Eine Analyse der Betroffenen: Huren, Freier, Puffbedienstete.
Ergänzt von Diplom-Sexual-Pädagogin Monika Büchner 198

Dieter Engel
Ein Portrait des Erfinders, Erbauers und Betreibers des Sudfasses 208

Bildnachweis 216

VORWORT

Das Sudfass ist mehr als ein Gebäude, mehr als ein Bordell. Zunächst war es nur eine Philosophie seines Gründers, Dieter Engel, dessen romantische Vision es war, in freundlicher Atmosphäre ein kommunikatives Miteinander von Prostituierten und Freiern zu schaffen.

Ein Ort, an dem sich alle wohlfühlen sollten. An dem Prostituierte keine Angst haben mussten, von aggressiven Freiern bedroht, missbraucht, verletzt oder gar getötet zu werden. Und, wenn die Frauen es wollten, gab es auch Schutz vor Zuhältern. Den Freiern wurde die Angst genommen, in dunklen Hinterhöfen bestohlen, betrogen oder überfallen zu werden. Sie trafen ihre Partnerinnen auf Zeit in einem ruhigen, beheizten Raum, als Saunagäste fast unverhüllt, was spätere Enttäuschungen vermied. Außerdem war so eine ständige, gesundheitliche Kontrolle garantiert.

Engel hoffte, durch die Kombination von Sauna & Prostitution eine bürgerliche Akzeptanz des ältesten Gewerbes der Welt zu erreichen. Es ging ihm nicht nur um räumliche Veränderungen, auch die Frauen sollten, in Kranken- und Sozialversicherung angemeldet, einen höheren Status erlangen. Ob er das wirklich erreichen konnte, mögen Sie nach der Lektüre beurteilen. Viele Frauen fühlten sich dort sehr wohl, einige differenzierten und sagten, durch die freundliche Nähe zum Kunden müsse man „zuviel geben" und eine Dame fand das drastische Bild: „Die Geldbörse ist voll, aber die Seele frisst Backsteine."

So wurde das Sudfass nicht nur in ganz Europa zum nachgeahmten Vorbild einer neuen Bordellära, sondern auch zum erfolgreichsten „Kaufhaus der Branche", wie es angereiste Messegäste aus Übersee nannten. Sie stellten ihre Koffer nicht im Hotel, sondern im Sudfass ab, obwohl es dort, statt ruhiger Übernachtungsmöglichkeiten, nur Lotterbetten gab.

Zweifellos ist das Sudfass ein Stück Frankfurter und Deutscher Sittengeschichte. Auch ein solches Haus und das Gewerbe schlechthin leben von Angebot und Nachfrage, dass weiß man seit Jahrtausenden. Genauso lange treibt vor allem Frauen die Frage um: „Warum geht mein Mann in den Puff?" Wir wollen die Frage klar beantworten, nicht nur durch eine psychologische Expertise, sondern auch durch die Befragung und Erfahrung des „Personals".

Das Sudfass lebte von den Menschen, die es bewohnten und besuchten, aus Spaß oder als Muss. Daher berichtet dieses Buch überwiegend von den Huren und den Freiern, den Barkeepern und Putzfrauen, den Wäscherinnen und Hausmeistern, den Damen und Herren an der Kasse, den Zuhältern, Taxifahrern und den Polizisten bei ihren häufigen Razzien, die meist grundlos, als Folge von Neid und politischer Überaktion, angeordnet zu sein schienen.

Die Prostitution und die Welt des damit verbundenen Milieus spaltet die Gesellschaft in Befürworter und vehemente Gegner, die Positionen scheinen dabei unüberbrückbar und zementiert. Den vielseitigen Facetten des Rotlichts kann und möchte ich an dieser Stelle nicht nachgehen, sondern die Geschichte eines Hauses, die des Sudfasses, erzählen. All diese Berichte, Erinnerungen, Erfahrungen, Aufzeichnungen und Zeitungsnotizen habe ich gewissenhaft sortiert, notiert und gegebenenfalls nacherzählt. Nichts in diesem Buch ist reine Erfindung.

Peter Zingler
Frankfurt am Main im Frühjahr 2010.

Peter Zingler

MYTHOS SUDFASS

Öffnungszeiten:		
Montag	13,00 – 21,00	Damen
Dienstag	13,00 – 21,30	Herren
Mittwoch	13,00 – 17,00	Gemischt
	17,00 – 22,00	Paare
Donnerstag	13,00 – 21,30	Gemischt
Freitag		
Samstag	9,00 – 21,30	Gemischt

DUSCHEN
  FUSSBÄDER
    SCHWITZEN
      KALTWASSER
        FREILUFTGARTEN
          SCHWIMMEN
            RUHERAUM
              SERVICE
                MASSAGE
                  UNTERWASSERMASSAGE

Alle Kassen im Hause!

PS.: Jetzt auch Gemütlichkeit im Blockhaus am Kamin beim Grill.

Ihre „NORD-SAUNA" in PULHEIM erwartet Sie!

Besitzer: Engel, Telefon 9298/2834

ge. Andernfalls: „Der nächste Schnupfen kommt bestimmt!"

Fachgerechte Massage für Wohlbefinden und *SCHÖNHEIT*. Ihr Aussehen und Ihre Erscheinung bedanken sich mit einem makellosen Teint und glatter, straffer Haut des Körpers. Schwitzen kann unangenehm sein. – Stimmt! – Nicht aber in trocken-heißer Luft, nackt und mit frischen, weißen Frotteetüchern. Ihre Figur findet zurück zur normalen Linie und nach jedem Besuch der NORD-SAUNA heißt es:

              – „WIE NEUGEBOREN" –

„Ich gehe jetzt regelmäßig in die SAUNA" „Ich fühle mich pudelwohl und die SAUNA bekommt mir prächtig" – „Warum Scham vor anderen Leuten? Alles ist so harmlos und natürlich."

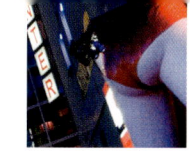

MYTHOS SUDFASS

Das Sudfass, Edelpuff in Frankfurt, war fast 40 Jahren lang Tummelplatz von Frauen aus aller Welt und ihren Freiern, Armen und Reichen und solchen, die es glaubten zu sein, von Spießern, Verrückten und Normalen, Außenseitern und Besessenen, Hoch- und Tiefstaplern, Idealisten und Speichelleckern. All die haben und hatten im Sudfass ihren Platz und konnten so sein, wie sie wollten. Nach Entrichten des Obolus' blieb alles Geheimnis. Erst danach, vor der Tür des Sudfasses, begann wieder der Alltag.

Kein Bordell in Deutschland erreichte je einen Kultstatus wie das Sudfass. Allenfalls der Berliner Vorkriegspuff „Salon Kitty" war durch die politische Brisanz jener Zeit über die Grenzen hinaus bekannt geworden, allerdings stets „hinter vorgehaltener Hand". Daher war „Salon Kitty" von seiner Öffentlichkeitswirkung und erst recht vom Umsatz her nie in der Lage, das Sudfass auch nur annähernd zu erreichen.

Das lag vor allem an dem Mann, dessen Visionen wahr wurden und dem wir ein besonderes Kapitel widmen, dem Erfinder und Betreiber Dieter Engel. Aber es lag auch an der Zeit, in der das Sudfass entstand. In den späten sechziger- und frühen siebziger Jahren revoltierten nicht nur die Studenten. Alte, verkrustete Sitten verfielen, die Jungen brachen mit der Vergangenheit und auch mit der Moral der Väter. Dass damals auch ein Umbruch im „Gewerbe" bevorstand, deutete sich zunächst in Engels Heimatstadt Köln an, wo er mit einigen Mitstreitern versuchte, eine neuartige Bordell-Situation zu kreieren.

Engels Meinung nach gehört die Prostitution zur Gesellschaft und damit auch mitten unter sie wie im Mittelalter, als sie in öffentlichen Badehäusern ausgeübt wurde. Seitdem wurde sie auf Betreiben der Kirchen und ihrer Doppelmoral in dunkle Gassen, stickige Bars und marode Hotelzimmer verbannt. Engel fand, das sei keine Basis für eine „freudvolle" Begegnung. Er wollte eine Situation schaffen, bei der sich Huren und Freier auf Augenhöhe begegnen. Ob das überhaupt jemals möglich ist, bleibt dahingestellt. Jedenfalls war das sein Anspruch. Dieter Engel ist Romantiker.

Und es war diese Romantik, die ihn 1966 in seiner „normalen" Gemeinschaftssauna, der „Nord Sauna" in Pulheim bei Köln, überkam, als am Tag der Eröffnung das erste nackte Paar aus der Ankleidekabine trat. Engel dachte ehrfürchtig aber auch etwas ängstlich an den Kölner Erzbischof. Was der wohl sagen würde, wäre er jetzt hier?

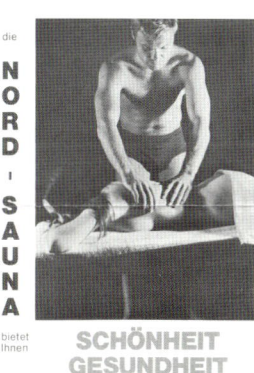

MYTHOS SUDFASS

Saunen gab es in Deutschland, seitdem die Olympiamannschaft der Finnen für ihr Quartier bei der Olympiade 1936 eine Sauna gefordert hatte. Aber die Moral forderte: montags Männer, dienstags Frauen und allenfalls ein Wochentag hieß „gemischt". Eine gigantische Bedrohung der bestehenden Moral! Einander fremde Männer und Frauen, nackt und zusammen in einem Raum!

„NORD-SAUNA"
„Ich war noch nie in einer Sauna!" – „Ich weiß nicht, ob ich es vertrage?" – „Ich geniere mich so nackt vor anderen Leuten!"

Alle Ausreden dieser Art gelten nicht für die NORD-SAUNA. Schon der erste Besuch wird Sie überzeugen und schnell haben Sie IHREN SAUNA-KLUB gefunden. Dabei lernen Sie eine ganz neue Art der GESELLIGKEIT kennen. Für Ihr leibliches Wohl sorgt ein ganz ausgezeichneter Service. Ihrer GESUNDHEIT zuliebe: Abhärtung gegen Erkältungs- und Infektionskrankheiten, Gelenk- und Muskelrheumatismus, Unempfindlichkeit gegen Wetter- und Temperaturumschwünge.

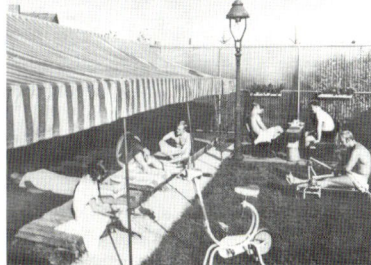

So hatte Engel es bei seinem ersten Versuch in der Kölner Huhnsgasse auch gehandhabt, wo er 1965 die „Finnlandsauna" eröffnete, die auch gleich einen Preis erhielt: „Schönste Sauna auf kleinstem Raum". Aber, wie gesagt, sehr klein und schon kurz darauf bot sich ihm die Möglichkeit, sich gewaltig zu vergrößern.

In Pulheim traute dieser Dieter Engel sich, eine reine Gemeinschaftssauna zu eröffnen. Immer gemischt! Ohne Ausredetage! Was für ein Paukenschlag!

Engels Rechtfertigung war, dass so etwas Natürliches wie der Anblick schöner nackter Körper nicht durch falsche Moralvorschriften der Kirche zerstört werden dürfe.

Der Erzbischof kam natürlich nie persönlich und so schritten Sodom und Gomorrha fort, das Geschäft florierte. Viele Nackte kamen, Paare und Singles. Weniger Frauen, mehr Männer, und Engel deutete deren sehnsuchtsvolle Blicke richtig. „Wenn ...", so dachte er insgeheim und schmückte seine Vision im Geiste aus: Sauna, Massagen, Swimmingpool, dann Nickerchen, dann Fickerchen.

Gesundheit und Vergnügen, damals gab es das Wort „Wellness" noch nicht. Rundum edles Ambiente, bereitwillige, schöne, nackte Girls und interessierte, gutbetuchte Männer. Die Vision ließ Engel nicht los, er machte sich daran, seine geheimen Gedankengänge Realität werden zu lassen.

„Römerbad" hieß sein erster Versuch, eine alte Villa mit römischer Stadtmauer im Keller und Marmorpool im Empfangsbereich.

Engels Trick: Die Gäste mussten durch den Pool zu den Frauen schwimmen. Erstens diente es der erwünschten Körperreinigung, zweitens dokumentierte es die männliche Gier und führte zur Heiterkeit der anwesenden Frauen. Das Römerbad gab den Frauen die Möglichkeit, ihre Kontaktpartner auszusuchen, mit ihnen zu reden, sie abzulehnen oder sich auf sie einzulassen. Die Männer hatten die Sicherheit, nicht in irgendwelche Hinterhalte zu geraten, betrogen oder beraubt zu werden. Noch dazu wurde bei der klaren Konfrontation – er nackt im Handtuch, sie im Slip – keine Katze im Sack gekauft. Brutal, aber ehrlich.

Abgemildert wurde das alles durch ein Gläschen Champagner zur Einstimmung. Natürlich gingen alle Frauen regelmäßig zur medizinischen Kontrolle. Das kam an. Nur durch Mund-zu-Mund-Propaganda war das Römerbad schon nach einer Woche täglich überfüllt.

Die Immobilie war der Kracher. Sie gehörte dem berühmt-berüchtigten Immobilienhai Günther Kaussen. Engel kannte Kaussen aus

MYTHOS SUDFASS

seiner Zeit als Fußbodenverleger, und der Milliardär erkannte sofort, wie gut die Idee Engels funktionieren könnte. Er gab Engel einen Vorsprung bis zur ersten Mietzahlung und ließ ihn machen. Und Engel machte. Bis der Erfolg andere neidisch und die Behörden aufmerksam machte.

Derart saftige Spielplätze wie das Römerbad waren bisher immer an der katholischen Moralvorstellung der Kölner Behörden gescheitert. Mit oder ohne Druck des Erzbischofs.

Frankfurt, so hatte Engel gehört, war da weitaus liberaler. Das stimmte allerdings nur eingeschränkt. Die Stadt Frankfurt war mit ihrem Milieu keineswegs immer gut umgegangen. Frankfurt hatte zwar von seinem „schlechten Ruf" jahrzehntelang sehr gut gelebt. Das wussten auch die Stadtväter und immer, wenn sie das Milieu brauchten, warfen sie den Bordellbetreibern ein paar Brocken Freiheit hin, um es ihnen kurz darauf wieder wegzunehmen.

Es gibt in Deutschland keine „Puffkonzessionen", es gibt nur Duldungen. Und es gibt das Baurecht, das Strafrecht, das Verwaltungsrecht und das BGB, um die Duldungen zu widerrufen. Es hat den Kommunalpolitikern immer gefallen, die Leute des Milieus in einer ständigen Unsicherheit zu halten auch wenn die Behörden dafür von den Gerichten häufig gerügt wurden, denn auch ein Puffbesitzer braucht „Planungssicherheit", wie das so schön heißt.

Als Beispiel: Wer eine Baugenehmigung erhielt und baute, sollte nicht nach Fertigstellung des Hauses hören, „Ätsch, alles ganz anders, wieder abreißen!" So etwas passierte allerdings im Milieu häufiger und die Ordnungsbehörden haben sich das nur getraut, weil sie wussten, dass Puffbesitzer keine Lobby haben.

MYTHOS SUDFASS

Puffs haben fast nur Kunden, die nicht öffentlich zu ihren Neigungen stehen und daher weder für die Rechte des Gewerbes eintreten noch demonstrieren.

Ende der Sechziger tobte in Frankfurt der Häuserkampf. Linke und sozial engagierte Studentengruppen widerstanden den Immobilienspekulanten, die, vor allem im Westend, schöne alte Häuser abrissen, um dort Hochhäuser zu bauen. Im Rahmen der Häuserbesetzungen, die teilweise in Räumungsschlachten ausarteten, und in denen sich unser ehemaliger Außenminister Joschka Fischer als Steinewerfer die ersten Sporen verdiente, wollte die Stadt nicht auch noch das Milieu gegen sich haben. Geschickt versprachen sie den Bordellbetreibern, ihnen für ihre Betriebe Ausschankkonzessionen zu erteilen, wenn sie sich aus dem Westend zurückzögen ins Bahnhofsviertel. Die Bordelliers haben sich beraten und dem Deal zugestimmt.

Keine 20 Jahre später hat die Stadt über Nacht alle Konzessionen wieder kassiert und behauptet, man habe sich damals schlicht geirrt. Bordell und Getränkekonzession schlössen einander aus.

Die protestantische Frankfurter Moral steht der katholischen Kölner Moral also in nichts nach. Dessen ungeachtet, und im Vertrauen auf die üblichen Halbzusagen der Behörden, eröffnete Dieter Engel am 2. April 1971 in einem ehemaligen Lagerschuppen des Heizungs-

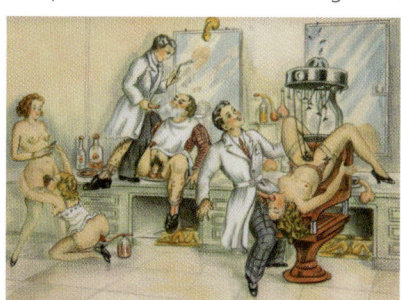

herstellers Vaillant das Sudfass. Allerdings mit inhaltlicher Verzögerung. Anstelle eines Bordells überließ Engel das Sudfass zunächst einmal den Schwulen als Treffpunkt.

Das Gebäude lag im Hinterhof der Oskar-von-Miller-Straße 2 bis 12 im Toleranzgebiet. Das bedeutete: Prostitution war erlaubt. In den Häusern zur Straßenfront mit den Nummern 2 bis 12 befanden sich überwiegend Wohnungen. Es gab einen Kiosk im Haus Nr. 2 und in Haus Nr. 6 den „Sexy Pirat", ein primitives Animierlokal der Gebrüder Hombach, zwei ehemalige Amateurboxer. Über dem Lokal und in Nebenhaus Nr. 8 befanden sich Zimmer, die mehr oder weniger von Prostituierten belegt waren, sogenannte „Laufhäuser". „Laufen" musste der Freier, treppauf, treppab.

Der Gebäudekomplex war rechts und links von zwei Main-Brücken begrenzt, der Obermainbrücke – heute Ignaz-Bubis-Brücke – und der Flößerbrücke, einer Behelfskonstruktion, die seit Kriegsende über den Main führte und Mitte der achtziger Jahre abgerissen und durch eine neue Brücke ersetzt wurde. Doch das ist ein Thema, das, später behandelt, noch ganz wichtig fürs Sudfass werden sollte. Das gesamte Ostend, noch in den Zwanzigern ein überwiegend von jüdischen Mitbürgern bewohntes Areal mit einem großen Pferdemarkt, war nach dem Krieg zu einem Viertel von Kleingewerbetreibenden, Ausländern, Huren und Obdachlosen geworden. Die nur 300 Meter entfernte Großmarkthalle gab allerlei Tagelöhnern Aushilfsjobs. Die Händler und ihre Helfer, dazu zählten auch die vielen LKW-Fahrer, die nachts aus dem Ausland ankamen und ihre Frischgemüseladungen löschten, bildeten das Klientel der dort angesiedelten Billigprostitution. Und ausgerechnet hier sollte mit dem Sudfass ein Edelbordell entstehen?! Und dann noch im Hinterhof?

MYTHOS SUDFASS

Das Sudfass, von dem bisher die Rede ist, und das wir „altes Sudfass" nennen, hat mit dem späteren Sudfass in den Vorderhäusern der Oskar-von-Miller-Straße Nr. 8 und 10 nur den Namen gemein. Das „alte Sudfass" war der Anfang.

Engel hatte in Köln viel Geld verdient, aber durch die Schließungen auch wieder verloren. So suchte er einen Kompagnon und fand ihn in dem Hammelschlächter Robert Klaes, der sich als Vorerbe 50.000 Mark auszahlen ließ, die er in das Geschäft einbrachte. Robby, wie er von allen genannt wurde, blieb dem Sudfass bis zu seinem Tode 2009 eng verbunden.

Der Lagerraum auf dem Hof der Häuserzeile Oskar-von-Miller-Straße lag zur Mainseite, hatte ebenerdig eine Tür und eine Garageneinfahrt. Das Gebäude – wohl ein ehemaliges Ruderhaus – war in den Uferhang des Mains gebaut und wurde im obersten Geschoss betreten, die Treppe führte nach unten in die anderen Ebenen. Auf der „oberen" Ebene gab es insgesamt drei Räume und die Treppe nach unten. Der erste Raum rechts wurde zur Kasse, das heißt, der obere Teil der Tür hatte ein Schiebefenster und diente der Gesichtskontrolle und der Kartenausgabe. Daneben lag ein Gästezimmer, in der Garage waren Lotterbetten aufgestellt. Auf halber Höhe der Treppe befand sich ein weiterer Gästeraum mit einem großen Bett und unten im Keller breitete sich dann auf nur 150 Quadratmetern die „Saunawelt" aus. Sie bestand aus zwei Umkleideräumen für Gäste und Mädchen, Herren-Duschen, einem WC, einer relativ kleinen Sauna, einem Raum mit Kaltwasserbecken und dem riesigen Holzfass, das dem Laden den Namen gab. Links dann die Kontaktbar mit Theke, Kühlhaus, kleiner Kaffeeküche, einem großen „Stammtisch" und jeder Menge Sitzgelegenheiten. Auf der anderen Seite des Kellers waren die „Bumskabinen" untergebracht: acht auf der Kopfseite und vier gegenüber.

Sie waren konstruiert wie Toilettenkabinen. Die Tür ging nach außen auf, sodass man sich an dem Bett gerade noch vorbeidrücken konnte, das fast die ganze Breite einnahm. Nach oben waren die Räume offen. Man hörte also aus allen Kabinen, die belegt waren, die Geräusche mehr oder weniger heftiger Kopulationen, was vielen Gästen gefallen hat, weil es animierend auf ihre eigene Lust wirkte. Manche stellten sich gar aufs Bett und schauten über die Trennwand hinweg in die Nachbarkoje und auf die dort ineinander verschlungenen Menschen.

Im Vorderhaus der Oskar-von-Miller-Straße 6 waren ein Erdgeschoss und ein Keller angemietet und dort Wäschelager und Waschmaschinen untergebracht. In Stoßzeiten wurden täglich über 300 Laken und doppelt so viele Saunatücher gewaschen und getrocknet.

Da das Sudfass 20 Stunden am Tag – von 10.00 bis 6.00 Uhr – geöffnet war, sollte das Personal, wenn man es sich denn leisten konnte, in Schichten arbeiten. Einer musste an der Kasse sitzen, mindestens einer an der Bar, ein dritter sollte sich um frische Wäsche, Kondome und Handtücher kümmern, bei Messen sollte es auch einen kräftigen Türsteher geben. Aber all das wollten Dieter Engel und Robby erst mal alleine besorgen.

MYTHOS SUDFASS

Das Wichtigste und auch ganz Neue am Sudfass war, neben dem Ambiente, die Zahlungsart. Im Dirnengewerbe war bis dato die Vorauszahlung üblich. Erstmals wich Engel davon ab und brachte den Kunden Vertrauen entgegen. Eine Sensation! Jeder Gast erhielt nach Zahlen des Eintritts von 40 Mark einen Spindschlüssel und eine kleine rote Karte an einem Armband. Auf dieser Karte wurden dann alle Getränke, aber auch die Leistungen der Mädchen notiert. Die Gäste hatten also Kredit und erfahrene Puffbetreiber sagten Engel ein Fiasko voraus. Welcher Mann zahlt schon gerne, wenn das Vergnügen vorbei ist?

Aber Engel behielt Recht. Die Gäste honorierten dieses Vertrauen mit Vertrauen ihrerseits. Und wie bei Kreditkarten üblich, war auch in diesem Falle zu erkennen, dass die Männer mehr ausgaben, als wenn sie im Voraus Cash auf den Tisch hätten legen müssen. Wie oft sagte ein Freier zu seiner „Partnerin" nach dem Akt: „Das war ja richtig klasse! Schreib zweimal auf." Die wenigen „Zechpreller" erhielten die Höchststrafe. Sie kamen auf die schwarze Liste und durften nie wieder rein ins Sudfass-Vergnügen.

Auch das war anders als früher. Im Bahnhofsviertel hätten kräftige Jungs die Preller heftig verprügelt. Davon hielt Dieter Engel genauso wenig wie von Strafanzeige und dem Alarmieren der Polizei.

Aber noch war es nicht so weit, noch war das Sudfass nicht eröffnet, denn Engel hatte ein Problem noch nicht gelöst. Wie würde sich das Frankfurter Milieu ihm gegenüber verhalten? Und würde das Ordnungsamt wirklich mitspielen, wenn es alles begriffen hatte? Ein Vabanquespiel, das Engel nicht eingehen wollte. Immerhin hatte er alles, was er besaß, und noch viel mehr auf die Karte Sudfass gesetzt. Da wollte er mehr Sicherheit. Seine Aktivitäten waren alleine durch das im Vorderhaus angesiedelte Kontaktlokal und deren Huren bekannt geworden, aber auch Kölner Zuhälter hatten ihren Frankfurter Kollegen gesteckt, was Engel tat. Er wusste, wenn sie seinen Laden nicht akzeptierten, hatte er keine Chance.

Es hatte schon einige „Besuche" während der Bauzeit gegeben. Aus dem Sexy Pirat und den Laufhäusern kamen immer wieder langhaarige Typen mit edlem Geschmeide um Arm und Hals auf den Hof und schauten misstrauisch, was da abging. Dieter Engel redete höflich mit allen, sah sie in ihren teuren Autos davonfahren, nachdem er freundlich darauf aufmerksam gemacht hatte, dass ihre Damen durchaus einen guten Arbeitsplatz bei ihm finden könnten.

Aber die Zeit drängte, der Laden war eingerichtet, rustikal wie eine Sauna, und hielt, mit Rotlicht im Kopf und der allgemeinen dunklen Beleuchtung, dessen stand, was man sich unter einem Intimtreffpunkt vorstellt. Engel entschied sich für eine Schwulensauna.

Er stellte mit Franz Pfeifer, Gräfin Kloklo genannt, einen schwulen Barkeeper ein, der das Frankfurter Milieu kannte und blitzschnell dafür sorgte, dass sich Frankfurts neue Schwulensauna herumsprach.

Und alle, alle kamen. Am Umsatz lag's nicht, dass Engel nicht zufrieden war. Er wusste nur, diese Gäste waren nicht das, was er

MYTHOS SUDFASS

gesucht hatte, und er wusste aus Köln, dass die Gästemenge auf keinen Fall mit Millionen heterosexuellen Männern konkurrieren konnte, die jährlich Frankfurt besuchten. Manche nur aus diesem einen Grund.

Auch der zweite Barkeeper, Friedel alias Freifrau von Miski, und der dritte, Ottmar, waren homosexuell. Sie blieben dem Sudfass über Jahrzehnte treu. Engel hatte festgestellt, dass sie mit Huren am besten klarkamen. Sie baggerten die Mädels nicht an, verstanden deren Zicken und waren durch ihre weiblichen Anteile eher so etwas wie „Freundinnen" für die Mädels.

Aber auch die anderen Bediensteten, Hans Volk, Gino oder Uwe waren keine Machos. Nur der zeitweilige Geschäftsführer Maschidi konnte seine arabische Herkunft nicht verbergen. Die langjährige Kassiererin, Frau Baldorf, war von Hause aus mürrisch und unfreundlich. Kaum zu glauben, dass ein Mann Spaß mit ihr haben könnte, witzelten die Gäste, aber dazu war sie ja auch nicht da. Sie hütete die Kasse. Dennoch, was heißt jung oder hübsch, wenn beim Mann der Trieb einsetzt? Manch ein Gast, der bis zum Feierabend blieb, machte gar der alten dicken Putzfrau erotische und finanzielle Avancen, die sie manchmal angenommen haben soll!

Engel nahm erneut Kontakt zu den Ämtern auf und suchte gleichzeitig einen Verhandlungspartner im Bahnhofsmilieu. Von den überwiegend jüdischen Hausbesitzern der Bordelle erwartete er weder Interesse an seinem Problem noch wirkliche Bedrohung. Die käme höchstens von deren Mietern, den Bordellbetreibern, deren Untermietern, deren Unteruntermietern und den Fußtruppen, den Zuhältern.

In dem Betreiber eines großen Bordells in der Elbestraße fand er seinen Ansprechpartner. Der „Große Manfred" hatte den Respekt aller „Jungs" im Viertel. Darüber hinaus war er deutschlandweit, ja, in ganz Europa, für seine Zuverlässigkeit bekannt. „Ein Wort ist ein Wort. Sonst gibt's was auf die Ohren!", war sein Geschäftsprinzip. Der große Manfred begriff, dass Engel etwas Neues plante, weit weg von der Laufkundschaft des Bahnhofsviertels und auf ein anderes Klientel bezogen, das er allerdings erst finden und herbeiholen musste. Klar hatte es schon immer anspruchsvollere Freier gegeben, die ihre Gespielinnen im Hotelzimmer oder in deren Wohnungen aufsuchten. Schon die berühmt-berüchtigte Rosemarie Nitribitt hatte nur kurz mit ihrem Mercedes 190 SL das Bahnhofsviertel befahren. So lange, bis ihr Notizbuch vor „guten Adressen" platzte und sie ihre „Termine" machte wie ein Generaldirektor.

Aber so einfach ging der Deal zwischen Engel und den Leuten aus dem Bahnhofsviertel dann doch nicht ab. Wer keine Einmischung in sein Geschäft wünscht, muss erstens: Gleiches den anderen zugestehen und zweitens: dafür zahlen. Wenn es gut läuft, wird gut bezahlt, wenn nicht, dann eben weniger. Ein fairer Deal, an den sich beide bis zum Ende des Sudfasses, also fast 40 Jahre lang, hielten.

MYTHOS SUDFASS

Man kann davon ausgehen, dass auch der „große Manfred" keineswegs eine Zusage machte, bevor er sich mit den „Jungs" aus dem Bahnhofsviertel auf ein gemeinsames Wort geeinigt hatte. Was er bei der „Betriebsversammlung" genau erzählt hat, weiß wohl kaum noch einer, doch es wurde bald klar, dass das Sudfass zu einem Kükennest der Branche wurde, obwohl die meisten Zuhälter, – darauf hatte Engel bestanden – keinen Zugang zum Sudfass haben sollten. Es waren die dort arbeitenden Girls, die einer „Neuen" nach Feierabend den eigenen Zuhälter oder dessen Kollegen empfahlen.

Auch Engels vorsichtiges Abtasten bei den Ordnungsbehörden verlief nicht negativ. Also wagte er es. Mit großem Pomp, einer Werbeaktion mit Inseraten und vor allem dem Schmieren von Hotelportiers und Taxifahrern, schloss er im November 1971 die Schwulensauna und eröffnete am gleichen Tag neu. SUDFASS-Premiere!

Zum Eröffnungstag waren ausnahmsweise auch alle großen Luden aus dem Bahnhofsviertel geladen, damit sie sehen konnten, wo ihre Mädels in Zukunft arbeiten sollten. Sie waren begeistert und spendierten nicht nur jede Menge Champagner, sondern gingen auch mit den Girls auf's Zimmer – als zahlende Gäste selbstverständlich. Das war der Beginn, es hätte nicht besser sein können, aber die Zukunft schlug alle Voraussagen.

Zunächst waren alle verwundert. Schon nach einer Woche hatten Taxifahrer (die für jeden zahlenden Gast erst 10, dann später 20 Mark kassierten) das Sudfass so mit Kundschaft zugeschüttet, dass teilweise Wartezeiten beim Einlassen entstanden. Es gab ja nur etwa 60 Spinde, und die waren schon oft am frühen Abend belegt. Wie sich schon viele Menschen den Kopf zerbrochen haben, warum das eine Lokal gut läuft, während das andere, dicht daneben, keine Gäste hat, so machten sich selbst die Gründer des Sudfasses Gedanken über den unerwarteten Boom. Dabei lag es auf der Hand, dass sich genau das erfüllt hatte, was sich Dieter Engel gewünscht hatte. Die Anerkennung seiner Symbiose: Begegnung in einer ruhigen, nicht gehetzten, gediegenen Atmosphäre. Darin lag schon der erste Grund, warum es zu Überfüllungen kam. Die Gäste gingen nach der Ejakulation nicht schleunigst nach Hause, nein, auch nicht nach dem zweiten Fick. Sie blieben in der gemütlichen Atmosphäre mit den Mädels und den anderen Gästen einfach da. Um das nicht ausarten zu lassen, ordnete Engel schon nach wenigen Wochen an, das Catern

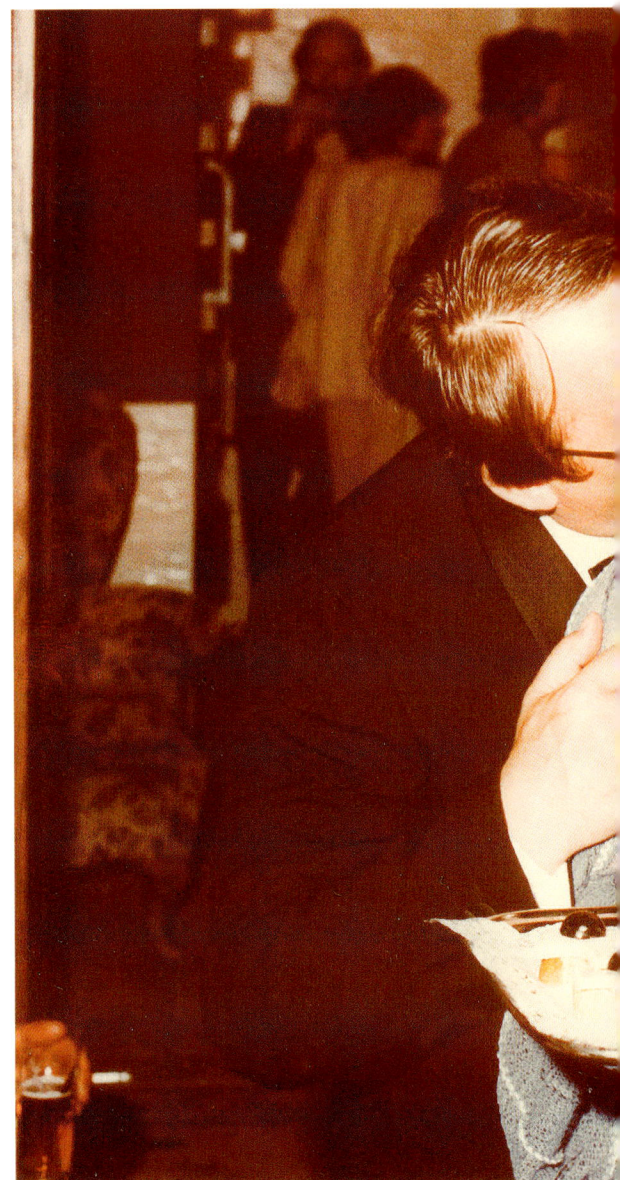

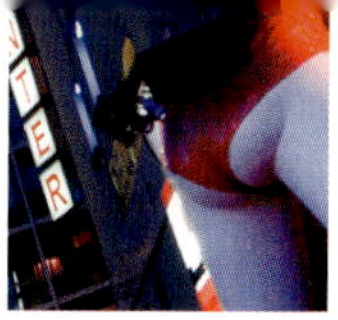

MYTHOS SUDFASS

von Speisen nicht mehr zu gestatten. Aber auch das hinderte viele nicht daran, das Sudfass nicht mehr verlassen zu wollen. Da gab es zum Beispiel einen Opalminenbesitzer aus Australien, der, nachdem er das Sudfass bei seinem letzten Messe-Besuch kennengelernt hatte, sich gleich vom Flieger aus mit einem Taxi ins Sudfass bringen ließ. Er gab sein Gepäck ab, verbrachte dort die Nacht, ging morgens zur Messe und nach Messeschluss wieder ins Sudfass. Auf ein Hotel verzichtete er.

Der zweite Grund für den Boom bestand sicher in der Leistung der Frauen. Sie fühlten sich in der Umgebung sicher und durften anbieten, was sie wollten. In der Vor-Aids-Zeit gab es viele, die den Männern entgegenkamen und auf Präservative verzichteten. Es war erstaunlich, wie riskant Männer und Frauen mit ihrer eigenen Gesundheit umgingen. Der große Teil der Kunden wünscht es auch heute noch blanko.

Ein weiteres, großes Plus blieb die Zahlungsmodalität. Man fühlte sich wie eingeladen, wenn man nicht jeweils vor jedem Getränk oder jedem Geschlechtsverkehr das Bargeld auspacken, sondern wie in jedem guten Restaurant einen gemütlichen Abend verbringen konnte und erst zum Abschluss zahlen musste.

Engel ließ weitere Spinde aufstellen, in jeder Ecke, die möglich war. Aber der Laden war einfach für das, was auf ihn zukam, zu klein. Zum damaligen Zeitpunkt hätte Engel eine Stadthalle mieten können und sie tagtäglich voll bekommen. Allein der Getränkeumsatz machte bereits 1971 mehr als 2000 Mark pro Tag aus. Nicht zu vergessen, Mineralwasser und Kaffee gab es gratis!

MYTHOS SUDFASS

Es waren immer 20-Stunden Partys, die Tag für Tag dort stattfanden, und eine aus England stammende Hure namens Christine war von der Stimmung so begeistert, dass sie sogar ihren Eltern gestand, wo sie arbeitete und bei deren Deutschlandbesuch darauf Wert legte, sie ihrem Chef, Dieter Engel, vorzustellen und ihnen die Räume zu zeigen. Christines Eltern haben den Besuch sichtlich höflich, englisch halt, überstanden. Wie sie wirklich darüber dachten und ob sie die Begeisterung ihrer Tochter teilten, ist nicht bekannt.

Der Laden machte auch nach Abzug der Steuern einen richtig deftigen Gewinn. Auch ein Bordellbetreiber denkt wirtschaftlich und überlegt, wie er sein Geld steuermindernd anlegen und gleichzeitig dieses nun erwiesene Erfolgsmodell in andere Städte oder Länder exportieren kann.

Der Ruf des Sudfasses verbreitete sich schneller als die Grippe. Innerhalb des ersten halben Jahres waren wohl sämtliche Bordellbesitzer Deutschlands, von Hamburg bis München, mindestens einmal zu Gast in Frankfurt. Aber auch aus Italien, Spanien und Österreich reisten sie „studienhalber" an.

Die Mär vom ununterbrochenen Kundenstrom und teilweise 40 bis 50 gutverdienenden Prostituierten hatte die Runde gemacht und

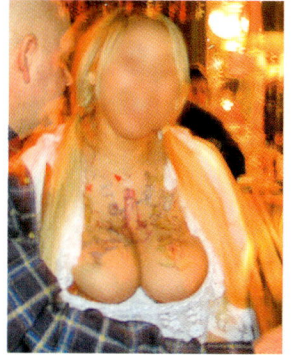

wurde auch noch bestätigt. Schnell fanden sich Nachahmer, die Engel weder verhindern konnte noch wollte. In Frankfurt blieb er die Topadresse, das „Kaufhaus der Branche", wie es ehrfurchtsvoll genannt wurde.

Letztlich beschloss Engel, es doch noch einmal in Köln zu versuchen. In der Heinsbergstraße 18 wollte er ein Haus kaufen, um seiner Ehefrau Helga dort eine Teestube einzurichten. Er wurde erstmals mit der Realität konfrontiert. Auch ein Bordell wirft nicht so viel ab, dass man aus der Westentasche ein Haus kaufen könnte. Die beantragten Hypothekenkredite wurden Engel von seinen Hausbanken, zum Beispiel der Dresdner Bank, rigoros abgelehnt. Ein Puffbesitzer war für sie moralisch nicht akzeptabel, die Einnahmen nicht kontrollierbar. Was für eine Farce, wenn man bedenkt, was Banken an unmoralischen Geschäften weltweit unterstützen oder selbst durchführen. Erst, nachdem er die Bank gewechselt hatte zur regionalen Sparkasse fand er nach vielen Gesprächen Gnade. Und Hypothekenkredite.

Nachdem seine Frau wegen einer Erkrankung doch keine Teestube eröffnen wollte, hatte Engel umdisponiert und eine „Frauen-WG" geplant. Es sollte eine Art Club werden. Die Kunden sollten einen Schlüssel gegen einen Gundpreis von 150 Mark erhalten. Damit hoffte er gleichzeitig, der Kölner katholischen Moral und der dortigen Sittenpolizei ein Schnippchen zu schlagen. Eine WG ist eine WG und nicht öffentlich.

Das Haus erwarb er vom Kölner Immobilienmakler August Pütz. Und in die Ausgestaltung der Räumlichkeiten flossen Dieter Engels

MYTHOS SUDFASS

Ideen und Erfahrungen aus dem Frankfurter Haus. Da er nun mit dem Sudfass ein bekanntes, akzeptiertes Etablissement führte, schien ihm dies auch in Köln die Türen der Ämter zu öffnen. Denn es kann ja nicht in Köln verboten sein, was in Frankfurt erlaubt ist. So wurde im Sommer und Herbst 1976 fleißig gebaut.

Eine seiner Lieblingsideen bei der Ausstattung des Saunaclubs in der Heinsbergstraße war ein Messing-Wasserhahn, bei dem die Leute aus Trinkbechern ihr Wasser trinken konnten. Doch leider, oder Gott sei Dank, floss kein Wasser aus dem Hahn, sondern frisches, gut gekühltes Kölsch, gratis natürlich. Ein Gag, der sich in Köln sofort rumsprach. Aber trotz aller Geheimniskrämerei und Club- bzw. WG-Konstruktionen waren die Behörden, dank der neidischen Konkurrenz, wieder schnell informiert.

Der Kölsche-Klüngel ist ja auch berühmt für seine Ungleichbehandlung. Wenn zwei das gleiche tun, ist es noch lange nicht dasselbe.

Und Engel gehörte nicht zu den Lieblingen des Ordnungsamtes und der Sittenpolizei. Da gab es wohl andere, die besser das „Eine-Hand-wäscht-die-andere-Prinzip" beherrschten als Engel, der immer geradeheraus sagt, was er will und denkt.

Währenddessen quoll in Frankfurt das Sudfass über. Natürlich machte man sich Gedanken, wie es zu vergrößern sei. Aber es gab einfach keine Möglichkeit. Engel wollte das Geschäft nicht in einen anderen Stadtteil umsiedeln. Erstens erfüllte das alte Sudfass seinen Zweck und hatte mittlerweile einen derartigen Bekanntheitsgrad erreicht, dass es unklug gewesen wäre, den Ort zu wechseln.

Zwar entstanden auf der anderen Mainseite, in Sachsenhausen, ähnliche Etablissements. Häuser mit Saunen oder gar Pools wurden von Bordellbesitzern gemietet und ähnlich aus- und umgestaltet wie das Sudfass. Aber nichts konnte dem Original den Rang streitig machen.

Nur die Stadt selbst tat das. Durch ein Bauvorhaben. Es war ein Schock! Seit 1975 wurde gemunkelt, dass die Flößerbrücke, als

Behelfsbrücke nach dem Krieg von den Amerikanern gebaut, abgerissen und durch eine neue Brücke ersetzt werden sollte. Die Flößerbrücke hatte auf der Nordseite eine ungünstige Abfahrtssituation. Das war nach dem Krieg noch kein Problem gewesen. Aber jetzt überlegten die Stadtväter, wie der Autofluss günstiger zu leiten sei. Erstmals kam der Gedanke auf, eine Brücke schräg über den Main zu leiten. Das bedeutete, die südliche Auffahrt

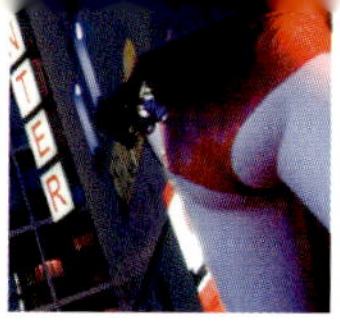

MYTHOS SUDFASS

blieb an der Stelle, wo auch die alte Flößerbrücke stand, neben der Einfahrt des Schlachthofes, und die Abfahrt sollte dicht neben der Obermainbrücke in die Obermainanlage münden. Zieht man auf der Karte einen Strich, so wurde sofort klar, müssten die Hausnummern 2 und 4 der Oskar-von-Miller-Straße dem Brückenbau zum Opfer fallen. Aber nicht nur die Häuser, sondern auch das Sudfass!

Aufgeschreckt wurde nachgefragt. Aber solange sich die Stadträte selbst noch nicht einig waren, war auch nichts Genaues zu erfahren. Also hieß es: abwarten.

Verschiedene Brückenmodelle wurden entworfen und verworfen. Es blieb bei der Schrägbrücke. Wenn die Häuser 2 und 4 abgerissen werden mussten, könnte es Dieter Engel vielleicht gelingen, mit dem Sudfass in Haus 6 oder 8 umzuziehen, in denen, weil Toleranzgebiet, bereits Bordelle bestanden. Engel fühlte sich verarscht. Endlich hatte er etwas geschaffen, was wie von selbst lief, und schon drohte der Abriss.

Engel war sich darüber im Klaren, dass sich sein Interesse auf die unmittelbare Nachbarschaft konzentrieren musste. Ein guter Freund, der aus Sachsen stammende Architekt Jürgen Buchholz, der sich besonders in Sachsenhausen einen Namen als Kneipenbauer und Gestalter gemacht hatte, wurde um Hilfe gebeten.

Buchholz Geschäftsidee war es, in Alt-Sachsenhausen vorhandene alte Häuser zu kaufen, um sie in originelle Gaststätten zu verwandeln. Das Apfelweinviertel wurde so, und nicht zuletzt durch Buchholz Ideen, zum Frankfurter Ausgehviertel Alt-Sachsenhausen.

Buchholz erstes Projekt, der Eiserne Hahn, eine Bierkneipe unter den Apfelweinschuppen, erreichte Traumumsätze, ebenso der Flickschuster und später das Straßburger Haus. Seine Ideen waren deswegen ein Erfolg, weil er kein Spinner war. Alles, was er erdachte, war umsetzbar. Und, wie sich im Nachhinein herausstellte, erfolgreich.

Buchholz begutachtete die Häuserfront der Oskar-von-Miller-Straße. Da die Häuser 2 und 4 abgerissen werden sollten, konzentrierte er sich auf die 6, 8, 10 und 12 und kam zu dem Entschluss, dass nur Keller und Erdgeschoss des Hauses 10 die nötige Größe hatten, um dem Geschäftsbetrieb eines Saunapuffs den nötigen Glanz angedeihen zu lassen. Unten Kontakt, oben ficken.

MYTHOS SUDFASS

Bumskabinen, wie im alten Sudfass, sollte es nicht mehr geben. Ein Aufzug und ein Treppenhaus würden in die oberen Etagen der Häuser 10 und auch 8 führen.

Im Haus 10 waren sechs Zimmer, in Haus 8 vierzehn Spielwiesen, jede anders eingerichtet. Das spanische, italienische, griechische, japanische, persische oder chinesische Zimmer in landesüblicher Dekoration. Oder der indische Kamasutra-Raum, die Klosterzelle oder die Kapelle mit Beichtstuhl und Bänken, die Domina-Folterkammer oder das schlichte Spiegelzimmer, blau-weiß-bayrisch-rustikal oder gar Biedermeier. Auf vier Etagen würde die ganze Welt zu besichtigen sein und wenn man die unterschiedlichen Nationalitäten der Frauen einbezog, würde das Sudfass die einzig wirklich multikulturelle Zentrale Frankfurts werden.

Dem Besitzer des Hauses 10 gehörte auch das Grundstück Nummer 14, wo aber seit dem Krieg kein Haus mehr stand. Der Hausbesitzer, ein nach dem Krieg zurückgekehrter Jude, begriff Engels Absicht und auch sein Problem. Daher nannte er einen kräftigen Preis für die abgewirtschafteten Bruchbuden. Und Engel überlegte.

Dann sprach er mit Walter Fischer, dem Verwalter der Häuser 6 und 8, und ging in sich. Als immer klarer wurde, dass die Brücke spätestens Mitte der 80er-Jahre gebaut werden sollte, rang sich Engel zu einem Gewaltakt durch. Er ging zur Sparkasse, schüttete sein Portemonnaie und seine Seele aus und erläuterte sein Konzept. Und die Sparkasse spielte mit.

Engel wollte, wenn schon denn schon, jetzt auch die gesamte Billigkonkurrenz in den Vorderhäusern nicht mehr haben. Er kaufte alle drei Häuser und beauftragte Buchholz mit dem Entwurf des neuen Sudfasses und eines Kontaktlokales, das den Sexy Pirat ersetzen sollte.

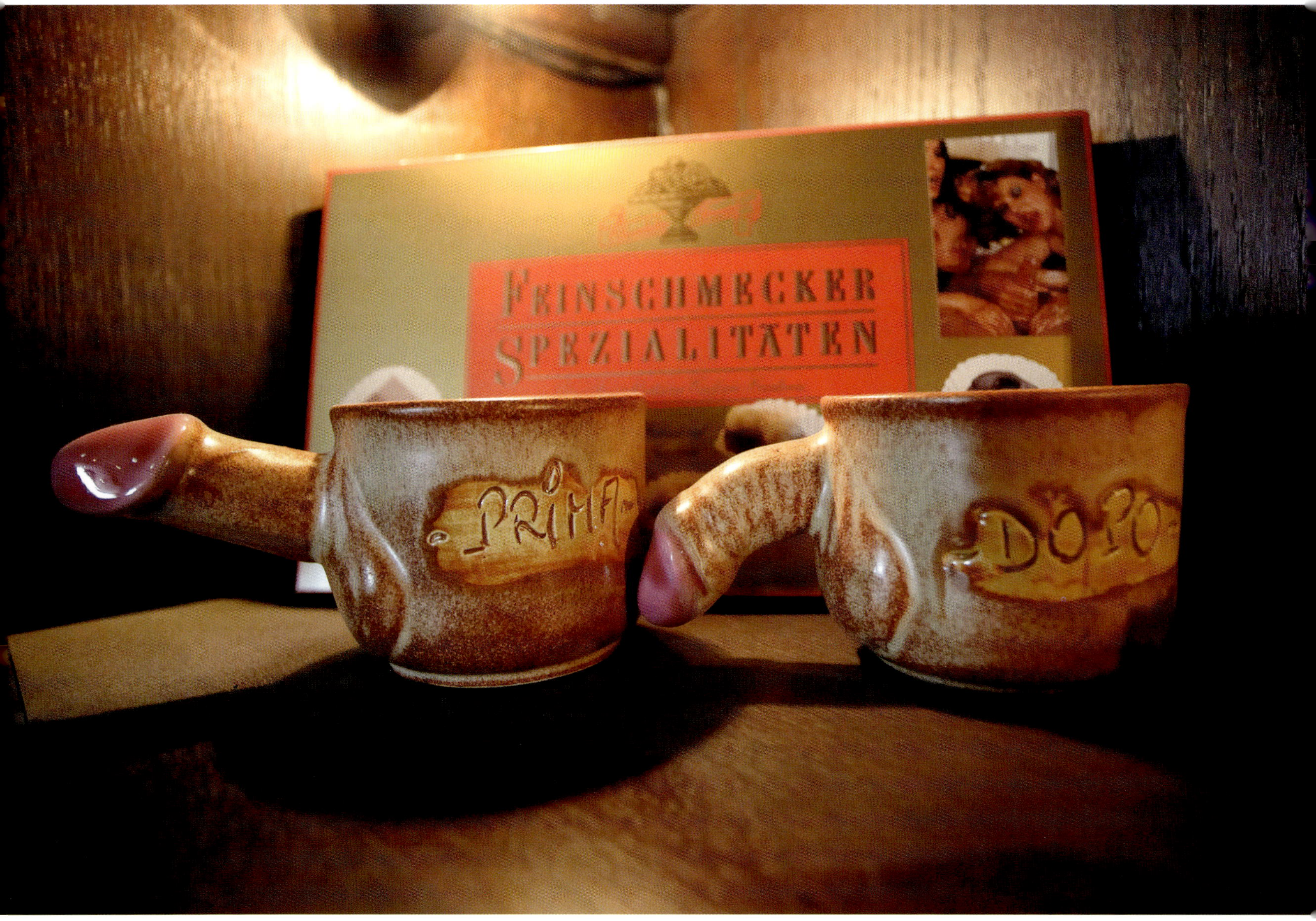
FEINSCHMECKER
SPEZIALITÄTEN
PRIMA
DO PO

MYTHOS SUDFASS

Das geschah alles in einer Zeit, in der Engel in Köln wieder mächtig unter Druck geraten war. Mehrfach hatte man ihm das Kölner Bordell geschlossen. Er hat es immer wieder eröffnet.

Klare gesetzliche Angriffspunkte gegen ihn gab es nicht. Schließlich war Engel kein Zuhälter, kein dirigistischer Bordellbetreiber und er zahlte auch seine Steuern. Warum die Kölner Behörden nicht gegen andere lang ansässige Bordelle und deren Betreiber vorgingen, bleibt das Geheimnis des Amtes.

Aber an Engel wollten sie ein Exempel statuieren. Als die Staatsanwälte herausfanden, dass Engels Frauen kranken- und sozialversichert waren, brüteten sie lange, um ihn anzuklagen. Im Magazin „Der Spiegel" Nummer 21 von 1978 unter dem Titel „Optimal frei" wurde der Prozess gegen Engel beschrieben. Voller Häme am Richterspruch stellen die Journalisten fest: Wenn es keine Beweise gibt für „Förderung der Prostitution", dann bleibt eine „positive Förderung" der Prostitution. Die Richter begründeten, Engel behandle seine Frauen so gut, dass sie nicht auf die Idee kämen, je den unmoralischen Lebenswandel aufzugeben!

Man muss schon sehr, sehr schräg zu einem Urteil kommen wollen, um derartig waghalsige Begründungen zu konstruieren. Vor allen Dingen hatten Richter und Staatsanwalt ihre liebe Mühe damit, in Köln eine Verurteilung für etwas herbeizuführen, was Engel in Frankfurt und andere Betreiber im Rest Deutschlands keinerlei Prozesse einbrachte.

Zu Engels Trost lief das alte Sudfass weiterhin unter Volldampf. In der weiter hinten stehenden Sudfass-Geschichte „Der Abwinker" wird klar, wie es zum Beispiel an Messetagen in dieser Kellersauna „dampfte".

Immer wieder hatte Engel sein Hobby, das Sammeln von Erotika, ausgebaut. Durch die guten Einnahmen trieb er es zur Vollendung. Ob es sich um Bücher handelte oder um Gemälde, um Drucke, Zeichnungen, Plastiken, Miniaturen oder Wandteppiche. Alles, was einen künstlerischen Bezug zum Sexuellen hatte, interessierte ihn.

Mittlerweile fuhr er zu Messen in der ganzen Welt, um spannende Erotika zu ersteigern. Beraten ließ er sich vom Kunst-Verleger Hans Jürgen Döpp. Engel kaufte und kaufte, verwahrte die Exponate in Kellern und in trockenen Garagen. Teils beabsichtigte er, mit der Kunst das neue Sudfass auszustaffieren und begann gleich nach dem Umbau des Sexy Pirat mit der Ausstattung des Kontaktlokals, das er „Flair" taufte, und das im Jahre 1979 eröffnet wurde. Es wurde fast ein Museum orientalischer und abendländischer erotischer Kunst. Und an seine Heimat Köln sollte es erinnern, deswegen führte Engel Kölsch vom Fass ein, erstmalig in Frankfurt.

Von Beginn an, fast dreißig Jahre lang, stand die Kölnerin Rosi hinter dem Tresen und wurde der gute Geist des Lokals. Jeder kannte Rosi. Viele, die aus dem alten Sudfass herausstolperten, nahmen

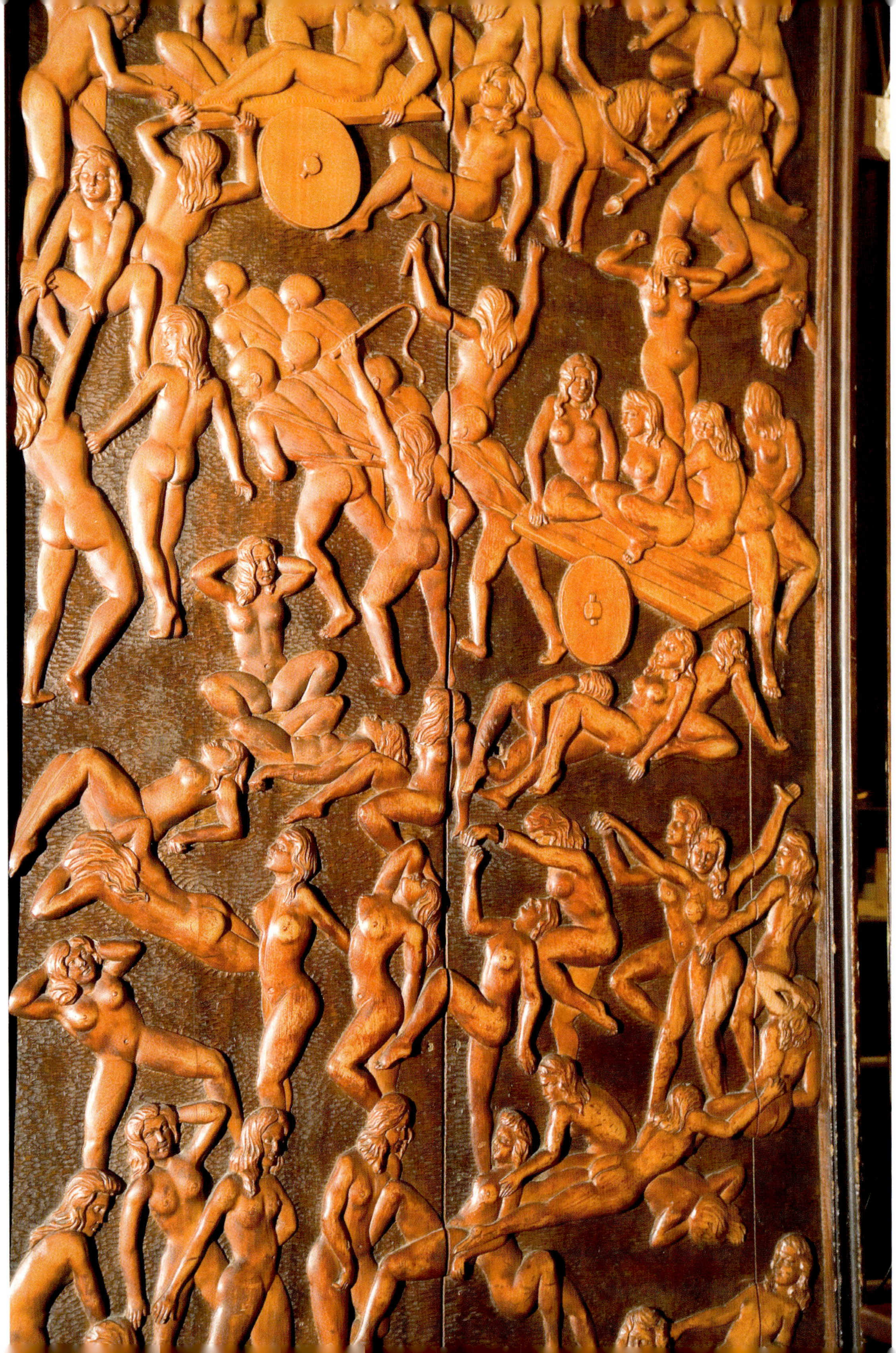

MYTHOS SUDFASS

bei ihr noch einen Absacker. Viele, die bei ihr an der Theke saßen und unter den bekleideten Animierdamen keine Wahl treffen wollten, gingen anschließend ins Sudfass, wo ihnen die Entscheidung leichter fiel.

Aber auch in Köln blieb Engel am Ball. Neben dem Bordell Heinsbergstraße 18 kaufte er eine Kriegsruine und baute sie zum ersten Kölner Erotik-Museum um. Dort stellte er ab 1990 seine erotische Sammlung aus und betraute eine promovierte Kunsthistorikerin mit der Führung. Um es vorweg zu nehmen: Die Kölner nahmen sein Museum nicht an. Weder die Kulturpolitiker der Stadt noch das Publikum wollten erotische Kunst sehen, zumindest nicht die von Engel. Frustriert verkaufte er die Sammlung zwei Jahre später an Beate Uhse.

Berlin reagierte nicht so prüde wie Köln, das Beate Uhse Erotik-Museum ist bis heute eine Touristenattraktion der Hauptstadt. Engel behielt einen kleinen Teil seiner Sammlung – Gemälde, Aquarelle, Zeichnungen, Plastiken, Schmuckstücke – und stattete damit fast zehn Jahre später seine Erotik-Museums-Bar Venusberg im Frankfurter Ostend aus, die erstmals im Jahr 2010 in einem Museumsführer Erwähnung findet.

Während das Flair von Anfang an boomte wie das alte Sudfass auch, wurde nebenan mit Hochdruck im Keller und Erdgeschoss des Hauses 10 am neuen Sudfass gearbeitet. Die Bauleitung übernahm der Ingenieur Fred Sigismund, der auch später im Dienste des Hauses blieb. Der Keller wurde vertieft, eine freischwingende Treppe zum Erdgeschoss eingebaut.

Auch im neuen Sudfass sollte der Eingang im Hochparterre sein. Hier standen die Umkleideschränke, fast doppelt so viele wie im alten Sudfass. Hier waren die Sauna und erstmals auch ein Dampfbad untergebracht. Und das alte, große Fass, der Namensgeber, kam wieder als Kaltwasserbecken zu Ehren.

Gänge und Treppenabgang waren dekoriert mit Originalgemälden und Zeichnungen erotischer Künstler, überwiegend aus dem 19. Jahrhundert. Gegenüber der Kasse führte die geschwungene Treppe hinunter in den Sündenpfuhl.

Unten wurden drei nebeneinander liegende Gewölbekeller miteinander verbunden. Im mittleren wurde die Bar eingebaut, im ersten gab es einige Nischen mit Sitzgelegenheiten und einen Aufzug. Die der Bar gegenüberliegenden Räumlichkeiten waren als Ruheraum oder als Kontakt- und Fummelecke bekannt. Beherrscht wurde dieser dritte Raum von einem riesigen Sandsteinpenis, aus dessen Spitze

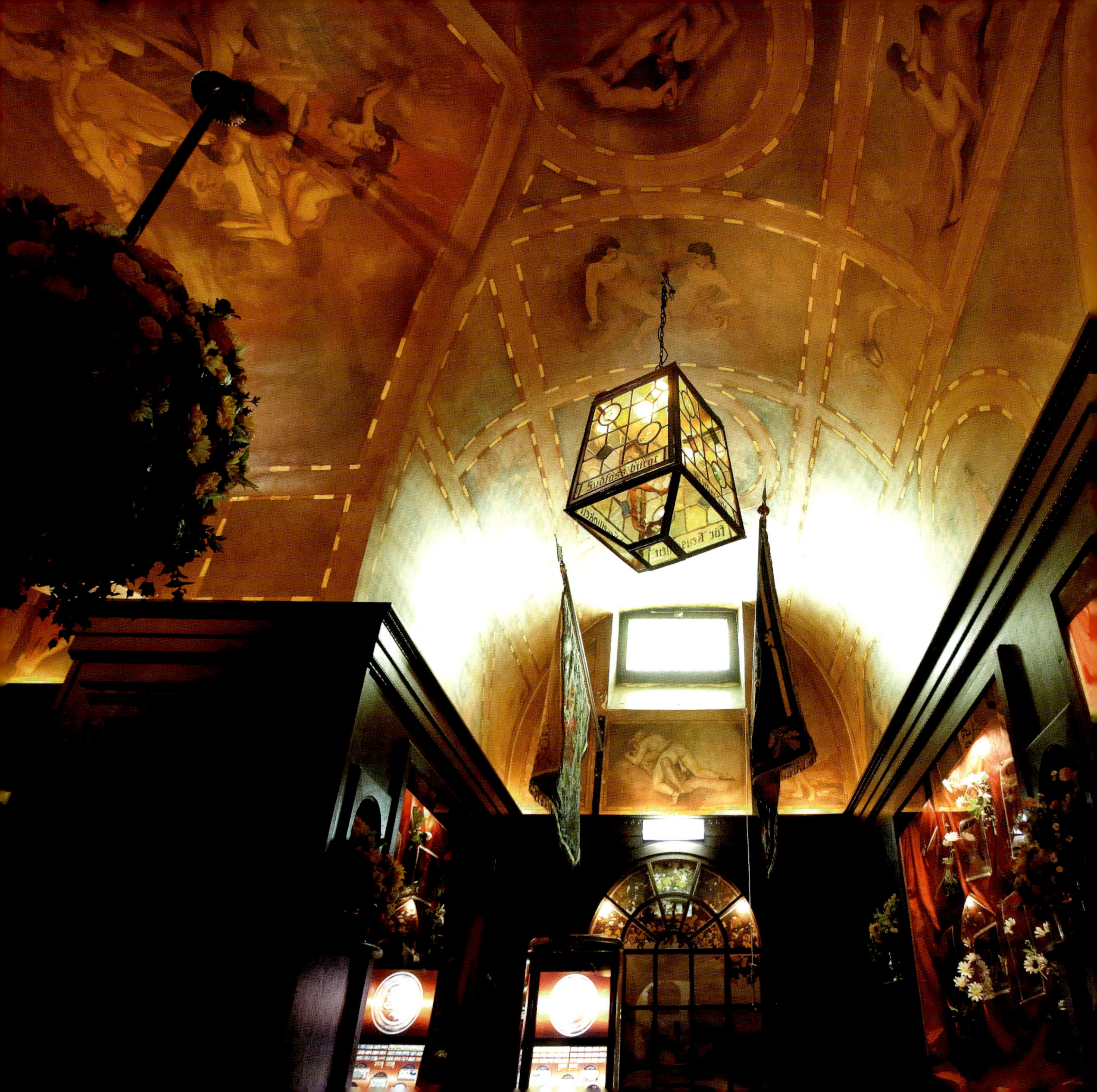

MYTHOS SUDFASS

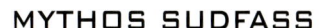

Wasser quoll. Auch hier hingen die Wände voller Schaukästen mit allerlei Kunstgegenständen. Antike Spazierstöcke, Pfeifen, Orden und erotische Miniaturen.

Für Wand- und Deckengemälde engagierte Engel den griechischen Maler Vlado Tudic, der in einjähriger Arbeit etwas Ähnliches schuf wie Michelangelo in der Sixtinischen Kapelle. Nur waren es bei Tudic lauter nackte Paare, die sich an Wänden und Decken räkelten. Ein religiös-erotisches Vergnügen.

Zwei lange Jahre dauerte der Umbau. Im Herbst 1981 war es endlich so weit: Das neue Sudfass wurde eröffnet. Und es stand dem alten Sudfass vom ersten Tag an in punkto Umsatz in nichts nach. Und in Sachen Optik? Zweifellos war es viel, viel edler.

Von außen waren die Altbauten nach Abriss der Häuser 2 und 4 zunächst kaum als Bordell auszumachen. Von der Sachsenhäuser Seite sah der ganze Block aus wie eine Pension! An jedem Fenster hingen Blumenkästen voller Geranien. Erst beim Näherkommen bemerkte man die großen, breitbeinig dastehenden Frauenbeine unter dem roten Slip ohne Oberkörper. Durch diese Beine betrat man das Laufhaus Oskar-von-Miller-Straße 6. An der Kopfseite des Häuserblocks blinkten acht rote Neonherzchen und luden wortlos ein. Auf der anderen Kopfseite, nach Osten, hatte John Christie ein großes Holzfass gemalt, das von nackten Menschen bevölkert war. Mitten auf dem Hof, dem Parkplatz, standen die Reste eines Unfalls vom Bau der neuen Brücke. Einige eingestürzte Betonbrocken. Engel hatte sie mittels Kranwagen aus dem Main bergen und bunt anmalen lassen. Dann wurden sie auf einen Betonpfahl montiert und mit einer starken Glühbirne versehen, die Nacht für Nacht im Herzschlag pulsierte. Das flackernde „Herz der Flößerbrücke", wie das Denkmal heißt.

Einmal gab es auf der westlichen Kopfseite eine zeitlich eingeschränkte Änderung. Die Ursache war eine Ausstellung der berühmten, französischen Fotografin Bettina Rheims im Museum für Moderne Kunst. Das Plakat zeigte eine Frau mit entblößter Brust. Sofort lief ein prüder Protest an, der überhaupt nicht zu einer Stadt wie Frankfurt passte. Jedenfalls wurden alle Plakate von den Litfasssäulen entfernt. Engel war empört. Mit Einverständnis des MMK ließ er ein überdimensional vergrößertes Plakat auf seiner Kopfwand anbringen und gewährte so für die Zeit der Ausstellung. eine prominente Werbefläche. Die Presse sorgte für Vervielfältigung und die Ausstellung wurde ein großer Erfolg.

An der gesamten Straßenfront gab es nur zwei Leuchtreklamen. „Flair, ein Hauch von ihr" für die Bar und „Sudfass-Sauna" für das Kelleretablissement. Im Durchgang hingen Schaukästen mit erotischen Originalzeichnungen. Im Treppenhaus, auf dem Weg zu den „Arbeitsräumen", in Gängen und Zimmern hingen neben erotischen Aquarellen und Gemälden auch die berühmten „Starken Frauen" von Helmut Newton. Original-Fotos in schwarz-weiß.

Die 80er-Jahre waren die wirklich wilden in der deutschen Nachkriegs-Geschichte. Kurz unterbrochen, etwa 1984 bis 1985, von der Angst vor Aids, die sich aber schnell wieder legte. Aids wurde bequemerweise zur Schwulenkrankheit erklärt. Nach einem kurzen, zögernden Innehalten waren alle Gäste wieder da. Nein, mehr als zuvor. Ein Leben, wie vielleicht in den wilden Zwanzigern

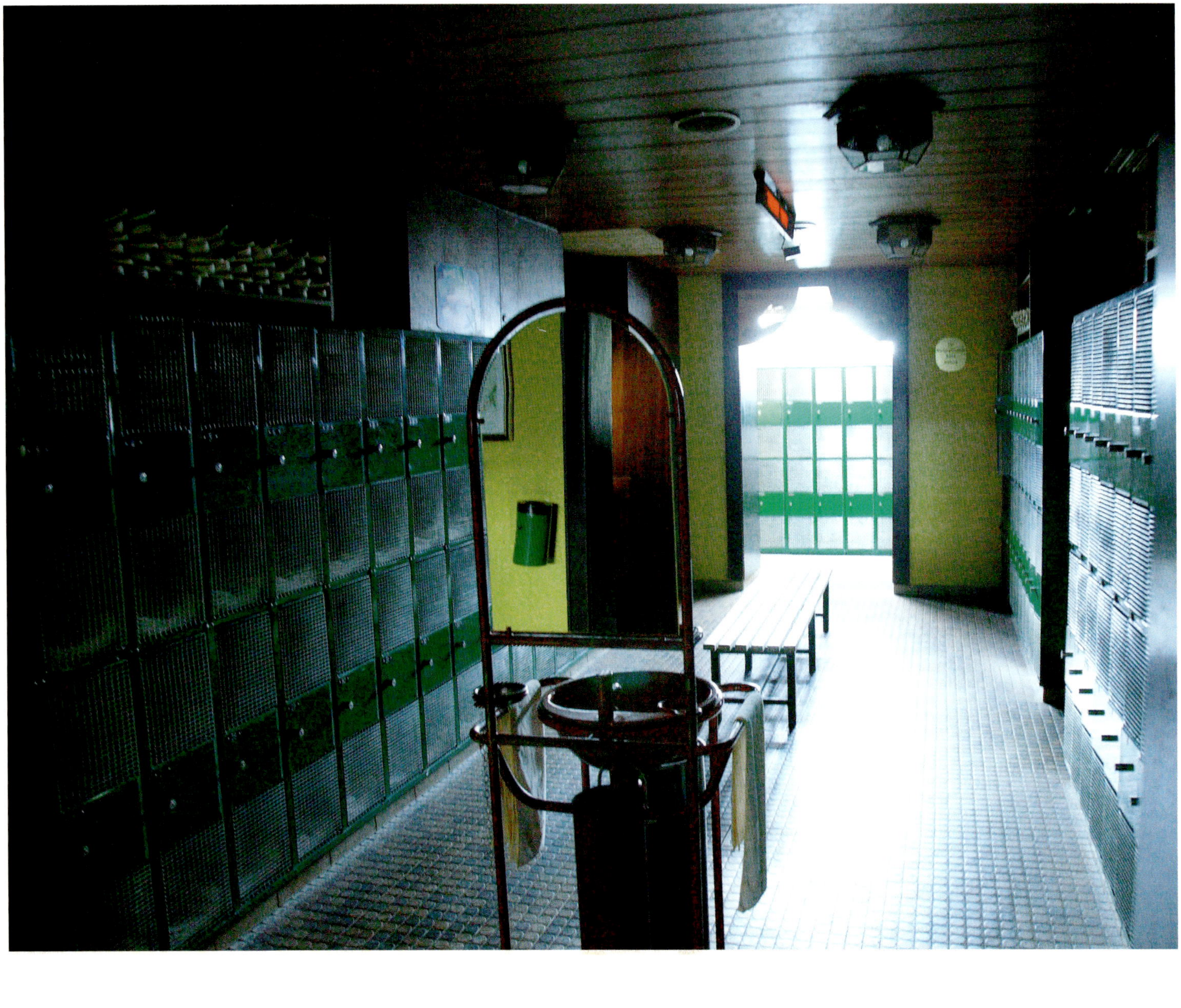

MYTHOS SUDFASS

des Jahrhunderts, und gestoppt wurde es erst langsam nach der Wende 1989 und dem zweiten Golfkrieg 1991. Von da an ging's langsam, aber stetig, bergab.

Davon unberührt blieben die berühmten Sudfass-Feste. Zweimal in Jahr, am 13. April, Engels Geburtstag, und dem 13. Dezember, zur Weihnachtsfeier, platzten die Gebäude vor Gästen. Normale Kunden und viele geladene Gäste inklusive der Prominenz erlebten Partys, wie man sie sich aus der vorigen Jahrhundertwende in Pariser Etablissements vorstellt. Die Frauen trugen nicht nichts, das wäre ja der normale Alltagsarbeitsanzug gewesen, nein! Anlässlich dieser Gelegenheiten war Abendgarderobe vorgeschrieben, ohne Unterwäsche allerdings. Je nach Herkunft vergnügten sich die Frauen entweder bei Salsa- oder Sambarhythmen auf den Tischen oder beim gemeinsamen Gesang von Stimmungs- und Karnevalsliedern. Der Alkohol floss in Strömen und die Arbeitszimmer waren ständig besetzt.

In den frühen Achtzigern wurde dann noch das Sommerfest erkoren. Es fand auf dem Parkplatz zum Main statt, bot 400 Gästen Platz, die einigen Musikkapellen zuhören oder auch, wie immer, mit den Frauen einchecken konnten.

Höhepunkt der Sommerfeste war das Feuerwerk von einem Schiff vor dem Ufer. Eingeweihte waren sicher, von Pracht und Größe stellte es das städtische Mainfestfeuerwerk klar in den Schatten. Engel ließ alle, die wollten, an seinen überschäumenden Glücksgefühlen teilhaben. Das Sommerfest verschwand irgendwann, wie vieles verschwand. Die beiden Feste am 13. April und am 13. Dezember blieben bis zum Schluss.

Als sich im Jahre 1984 die Nachrichten und Informationen über Aids häuften, kam eine leichte Panik auf. Einige Meldungen hörten sich so an, als stünden wir kurz vor dem erotischen Weltuntergang. Nichts mehr sollte gehen, ohne dass man mit dem Tode bestraft würde. Ein Virologe namens Koch und ein Politiker namens Gauweiler nutzten die Angst, um politische Macht zu demonstrieren.

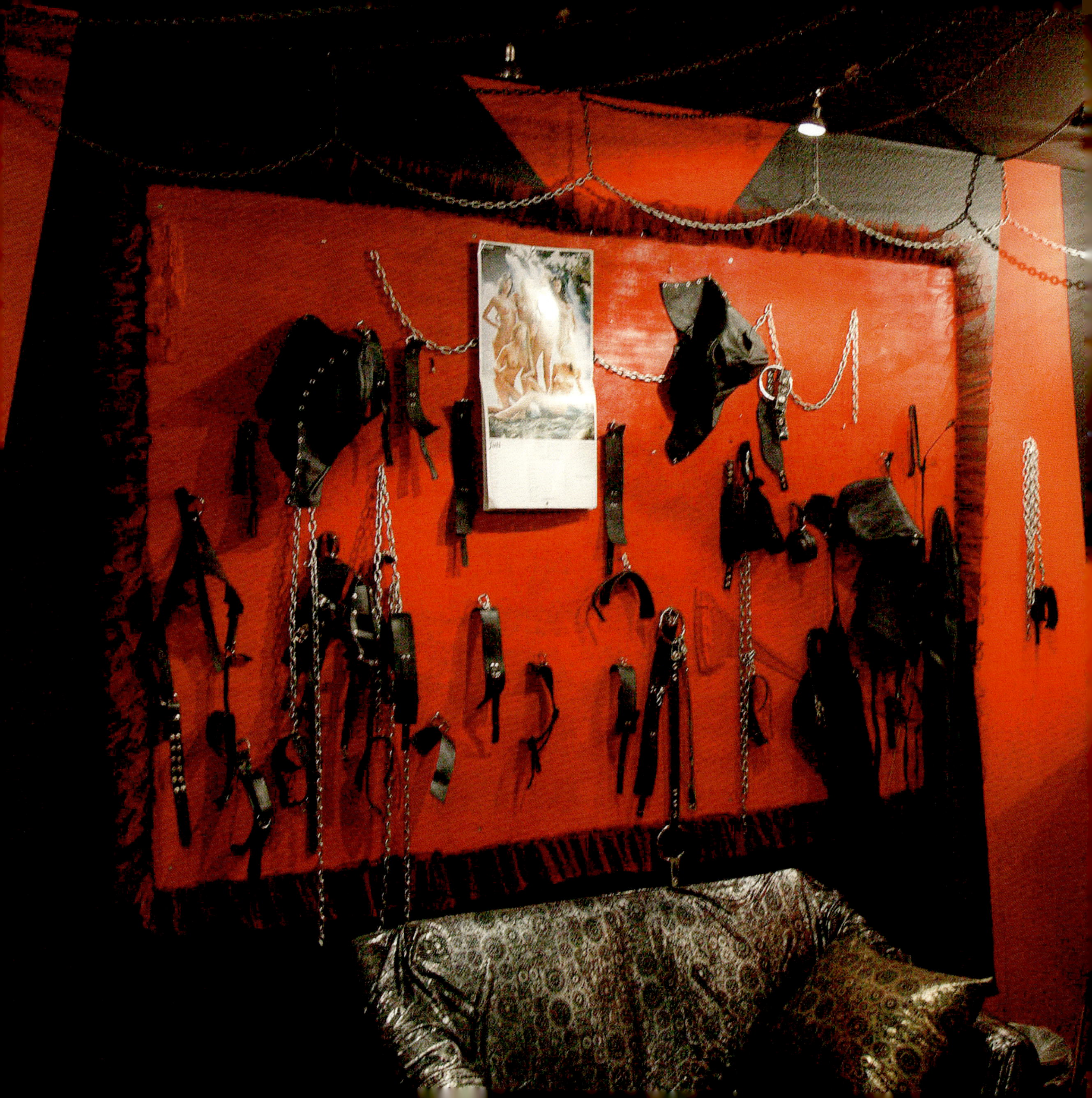

MYTHOS SUDFASS

Jeder Mensch sollte zwangsuntersucht und gegebenenfalls danach isoliert werden. Nach dem Motto: „Die Schweine in den Stall. Für immer." Auch die Zuordnung von Aids auf bestimmte Gruppen wie Homosexuelle oder Drogenabhängige passte gut in das Bild und lieferte den willkommenen Anlass, die Betroffenen unter Generalverdacht an den Pranger zu stellen. Gott sei Dank wurde es so schlimm nicht.

Dieter Engel empfahl allen Frauen, den Bluttest zu machen. Der beliebteste Arzt, bei dem die Prostituierten sowieso ihren zweiwöchentlichen Abstrich machen ließen, war Dr. Pander in der Kaiserstraße, nahe dem Frankfurter Bahnhof. Sein Praxisumsatz stieg gewaltig. Aber nach vier Wochen war klar, keine, nicht eine einzige Prostituierte des Sudfasses, war mit dem Virus infiziert. Und im Übrigen auch die meisten anderen Frankfurter Huren nicht. Die wenigen „Positiven" konnten dem Umfeld des Drogen-Straßenstriches zugerechnet werden.

Trotzdem wurde die Order ausgegeben, Geschlechtsverkehr nur noch mit Präservativ zu betreiben. Es ist unglaublich: Etliche Kunden blieben tatsächlich weg, trotz des mittlerweile bekannten Gefahrenpotenzials, weil sie argumentierten: „Mit Gummi ist nichts". Auch aus diesem Grunde ging für etwa ein Jahr der Umsatz mittelmäßig zurück. So wie auf der ganzen Welt den Heranwachsenden ihre ersten sexuellen Erfahrungen erst einmal gründlich versaut wurden. Bis sie verinnerlichten, tatsächlich immer Präservative bei sich zu tragen, sollten sich die Hormone überschlagen.

Aids ist nach wie vor eine Gefahr. Bei Kontakten mit Fremden sollte man auf alle Fälle Vorsichtsmaßnahmen ergreifen. Das gilt natürlich besonders für Prostituierte. Daher war seit Mitte der 80er-Jahre auch im Sudfass das Gummi Usus. Was die Frauen im Einzelnen mit ihren Stammkunden ausmachten, blieb ihr Privatvergnügen.

Stärker drangsaliert wurde das Sudfass von Anfang an durch große Polizeirazzien. Es waren manchmal hundert Polizeibeamte, die das Gelände wie eine Horde Heuschrecken überfielen, und nach Stunden – ohne konkretes Ergebnis – wieder abzogen. Außer, dass durch die Machtdemonstration Prostituierte und Freier in Angst und Schrecken versetzt wurden.

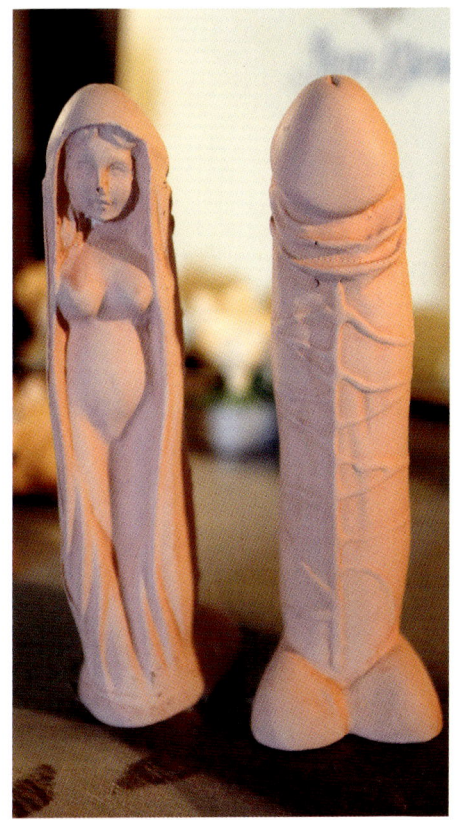

Präsenz zu zeigen, das ist wohl der wichtigste Grund für derartige Razzien. Natürlich wussten und wissen Stadtväter, dass sie die Prostitution nicht verbieten können. Aber diejenigen, die in dem Gewerbe tätig waren, sollten spüren, wer wirklich das Sagen hatte. So gelangte beispielsweise ein Leiter der Frankfurter Sittenpolizei, Spitzname „King Kong", zur traurigen Berühmtheit. Denn ist es wirklich ein Ergebnis, wenn in einer groß angelegten Razzia, die eine ganze Nacht dauert, zum Schluss mitgeteilt wird, man habe drei Prostituierte mitgenommen, deren Aufenthaltsgenehmigung geklärt werden müsse? Alle Frauen waren am Abend desselben Tages wieder auf freiem Fuß.

Zu Dieter Engel hatte die Polizei ein besonderes Verhältnis. Sie konnte nicht glauben,

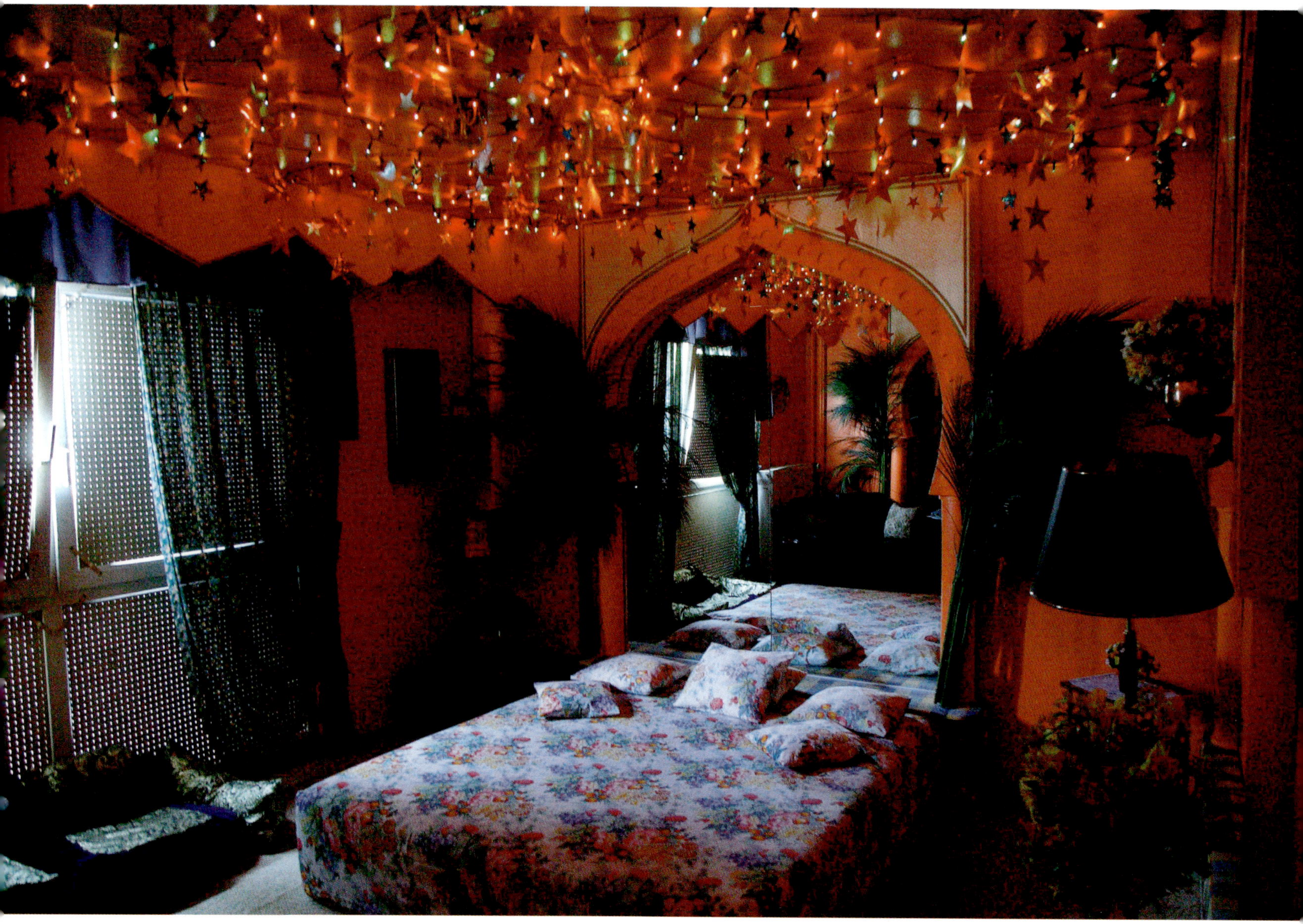

MYTHOS SUDFASS

dass es einen Mann gab, der dieses Geschäft betrieb, wie jedes andere auch. Der nicht aus dem Milieu stammte, seine Steuern zahlte und dafür sorgte, dass es seinen Angestellten gut ging. Das machte „King Kong" misstrauisch und blind. Immer öfter überzog er das Sudfass und das Kontaktlokal „Flair" mit entsprechenden „Massenbesuchen" seiner Beamten.

Nur ab und zu hatten die Razzien ein anderes Ziel als die Nervenzerrüttung. Im Herbst 1976 drangen SOKO-Fahnder in den Sudfass-Keller und verhafteten einen Metzger aus dem Vogelsberg und seinen Kumpel, die erst eine Stunde zuvor auf der Raststätte Wetterau einige Millionen Mark Lösegeld ergattert hatten und umgehend damit ins Sudfass gefahren waren. Wochen zuvor hatten sie den Fuldaer Theo Gutberlet entführt, Gründer der Supermarktkette Tegut. Das Lösegeld lag im Spind, allzu viel hatten die Männer noch nicht verprassen können.

Ein Eckpfeiler des Geschäftseinbruches bedeutete der zweite Golfkrieg, vom August 1990 bis März 1991. Als hätte jemand alle Flugzeuge auf einmal verschrottet, blieben die Gäste aus dem vorderen Orient, aus Vorderasien und aus den USA fern. Und nicht nur während der relativ kurzen Dauer dieses Krieges, sondern sehr, sehr lange. Das Sudfass hat sich danach nie wieder auf das frühere Maß eingependelt.

Gründe dafür zu suchen, wäre rein spekulativ. Aber auch ohne die Scheichs, und vor allem ohne die Amerikaner, die nie in der Überzahl waren, konnte das Sudfass gut überstehen. Bis die Stadt 1992 zu einem ihrer erfolgreichsten Schläge gegen das Sudfass ausholte. Sie entzog allen Großbordellen die Getränkekonzession und begründete es damit, dass Bordell- und Gaststättenkonzession nicht zusammenpassten, man habe sich damals bei der Genehmi-

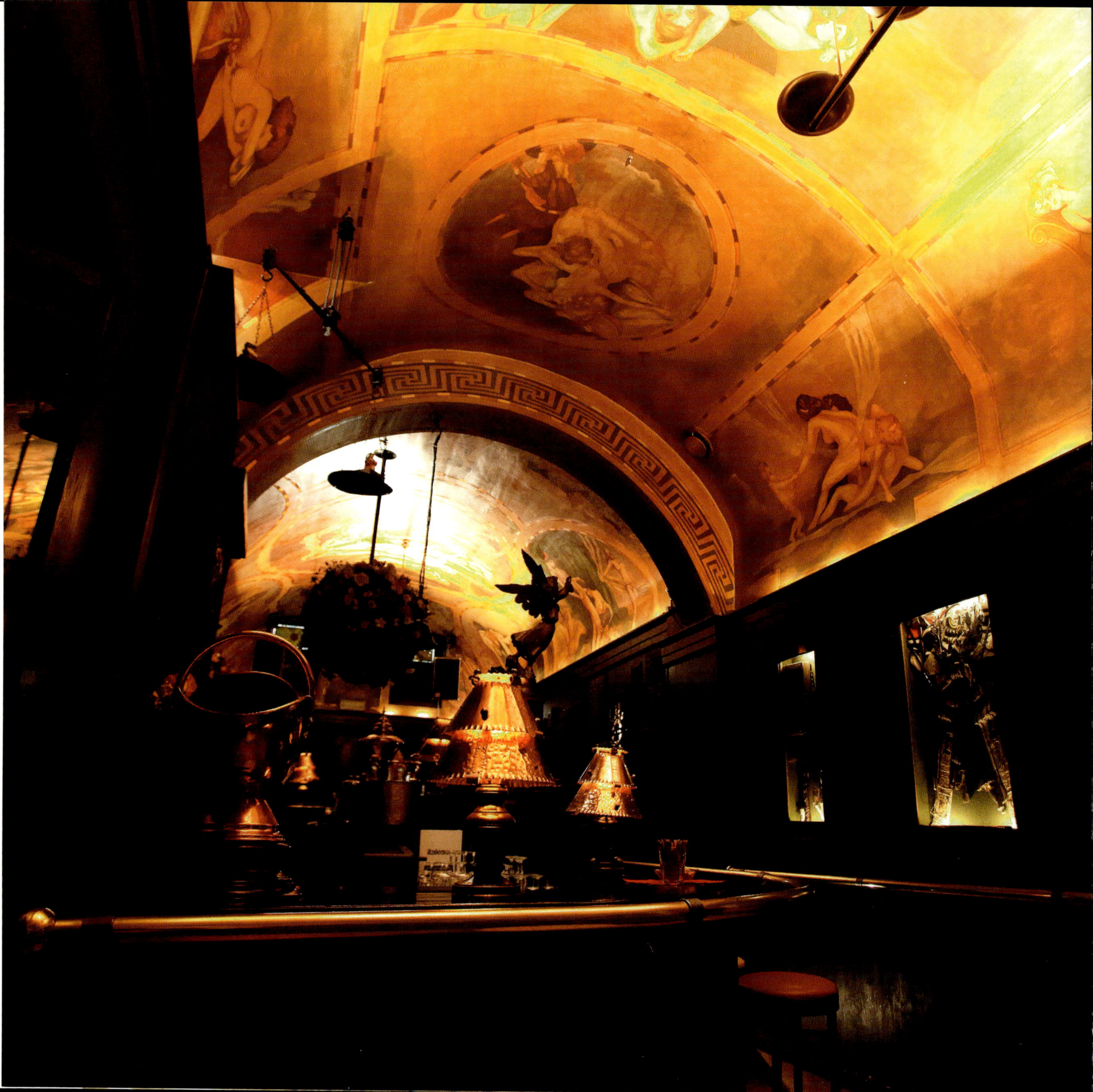

MYTHOS SUDFASS

und danach erst ins Lokal zurückkehren. Natürlich gab es etliche Razzien, die das überprüfen sollten, aber irgendwann schlief der hanebüchene Unsinn ein.

1984, drei Jahre nach Eröffnung des neuen Sudfasses und dem Fertigstellen der Brücke, musste sich Engel mit dem Haus Oskar-von-Miller-Straße Nr. 12 beschäftigen. Es stand zum Verkauf. Engel wollte es eigentlich nicht kaufen, aber er konnte es sich nicht leisten, gleich neben sich eventuell einen Konkurrenten zu dulden, der von der guten Lage, die er seit nun über dreizehn Jahren angefüttert hatte, profitierte. Also übernahm er das baufällige Haus, mit seinen maroden Wohnungen und entschloss sich, ein normales Speiselokal zu bauen und darüber Hotelzimmer. Kein Stundenhotel, sondern normale Zimmer, die gegebenenfalls auch an Mädchen vermietet werden konnten, die von auswärts kamen und bei Engel arbeiteten. Für diese Umnutzung zur Gewerbeimmobilie war eine Nutzungsänderung erforderlich, die einige hunderttausend Mark kosten sollte.

Aber Engel kam, dank guter Beratung, auf eine andere Idee. Schon lange ging dem Kunstliebhaber, der außer Erotika auch die Literatur liebte, und der ein großer Goethe-Verehrer ist, Frankfurts Literaturniveau auf die Nerven.

Mit dem größten Kulturetat aller deutschen Städte hatte die Stadt in den 70ern und den 80ern durch ihren Kulturdezernenten Hilmar Hoffmann ein Museum nach dem anderen gebaut. Nur für die Literatur war noch nichts getan.

Zwar plante man ein Literaturhaus und auch ein Literaturbüro, was immer das bedeuten sollte, aber Engel kam auf die Idee, das Angenehme mit dem Nützlichen zu verbinden. Er kannte einige Autoren, unter anderen den Schreiber dieser Zeilen, die ihm klarmachten, dass die lebenden Autoren in Frankfurt zu kurz kamen. Also schauten sich Engel und sein Operationsleiter, Fred Sigismund, ein gelernter Bau-Ingenieur, in der Nachbarschaft um und fanden in der Uhlandstraße 21 einen großen alten, verfallenen Bau aus dem Jahre 1876, der bis in die zwanziger Jahre einem jüdischen Pferdehändler als Wohn- und Geschäftshaus gedient hatte. Das Haus hatte noch Kriegsschäden, war teilweise zerfallen und von Pennern und Eingewiesenen des Sozialamtes bewohnt. Sigismund verhandelte mit dem Bauamt und der Deal stand. Für die Nutzungsänderung zum Hotel im Haus Oskar-von-Miller-Straße 12, etwa 450 qm, kaufte und sanierte Engel die Ruine Uhlandstraße 21, mit Neben- und Hofgebäuden ca. 800 qm, und führte sie Wohnzwecken zu.

In den Gewölbekeller der Uhlandstraße 21 baute er ein Lokal, das mit einfachsten Möbeln ausgestattet wurde. In die Wohnungen zogen Leute ein, für relativ wenig Miete, die alle etwas mit dem Schreiben zu tun hatten. Autoren, Grafiker, Zeichner, Buchillustratoren, Fotografen, Künstler, die sich ein solches Zusammenleben

Oase Sudfass
Club . Wellness . Entspannung
Oskar-von-Miller-Strasse 10
60314 Frankfurt
info@dassudfass.de
www.dassudfass.de

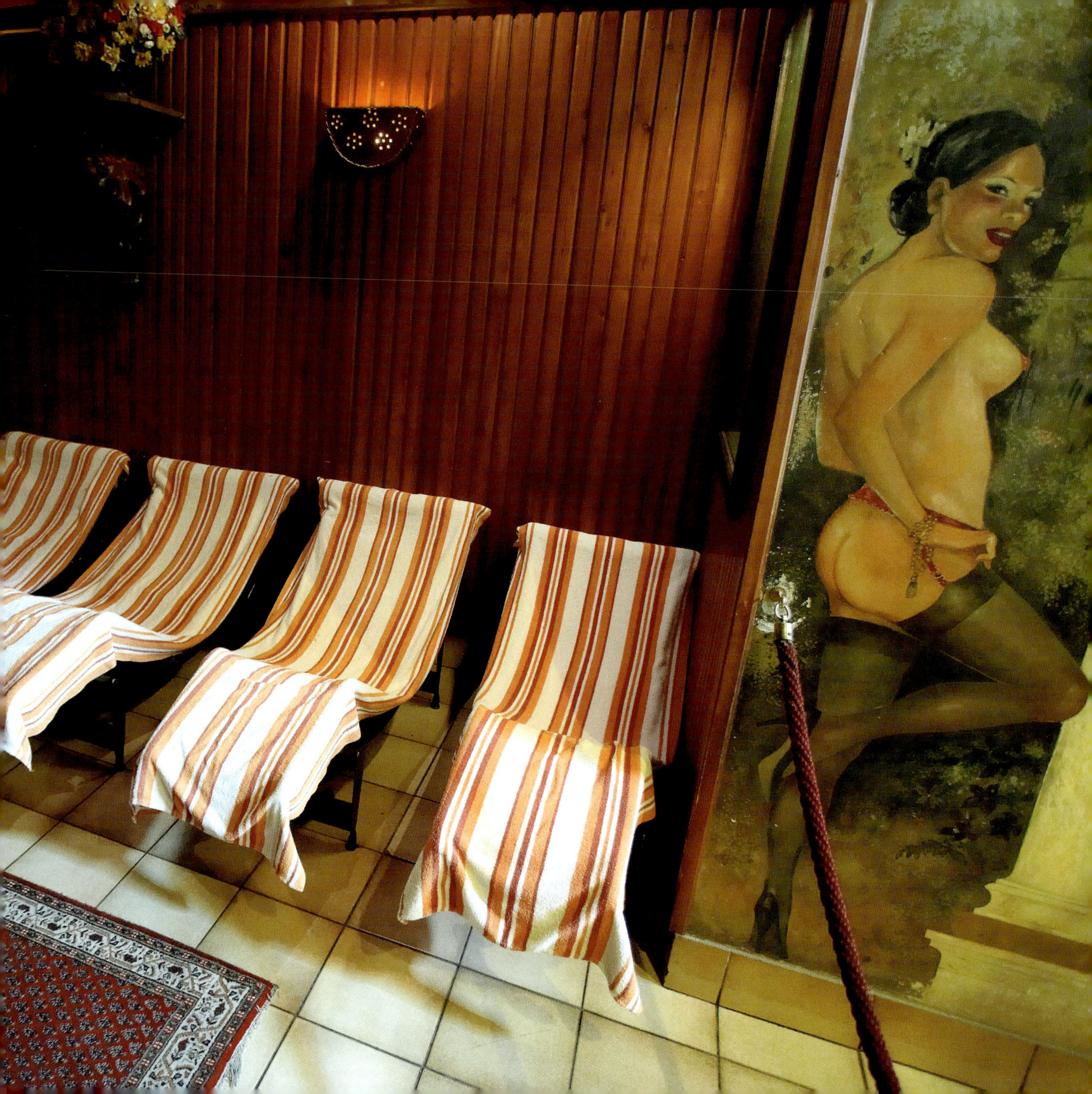

MYTHOS SUDFASS

eigentlich nicht leisten konnten. Außerdem spendierte Engel einen Literaturpreis, den Preis der Romanfabrik, den die Bewohner des Hauses zusammen mit dem Präsidenten der Akademie für Sprache und Dichtung, Herbert Heckmann, aussuchten. Der Preisträger durfte im Hinterhaus, in einem kleinen Fachwerkhaus, in dem einst der Pferdeknecht lebte, ein Jahr lang gratis wohnen. Außerdem bekam er monatlich 1000 Mark bar auf die Kralle ausgezahlt. Damit war die Anwesenheit des Künstlers gefordert, und nicht, wie etwa beim Bergen-Enkheimer Preis, jemand, der am 1. September kam, den Scheck annahm und am nächsten 1. September den Schlüssel wieder abgab, ohne jemals im Schriftstellerhäuschen gewohnt zu haben. Zwar erschien damals der Kulturdezernent Hilmar Hoffmann zur Eröffnung der Romanfabrik, doch ganz wohl dabei war ihm nicht. Engel hatte ihm noch schnell den Rang abgelaufen, erst zwei Monate später eröffnete im Mouson-Theater das Literaturbüro und im Jahr darauf entstand das Literaturhaus in der Bockenheimer Landstraße.

Und warum war Hilmar Hoffmann unwohl? Die Quelle des Spendergeldes beunruhigte ihn. Wie sollte er das vertreten? Ein Puffbesitzer als Mäzen! Natürlich, sagte er im privaten Gespräch, frage er bei den Spenden der Banken auch nicht danach, wie sie ihr Geld verdienten. Aber das hier war ihm doch zu direkt und offensichtlich. Den Leuten, die dort einzogen, war es einerlei. Ihnen ging es gut mit ihrem Gönner.

Aus dem Haus Oskar-von-Miller-Straße 12 wurde dann „Der westöstliche Diwan". Frei nach Goethe gab es unten ein einfaches Lokal mit feinen Speisen und oben Hotelzimmer voller orientalischer Kunst.

Wer da dachte, dass damit die Bautätigkeit ein Ende haben würde, sah sich getäuscht. Die Stadt wollte auf dem Grundstück Nr. 14 eine Dampfumformstation für die Fernheizung errichten. Engel gab seine Nachbarschaftseinwilligung, bestand aber darauf, die über der eigentlichen Station entstehenden Etagen zu erwerben, damit auch dort nicht die Konkurrenz einziehen konnte. Zur Besitzergreifung ließ Engel an der Backsteinfassade aus Neonröhren die Konturen einer Zigarre rauchenden Frau schaffen, die in Sekundenabständen aufleuchtet.

Den verlorenen Parkraum pachtete Engel auf dem Nebengrundstück, das aber bald der Umstrukturierung der gesamten Straße zum Opfer fallen sollte. Weil endlich klar war, dass die Europäische Zentralbank nach vielem hin und her bald gebaut werden würde. Und das sollte auch das Ende des Bordellbezirkes sein. Daher die vielen jahrelangen Schikanen. Weichkochen, nannte man das woanders. Aber Engel gab noch nicht auf.

Zu seinem siebzigsten Geburtstag schickte Oberbürgermeisterin Petra Roth zum Gratulieren einen Blumenstrauß, aber auch das Finanzamt meldete sich wieder. Nachdem nun der Beruf Hure anerkannt sei, werde er ersucht, für jede bei ihm arbeitende Frau pauschal 25 Euro abzuführen. Engel war empört. Er weigerte sich, den staatlichen Zuhältern zu assistieren und beschloss, alles zu verkaufen. Ein Hotelkomplex soll dort entstehen. Bis es so weit ist, hat Engel untervermietet. Er mag sich mit den Behörden nicht mehr rumschlagen, ihm reicht's.

Silke Wustmann

HISTORIE

Díaz de la Peña

HISTORIE

„Seid reinlich bei Tage und säuisch bei Nacht!"[1]

Man muss den Frankfurtern wirklich zugute halten, dass sie im Verlauf ihrer Geschichte immer versuchten, diese Empfehlung des berühmtesten Sohns der Stadt, Johann Wolfgang von Goethe, zu beherzigen. Das älteste Gewerbe der Welt florierte durch alle Jahrhunderte hindurch prächtig, unabhängig davon, ob es von städtischer Seite gefördert, toleriert oder verfolgt wurde.

Im Mittelalter war der Verkehr mit „unzüchtigen Weibsleuten" erst einmal nichts Ehrenrühriges. Die eheliche Treue stand damals nicht besonders hoch im Kurs, wie man beispielsweise daran erkennen kann, dass in den Frankfurter Ratsprotokollen des 15. Jahrhunderts kein Thema so oft vorkommt wie Ehebruch und Hurerei. Offiziell war verheirateten Männern der Bordellbesuch zwar verboten, aber viele Frauen empfanden diese Angewohnheit ihrer Gatten eher als persönliche Entlastung denn als verwerfliche Tat. Und auch der Frankfurter Magistrat zeigte sich diesbezüglich wenig zimperlich, sondern betrieb im Gegenteil selbst eines von zwei offiziellen „Frauenhäusern", wo „Weibspersonen die Männer zu leichtfertiger Beywohnung animierten". Pikanterweise war das andere Freudenhaus im Besitz der Stiftsherren von St. Leonhard. Beide befanden sich an der Alten Mainzer Gasse nahe der Stadtmauer, in die man einen kleinen Durchschlupf gebrochen hatte – heute noch als Frauenpforte bekannt –, um Auswärtigen die Befriedigung fleischlicher Gelüste auch nach Schließung der Stadttore zu gewährleisten.

Weitere, nicht konzessionierte Bordelle siedelten sich zwischen Katharinenpforte, Hirschgraben und Kornmarkt an. Hier entstand eine Art Toleranzzone, wie sie heute wieder im Bahnhofsviertel etabliert ist. Das mittelalterliche Milieu wurde „Rosental" genannt, seine Hauptstraße war die Rosengasse. Da die Rose in der Ortsbezeichnung eine jedermann verständliche Anspielung darstellte, weswegen sie auch gern im Namen verschiedener Etablissements auftauchte, setzten die „seriösen" Anwohner der Rosengasse 1918 eine Umbenennung in Schüppengasse durch – aber das nur am Rande.

Weniger eindeutig als in den Bordellen, dafür aber mindestens so vergnüglich, ging es in den im Mittelalter in Frankfurt sehr beliebten Badehäusern zu. In den 15 öffentlichen und den vielen privaten Bädern wurde nicht nur der Körperpflege gefrönt und medizinische Versorgung betrieben, sondern sie waren auch ein beliebter gesellschaftlicher Treffpunkt. Man aß und trank, man sang, spielte und tanzte und tat all das zumeist nicht nach Geschlecht getrennt. Somit war der Übergang vom Bade- zum Freudenhaus wohl ziemlich fließend ...

[1] „Seid reinlich bei Tage und säuisch bei Nacht, So habt ihrs auf Erden am weitsten gebracht." *Johann Wolfgang von Goethe: Faust I, Paralipomena, Walpurgisnacht.*

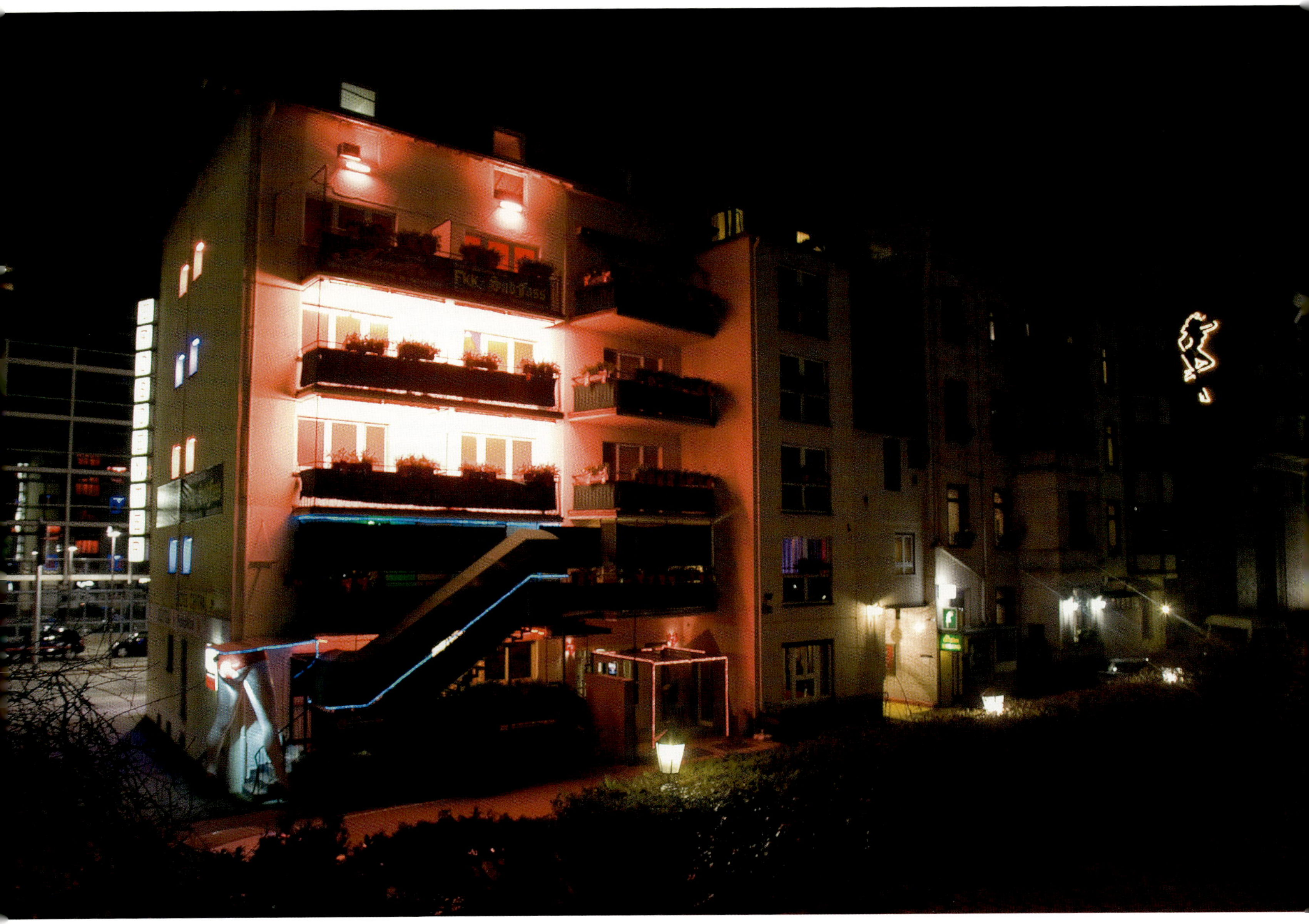
FKK Südfass

HISTORIE

Über die Notwendigkeit käuflicher Liebe gab es früher in Frankfurt keine zwei Meinungen. Das wird schon aus dem bis zum Ende des 15. Jahrhunderts praktizierten Ritual ersichtlich, dass die Dirnen von den Ratsherren zum alljährlichen Hirschessen eingeladen wurden. Nach der Übergabe von Blumensträußen und Mandelkäse wurden sie von den Mitgliedern der Stadtregierung geküsst, was für viele sicherlich als Höhepunkt ihrer kommunalen Tätigkeit angesehen wurde. Im Gegenzug wurde die Arbeitserlaubnis der Frauen für ein weiteres Jahr verlängert.

Besonders viel Mühe gab man sich mit den Kokotten bei Großereignissen wie Reichstagen, Kaiserkrönungen oder Messen. Dann wurden sie völlig neu ausstaffiert und bedeutenden Persönlichkeiten gratis, d. h. auf Kosten der Steuerzahler, zur Verfügung gestellt. Wenn ein Besucher aufgrund seines niedrigeren Ranges nicht in den Genuss dieser Sonderbehandlung kam, musste er glücklicherweise nicht Verzicht üben, sondern konnte seine angefallenen Unkosten einfach auf die Spesenrechnung setzen und der Rückerstattung sicher sein.

Um den außergewöhnlichen Andrang, vor allem zu Messezeiten, zu bewältigen, wurden die ortsansässigen Huren durch Kolleginnen aus der Umgebung unterstützt, die dann meistens in Bordellschiffen untergebracht waren. (Die Tradition, externe Zeitarbeitskräfte zu mobilisieren, wird in Frankfurt ja auch heute noch während der Buchmesse oder der Internationalen Automobil-Ausstellung hoch gehalten.) Vielen Fremdarbeiterinnen gefiel es am Main so gut, dass sie blieben. Die Stadtregierung ließ daher im Anschluss an solche Events die einzelnen Quartiere nach ihnen durchkämmen und wies sie aus.

Die vergleichsweise goldenen Zeiten der „Hübsch(n)erinnen", wie die Prostituierten in Frankfurt wohlwollend genannt wurden, endeten im 16. Jahrhundert. Bereits 1501 vermachte der wohlhabende Patrizier Claus Stalburg der Stadt 200 Gulden zu dem Zweck, den „entsittlichenden Einfluss der Hurerei" dadurch zu beseitigen, dass ein einziges großes Frauenhaus gebaut würde und „alle Dirnen darin getrieben" würden. Eine Idee, die im 20. Jahrhundert gleich zweimal wieder aufgegriffen werden sollte!

Als endgültige „Spaßbremse" fungierten quasi in Tateinheit die 1533 offiziell eingeführte Reformation und die zunehmende Verbreitung der Syphilis. Die Liebesdienerinnen wurden geächtet, ihr Gewerbe kriminalisiert und aus der Stadt verdrängt. Harte Strafen wurden verhängt, z. B. ließ man überführte Frauen in Anspielung auf ihren Beruf auf dem hölzernen Schandesel an der Hauptwache reiten, um sie der Lächerlichkeit preiszugeben.

59

60

HISTORIE

Da der Bedarf aber nach wie vor vorhanden war, siedelten sich die Huren östlich der Stadtbefestigung wieder an; so waren kurze Wege weiterhin garantiert. Seit dieser Zeit und bis auf den heutigen Tag ist die Breite Gasse ein Ort der Prostitution.

Besonders bunt trieben es die Frankfurter und ihre Gäste dann wieder Ende des 18. Jahrhunderts, wie wir aus dem Standardwerk „Briefe über die Galanterien von Frankfurt am Mayn" wissen, das ein Anonymus im Jahr 1791 verfasst hat. Als Briefroman getarnt und von der Zensur sofort verboten, entpuppt sich das Buch als eine Art Reiseführer, in dem alle einschlägigen Lokalitäten („Venuswinkel") von Frankfurt und dem damals noch nicht eingemeindeten Bornheim aufgeführt werden. Bornheims Spitzname „lustiges Dorf" kommt schließlich nicht von ungefähr!

Der Autor lässt keinen Exzess aus, achtet aber darauf, immer „Controns", Kondome aus gummiertem Leinen, zu benutzen, um „keine Pauken und Trompeten zu bekommen", sich also nicht mit der Syphilis anzustecken. Er hat den Ehrgeiz, alle hiesigen „Nimpfen" (Nymphen) persönlich kennenzulernen, um mit ihnen „auf dem Bette einen Walzer zu tanzen" und „ihre Heiratsgelenke zu betasten". Er berichtet sehr unterhaltsam von einer Razzia, bei der er sich noch rechtzeitig unter den Fußbodendielen verbergen konnte, weil sie dem Bordellwirt von den schlecht bezahlten „Visitirern" (Kontrolleuren) gegen eine kleine finanzielle Zuwendung angekündigt worden war.

Um die Illegalität der Prostitution zu beenden, wurde sie 1810 in Frankfurt wieder als rechtmäßiges Gewerbe anerkannt und konzessioniert. Mit der Okkupation der Stadt durch die Preußen 1866 endete dieses kurze Zwischenspiel jedoch schlagartig und es begann erneut eine rigorose Verfolgung der Frauen. Sogar ein interkonfessioneller „Verein zur Hebung der Sittlichkeit" wurde gegründet. Insbesondere die Straßenprostitution in der Altstadt hatte man auf dem Kieker. Man philosophierte über die Degradierung des Stadtteils und diskutierte über den Eindruck auf die Touristen. Gleiches tut sich seit den 1980er-Jahren im Bahnhofsviertel, das sich nach dem Zweiten Weltkrieg zum neuen Rotlicht-Zentrum entwickelte, als dort „German Frolleins" einsame amerikanische GIs trösteten.

Und so wiederholt sich seit Anbeginn der Geschichte der Prostitution der Wechsel von Protektion und Protest. Zum Glück sind die Frankfurter schon immer Pragmatiker gewesen, die letzten Endes sehr wohl wissen, dass man nicht verhindern kann und sollte, was nicht zu verhindern ist.

Peter Zingler

FRAUEN UND MÄNNER

Wir bleiben hier, wo wir sind!
Die Märchentante
Der Abwinker
Das Motorrad, oder wie Lina in den Puff kam
Der Fuchs von Rhodos
Der Überfall
Der Tresorschlüssel

EROSCENTER

FRAUEN UND MÄNNER

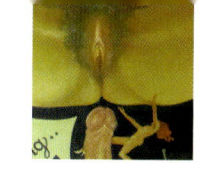

Wir bleiben hier, wo wir sind!
Quelle: Harri und Friedel

Ein kalter Wintertag fror über der Stadt. Im Sudfass jedoch, beheizt und angefeuert, schlug die Stimmung hohe Wellen. Nur oben, im Kassenraum neben dem Eingang, war von der tobenden Betriebsamkeit nicht viel zu spüren. Lediglich der Einlass neuer Kunden unterbrach Frau Baldorfs Studien in einem Buch über Finanzanlagen. Der Gong ertönte. Sie sah auf und drückte den Türöffner. Ihr prüfender Blick drang den Männern zwar nicht in die Herzen, aber in die Brieftaschen. Das Männerpaar vor dem kunstvoll geschmiedeten Kassengitter unterschied sich von der gewohnten Kundschaft. Zumindest einer der beiden. Er war höchstens achtzehn Jahre alt, trug eine modische Popperfrisur, einen aubergineroten Mohairpullover und eine gleichfarbige Lederhose, unter der weiße Stiefeletten hervorschauten. An den Fingern jeder Hand und im rechten Ohr blitzte, trotz Schummerlicht, Brillantschmuck auf.

Seine Gesichtszüge waren weich, vermischt mit einem Schuss Arroganz. Der zweite Mann war klein, füllig und trug Brille und Glatze mit einer Sicherheit, wie Amtsinhaber sie so vor sich ausbreiten. Er war mit einem grauen Nadelstreifenanzug, weißem Hemd und silberfarbenem Schlips bekleidet. Außerdem hatte er sich einen dunklen Wollmantel mit Fellfutter umgehängt, der die Arme freiließ. Mit denen fuchtelte er herum. „Mein Name ist Dr. Kniffler, kennen Sie mich?"

Frau Baldorf sah auf. Menschen, die sich unter der Voraussetzung vorstellten, man müsse sie kennen, schürten ihr Unbehagen. Außerdem hatte sie mit Prominenz nichts am Hut. Hier mussten alle zahlen! Selbst die deutsche Fußballnationalmannschaft, die ab und zu hier einlief, wenn sie vor dem Abflug ins Ausland in der Stadt eine Nacht verbrachte. Kurz gesagt, der Mann beeindruckte sie keineswegs.

„Ich bin der Stadtteilabgeordnete dieses Viertels. Sie müssen mich kennen! Haben Sie denn gestern im Fernsehen nicht die Diskussion um die neue Sperrgebietsverordnung verfolgt?"

Frau Baldorf kannte ihn nicht. Aber sie horchte auf. Die neue Sperrgebietsverordnung hing wie ein Damoklesschwert über der gesamten Branche. „Warten Sie", bat sie, griff zum Telefon und wählte die Nummer des Hotels in Bayern, wo der Chef gerade zur Abmagerungskur weilte.

„Wissen Sie, wie spät es ist, Frau Baldorf?", fragte eine müde Stimme. „Ja, ja Chef, aber es ist wichtig." „Ist die Polizei wieder im Laden?" „Nein, die Polizei nicht, aber ..." Sie senkte ihre Stimme und sprach beschwörend weiter. „Ein gewisser Dr. Kniffler, ein Politiker. Er sagt, er sei der zuständige Stadtteilabgeordnete." „Was will er?",

E. Casarotti

FRAUEN UND MÄNNER

fragte der Chef barsch. „Ich weiß es nicht!" „Geben Sie ihn mir an den Apparat!" Frau Baldorf winkte den Mann näher ans Gitter und reichte ihm den Hörer. „Dr. Kniffler, Stadtverordneter!", meldete er sich. „Was wollen Sie?", fragte der Chef. Der Politiker holte tief Luft und sprach so laut, dass er für die Entfernung nach Bayern keine Leitung benötigt hätte. „Ich trete – gegen den Bürgermeister meiner eigenen Partei – nicht für eine Veränderung der Sperrgebietsverordnung ein. Ich kämpfe dafür wie ein Löwe. Mein, nein, unser gemeinsamer Slogan ist: Wir bleiben hier, wo wir sind!", rief er pathetisch. „Das, nur das, wollte ich Sie wissen lassen."

„In Ordnung!", sagte der Chef knapp. „Geben Sie mir wieder die Dame an der Kasse!" Frau Baldorf flüsterte: „Ja, Chef?" „Lassen Sie ihn rein, er will umsonst vögeln. Sagen Sie unten Bescheid. Alles, was er verlangt, geht auf Kosten des Hauses, auch die Mädchen, und sagen Sie ihm einen Gruß und ein paar Lobesworte für sein Engagement." Er legte auf.

Frau Baldorf versuchte, ihrem Zitronengesicht Freundlichkeit aufzuzwingen und flötete: „Der Chef bedankt sich für Ihre politische Arbeit und Ihren Besuch. Sie sind eingeladen, den Betrieb kennenzulernen. Auf Kosten des Hauses selbstverständlich." Zu den Worten reichte sie ihm vier Handtücher und schob zwei Spindschlüssel nach, die man mittels Gummiband am Handgelenk befestigen konnte.

Dr. Kniffler deutete eine Verbeugung an. „Natürlich ist mein Interesse rein politischer Natur. Übrigens für meinen Begleiter auch, er ist mein Fahrer.", sagte er in leisem Tonfall. Dann hob er die Stimme wieder an: „Die nach dem Kriege natürlich gewachsenen Vergnügungsviertel unserer Stadt dürfen nicht verändert werden. Das wäre auch kriminalpolitisch denkbar ungünstig. Ich freue mich, in Ihrem Chef einen Verbündeten zu haben und wiederhole nochmals unseren Wahlspruch, Wir bleiben hier, wo wir sind!" Bedeutungsvoll nickend griff er die Handtücher, drückte zwei davon seinem Begleiter in die Hand und drehte ab. „Wo ist der Umkleideraum?" Seine Anwesenheit sprach sich in Windeseile herum. Ein Gast mit Freibon war gern gesehen. Die Mädchen wussten, ein solcher Kunde scherte sich einen Dreck darum, wie viel bei ihm aufgeschrieben wurde, er zahlte eh nicht aus eigener Tasche. So verwunderte es nicht, dass Dr. Kniffler im Barraum heftig umschwärmt war. Man kann sagen, er hielt Hof.

„Was möchten Sie trinken?", dienerte Harri, der Barkeeper. „Was ihr wollt", gab der Politiker die Frage an seinen Begleiter und die Mädchen weiter. „Champagner", erwiderte der hübsche Junge. „Dom Perignon oder Krug Vintage oder Roederer Cristal. Welche Marke führt ihr?" „Natürlich alle Sorten!", antwortete Harri spitz. „Sie müssen sich schon entscheiden." Der Hübsche sah Harri irritiert in die Augen, und Harri dachte: „Mein Gott, ein Strichjunge,

67

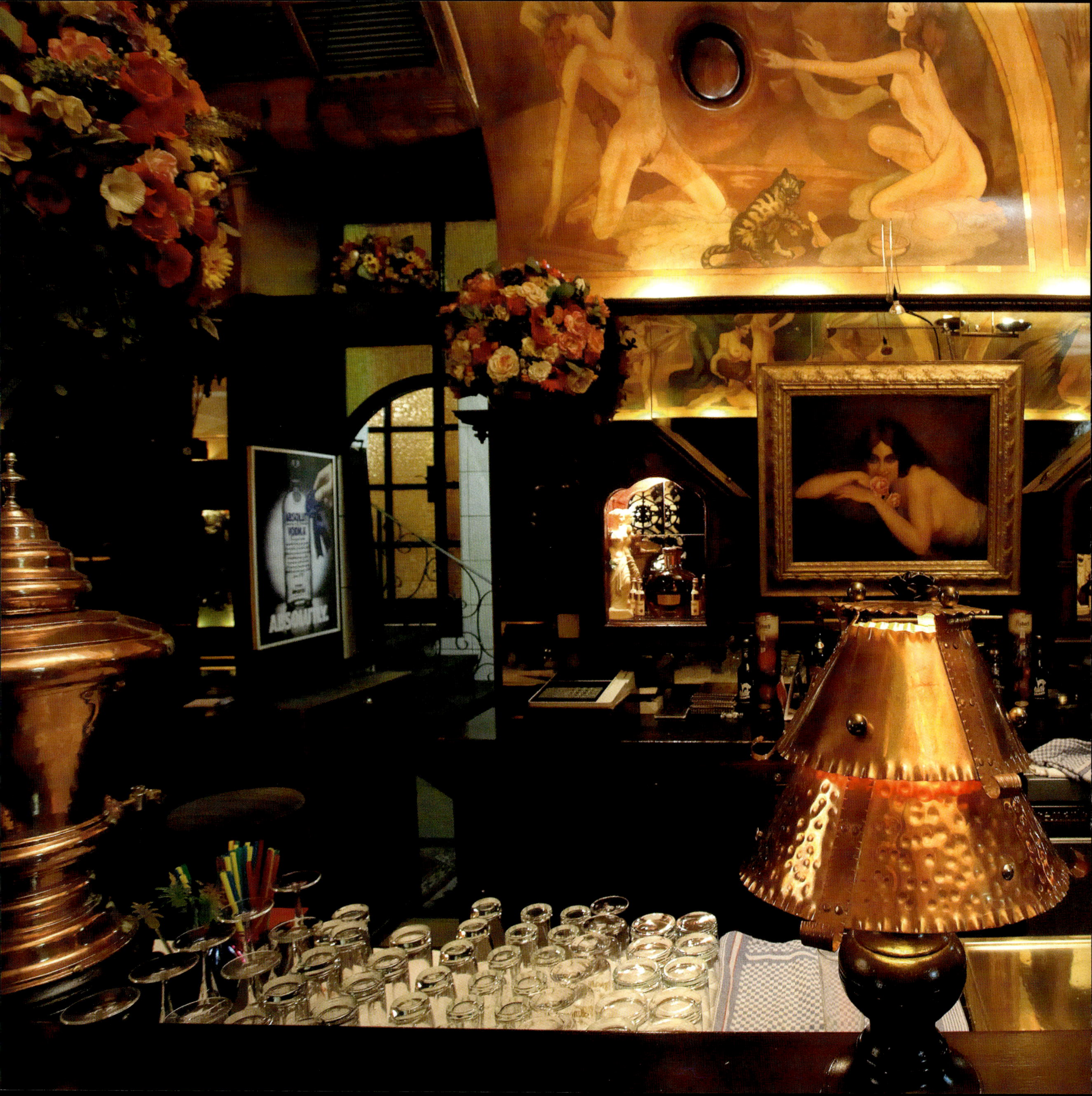

FRAUEN UND MÄNNER

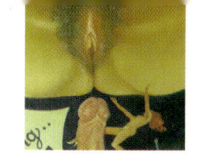

was will der bloß hier unten?" „Gib uns Dom Perignon! Den anderen können wir später probieren."

Sieben Mädchen hatten sich um die beiden geschart, jede erhielt ein Glas. So brauchte Harri bereits zwei Flaschen, um alle Gläser zu füllen. Kurz darauf folgten noch mal zwei Flaschen, dann wieder zwei. Eine Stunde verging, ehe Dr. Kniffler und sein Fahrer, von den Frauen gedrängt, erstmals die Kabinen aufsuchten. Er zierte sich ein wenig, sprach dauernd von Milieustudien, aber die Mädchen waren sicher: Was er studieren wollte, hatten sie zwischen den Beinen. Cora und Jasmin begleiteten ihn und seinen Fahrer. Schon fünfzehn Minuten später kehrten alle zurück. Erneut wurde Champagner getrunken. Die Runde wurde lustiger, lauter, ungehemmter. Zweimal noch gaben die beiden Männer einigen Mädchen Gelegenheit, Geld zu verdienen, ehe sie sich, morgens gegen fünf und total besoffen, verabschiedeten.

Dr. Kniffler breitete beide Arme aus, als wolle er alle Mädchen auf einmal umarmen und rief: „Wir bleiben hier, wo wir sind!" Leiser fügte er hinzu: „Wir kommen wieder." Seine nie erstellte Rechnung belief sich auf 2900 Mark.

Bereits in der nächsten Nacht standen die beiden erneut im Foyer des Sudfasses. Frau Baldorf ließ sie ein, rief den Chef an, und der sagte: „Lassen Sie ihn machen. In vier Tagen bin ich zurück, dann kümmere ich mich um ihn! Vielleicht wird er es auch bis dahin leid oder seine Frau fragt ihn mal, wo er jede Nacht steckt. Lassen Sie's vorerst so laufen."

Dr. Knifflers Frau schien nie zu fragen, denn er und sein „Fahrer" erschienen jede Nacht, und die Zechen stiegen an. Frau Baldorf zuckte schon zusammen, wenn sich die Eingangstür öffnete und

NOTAUSGANG

FRAUEN UND MÄNNER

der Bariton des Politikers wie eine Trompete erschallte: „WIR BLEIBEN HIER, WO WIR SIND!" Es war sein „Sesam öffne dich" für alle Türen des Sudfasses.

Als der Chef zurückkam, addierte er zunächst die Rechnungen. „Insgesamt fast sechzehntausend Mark", jammerte Frau Baldorf. Der Chef nickte. „Wenn er's wert ist, ist es nicht zu viel. Aber ich bezweifle es. Seine Partei hat die Verordnung auch gegen den Widerstand der betroffenen Stadtteilpolitiker durchgebracht. Es liegt nur am Regierungspräsidenten, dass sie noch nicht in Kraft getreten ist. Ich werde heute Nacht mal mit ihm reden. Doch zunächst muss ich herausfinden, was mit ihm los ist." Er griff zum Telefon und recherchierte.

Das Ergebnis: Dr. Kniffler war wirklich Dr. Kniffler, er war wirklich Stadtverordneter, er war wirklich gegen die neue Sperrgebietsverordnung, aber ansonsten ein blasser Politiker mit geringer Chance, wiedergewählt zu werden. Er war nicht verheiratet, man munkelte, er sei schwul. Der Chef sortierte Dr. Knifflers Rechnungskärtchen und sah sich die Kürzel der Mädchennamen an. „Wer von ihnen ist jetzt hier?" Frau Baldorf sah die Anwesenheitsliste durch. „Jasmin." Der Chef ging die Treppe hinab, fand Jasmin an der Bar. Er winkte sie zu sich. „Jasmin, bitte, einen Moment. Es ist wegen dieses Politikers." Jasmin rutschte unruhig hin und her und blickte zu Boden. „Du hast wohl ein schlechtes Gewissen, weil du auf meine Kosten so hingelangt hast, wie? Okay, geschenkt. Jetzt will ich wissen, was er in der Kabine mit euch anstellt. Nach meinen Informationen ist er schwul." Jasmin wand sich und sagte dann: „Das glaub' ich auch." „Was hat er getrieben, ist er Bi?" „Nun, er streichelt nur ein bisschen und spricht viel über Prostitution, seine Verantwortung, dass seine Partei und die Kirche die Sexualität zu eng sähen und so. Aber meistens schaut er zu, was der Kleine, der immer bei ihm ist, macht. Ich glaub, er ist nur hier bei uns, um dem Jungen einen Gefallen zu tun."

Der Chef überlegte. Ab und zu jemandem einen Freifick zukommen zu lassen, war eine Sache, das hier eine andere. Der Kerl hatte ihn im Verlauf einer Woche dreißig Mädchen bezahlen lassen, nur um seinen kleinen Freund bei der Stange zu halten. Was tun?

Einfach rauswerfen? Konnte dieser Mensch ihm schaden? Das Problem sprach sich unter den Bediensteten des Sudfasses herum. Am frühen Abend meldete sich Friedel, der Schwule, der seit Jahren routiniert und zufriedenstellend die Tagesschicht leitete. Wie überhaupt Homosexuelle besser mit der Arbeitssituation in einem solchen Betrieb zurechtkamen. Darum beschäftigte der Chef auch mit Vorliebe Homos. Für sie waren die Mädchen reizlos. Feminine Tricks verfingen nicht, waren ihnen im Gegenteil oft selbst eigen. Andererseits hatten sie für weibliche Sorgen tiefstes Verständnis, behandelten die Mädchen mit Respekt und wurden von diesen akzeptiert. Sie, fast alle irgendwann mal auf dem Schwulenstrich gewesen, verstanden die Flucht der Frauen in Alkohol und andere Drogen als Reaktion auf ihr uneingestanden verkorkstes Leben.

Friedel war die beliebteste Beichtschwester. Gäste reizten ihn überhaupt nicht. Die meisten waren in seinen Augen erbärmliche Heteros, die hier im Sudfass ihren Mangel an Selbstsicherheit mit

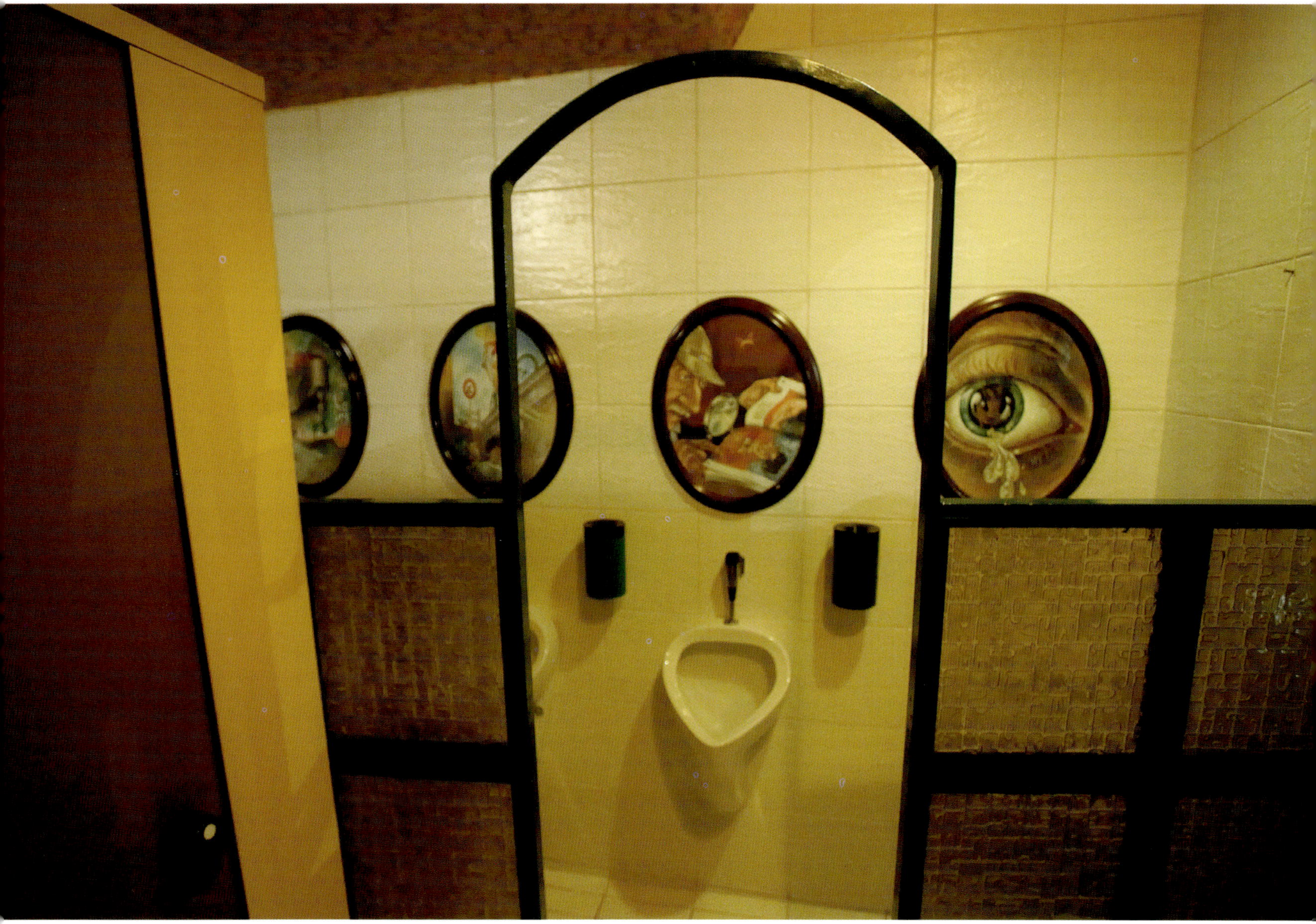

Geld und protzenden Gesten ausglichen. Diese Arschlöcher wollte er nicht stopfen. Er stand jetzt also beim Chef und erzählte: „Ich hatte mich schon gewundert, dass der Kniffler was mit Mädchen anfängt. Ich kenn' den Heinz! Letztes Jahr hab ich ein Wochenende im Spessart mit ihm verbracht." „Ob er dich wiedererkennt?" „Ganz sicher! Nur – wenn er mich nicht wiedererkennen will?" „Vielleicht denkt er, wir sind so blöd und merken nicht, was mit ihm los ist? Wenn wir ihm klarmachen, dass wir alles wissen, kommt er vielleicht nicht mehr. Politiker sind eitel. Äußert man Zweifel an ihrer Selbstdarstellung, drücken sie sich. Das ist unsere Chance. Wenn er diese Nacht kommt, ruf ich dich an. Bleib telefonisch erreichbar!"

Dr. Kniffler und der Junge erschienen gegen zwei in der Nacht. Frau Baldorf informierte den Chef, und der rief Friedel an. Sie fassten einen Plan, riefen einige Mädchen nach oben und weihten sie ein.

Jetzt erst betrat Friedel die Bar, als wolle er Harri ablösen. Kaum trafen sich die Blicke von Dr. Kniffler und Friedel, stieß er einen Entzückensschrei aus: „Heinz! Du hier?!" Dr. Kniffler wirkte verstört, doch Friedel gab ihm keine Chance. Er raste um die Bar, drückte die Mädchen beiseite und setzte sich neben den Politiker. „Was machst du denn hier?", fragte er mit einem Seitenblick auf den Strichjungen. „Das kann ich dich auch fragen", konterte Kniffler. „Ich arbeite hier! Meist am Tag, heute auch nachts, weil es Harri nicht gut geht."

Friedel legte den Arm um Heinz. „Ich freu mich, dich zu sehen. Warum hast du seit dem letzten Sommer nichts mehr von dir hören lassen?" „Ach, weißt du ..." Knifflers Worte klangen gequält, sein Blick flatterte zu seinem Begleiter, um den sich die Mädchen schar-

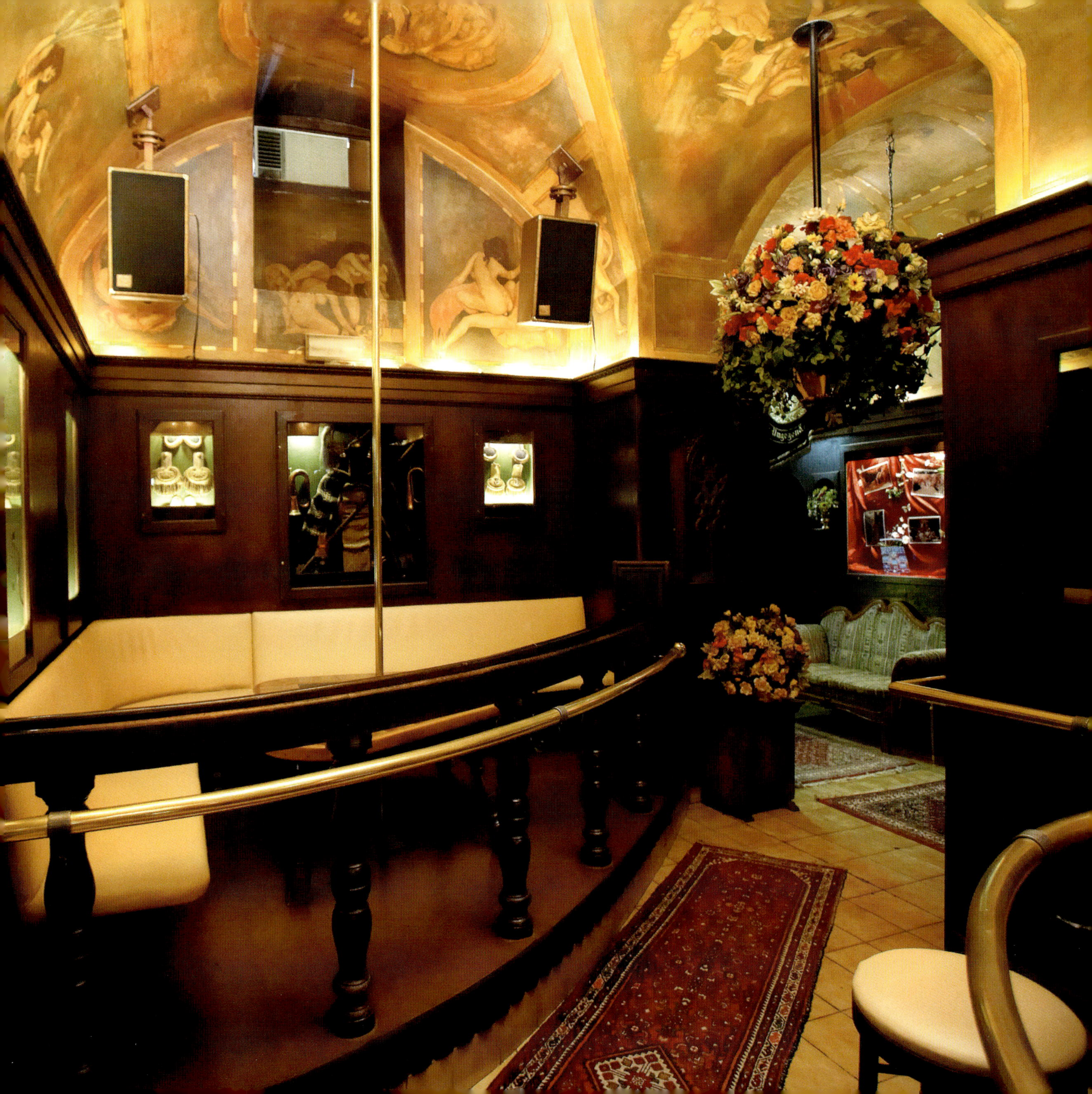

FRAUEN UND MÄNNER

ten. „Na, geh doch schon!", forderte Friedel den Jungen auf. „Du siehst doch, die Mädchen steh'n auf dich." Christa und Janette zogen den Burschen vom Stuhl hoch. Dem schwante, dass irgendwas im Busch war. „Ich will noch 'ne Flasche Champagner", rief er trotzig. Friedel nickte. „Christa, nimm eine Flasche mit in die Kabine!" Der Junge zog ab, mehr gedrängt als aus freiem Willen, blickte über die Schulter zurück in Knifflers brennende, flehende Augen und ließ sich in den Aufzug schieben.

Heinz Kniffler versuchte aufzustehen, den Blick auf den Gang geheftet, in dem die drei verschwunden waren, doch Friedel hielt ihn fest und drückte ihn auf die Bank zurück. „Sehr verliebt?", fragte er. Kniffler schwieg. „Ich seh's dir an, aber der will doch gar nichts von dir, außer dich auszunutzen. Auf so eine kleine, miese Type fährst du ab? Statt mit ihm zu Hause in deinem Bett zu liegen, musst du ihn mit Mädchen füttern! Und das in aller Öffentlichkeit. Weißt du, dass die Leute schon über dich lachen? Heinz, du bist doch wer, hast was zu verlieren. Nimm doch deinen Geist und deinen Mumm zusammen und wehr dich!"

Heinz Kniffler sackte bei jedem Wort mehr in sich zusammen. Jetzt lehnte er seinen Kopf an Friedels Schulter und begann leise zu weinen. Friedel schlang tröstend seine Arme um ihn. „Komm mit, hier seh'n dich zu viele Menschen. Wir geh'n in eine Kabine. Wir geh'n in die Kabine neben deinem Kleinen. Mal hören, was er treibt!" Kniffler nickte traurig und folgte Friedel schleppenden Schrittes zum Aufzug.

Christa und Janette hörten die Nachbartür klappern, wussten um die Zuhörer und wurden aktiv. Sie hatten den Burschen auf der Liege platziert und manipulierten, eine oben, eine unten, an ihm rum.

Christa reichte ihm den Champagner. „Hier, trink aus der Flasche wie ein richtiger Mann!" Der Junge nahm die Pulle, setzte sie an und schluckte schier endlos. „Leer!", sagte er und warf sie auf den Boden. „Meint ihr, weil ich mit so 'ner alten schwulen Schachtel rumlauf', sei ich kein richtiger Mann?" „Doch, doch", beruhigte Christa ihn, „mein Gott, wie kräftig du bist! Mich wundert, dass Janette damit fertig wird! Aber sag mir, warum läufste denn mit dem Alten rum, wenn du nicht schwul bist?"

„Ist doch klar, er hat Kohle. Ich brauch' sein Geld. Meinste, so was hier könnt ich mir leisten?" „Und deshalb pennste Nacht für Nacht mit so 'nem alten Kerl?" Christa lauerte auf die Antwort, doch die bewies, dass der Junge nicht dumm und nicht total betrunken war. „Du hast es gerade nötig. Du machst doch auch nichts anderes. Okay, es macht mir keinen Spaß, und manchmal könnt' ich kotzen, aber euch geht's doch genauso. Also komm, hör auf zu quatschen, lass uns lieber vögeln."

Friedel und der Politiker verließen leise die Nachbarkabine. Dr. Kniffler erschien nachdenklich. „Ich gehe!", sagte er entschlossen. Friedel begleitete ihn zu Spind und Ausgang. „Was wird aus dem Kleinen?" „Das lass meine Sorge sein. Tschüs, Heinz, ruf mal an." Friedel klopfte an die Kabinentür. Christa öffnete, und als die Mädchen Friedel erkannten, schlüpften sie aus dem Raum. „Was soll das, warum störst du?", brauste der Junge auf. „Ich bin noch nicht fertig, noch lange nicht!"

„Zwischenrechnung!", forderte Friedel. „Wende dich an Heinz!", sagte der Junge. „Heinz ist weg, er ist gegangen. Du hast 'ne ziemliche Latte zu zahlen." Der Junge begriff und begriff doch nicht. „Ich glaub' nicht,

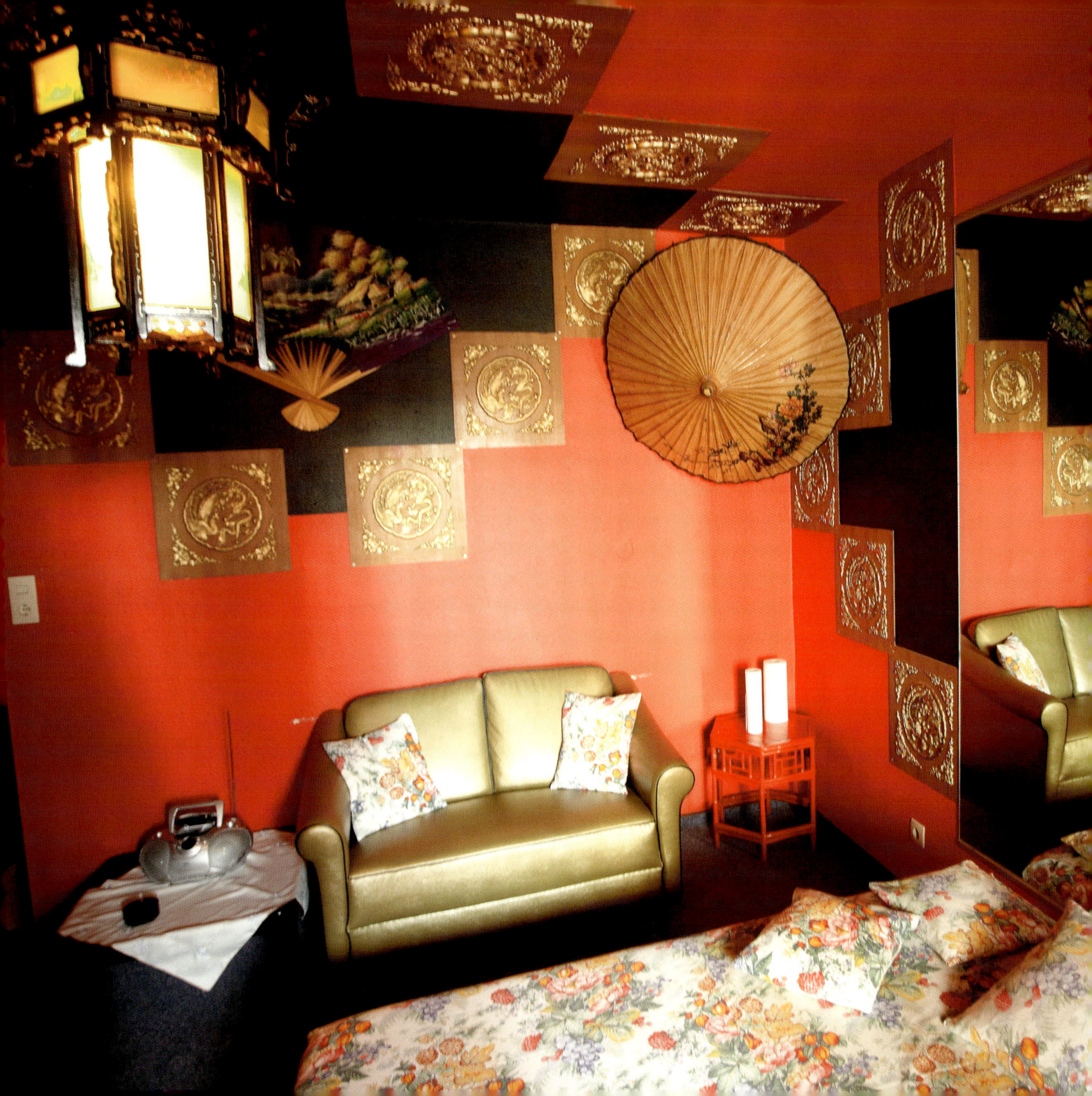

FRAUEN UND MÄNNER

dass Heinz ohne mich weg ist." Er schlang sein Saunatuch um die Hüften und rauschte an Friedel vorbei, runter in den Barraum, lief in die Sauna, schaute in die Dusche. Dann stand er oben an der Kasse. „Okay, er ist weg. Was jetzt?" Seine Äuglein flitzten hin und her. Er zeigte nicht die geringste Angst, bewies, dass er in seinem kurzen Leben schon in schlimmeren Klemmen gesteckt hatte.

„Vierhundert Mark bitte", forderte Frau Baldorf. „Hab' kein Geld!" „Zieh'n Sie sich an!" Der Junge zog sich an. Frau Baldorf drückte den Türöffner. „Da hinaus!" „Ist das alles?" Der Junge grinste, rief von draußen: „Werde den Laden weiterempfehlen!" und lief die Stufen hinab zum Ausgang.

Friedel zog seine Jacke an, bestellte sein Stammtaxi, trat auf die Straße und traute seinen Augen nicht. Dr. Kniffler und der Junge standen, heftig diskutierend auf der gegenüberliegenden Straßenseite. Endlich stoppte Kniffler die Schimpftiraden aus dem Mund des Kleinen und griff nach dessen Hand. Ein Taxi hielt, sie stiegen ein. Als Friedels Wagen kam, bat er den Fahrer: „Willi, kannst du feststellen, wohin das Taxi Nr. 451 fährt, das vor drei Minuten zwei Männer am Sudfass aufgenommen hat?" Der Fahrer fragte bei der Zentrale und erhielt die Antwort: „Sauna 2000."

Friedel lehnte sich zurück und lachte: „Jetzt muss die Konkurrenz bluten!"

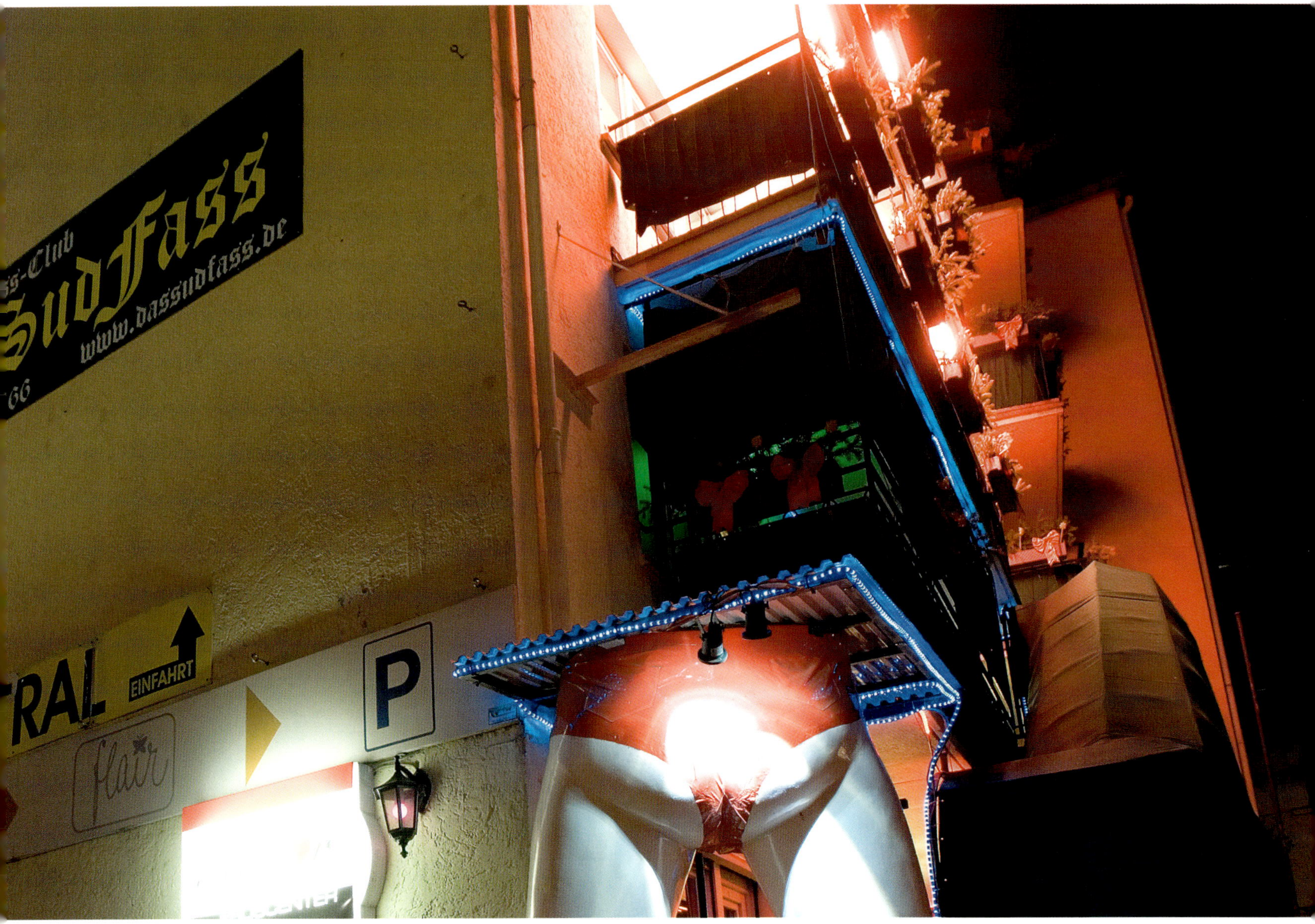

SudFass
www.dassudfass.de
RAL
EINFAHRT
P

FRAUEN UND MÄNNER

Die Märchentante
Quelle: Fatima, Dieter Engel

Es war kalt. Kalt und nass und eigentlich viel zu düster für halb acht Uhr morgens. Es regnete Bindfäden. Vom Main her wehte ein kühler, starker Wind, drückte die Tropfen in dicke Mäntel und unter Hosenbeine. Kein Wetter für Männer, den Schlitz zu öffnen und stolz an die Straßenecke zu pinkeln; sie verhielten es lieber, wenn's auch noch so drückte.

Der Gebäudeklotz des Sudfasses lag unbeleuchtet wie versteckt im Wasserschleier, dort, wo noch vor Kurzem bunte Lichter nach Aufmerksamkeit schrieen. Jetzt war das Haus leer. Die wenigen Stunden, die es zum Erholen, Auftanken, zum innerlichen Säubern brauchte, waren die zwischen sechs und zehn. Keine nackten Körper mehr in den Räumen. Die Putzkolonne mühte sich, Spuren zu tilgen, die die letzte Nacht hinterlassen hatte. Mit den Mädchen und den letzten Gästen war die Hitze in wartende Taxis entschlüpft.

Der Saunaofen erkaltete knackend, und von außen sorgte der stete Regen für Abkühlung. Der Mann im Schatten des Gebäudes trat von einen Fuß auf den anderen wie ein Schulbub im Lehrerzimmer. Er hatte den Mantelkragen hochgeschlagen und zusätzlich den Schal um die untere Gesichtshälfte gewunden, als habe er Angst, erkannt zu werden. Zögernd ging er einige Schritte auf den Mercedes zu, der wenige Meter vor dem Sudfass parkte. Das Kennzeichen begann mit einer Null statt mit Buchstaben. Die Hand des Mannes kroch langsam aus der Manteltasche. Ein Schlüsselbund kam zum Vorschein, verschwand wieder. Die Tasche beulte sich aus. Die Hand wurde zur Faust, und als habe sich sein Entschluss gefestigt, drehte der Man sich auf dem Absatz herum und ging zur Haustür.

Der Privateingang lag neben dem großen Einfahrtstor des Gebäudes, das er erst zwei Stunden zuvor verlassen und vor dem er, wie schon oft, vergeblich stundenlang auf Fatima gewartet hatte. „Sie muss also noch im Haus sein", dachte er. Nicht eben clever, wenn man die vielen Ausgänge des Bordells betrachtete.

„Sie muss also noch im Haus sein – gegen ihren Willen, irgendwo im Keller oder auf dem Dachboden!" Er beugte sich nieder, studierte die Namen, seine Augen dicht am Klingelbrett, gab auf, kramte eine Brille aus der Innentasche; sie wurde nass. Er brachte ein Taschentuch zum Vorschein, wischte die Gläser ab, setzte sie auf und las die Schildchen. Natürlich wusste er, wie der Chef des Sudfasses hieß. Fatima hatte es ihm oft genug gesagt. Er legte den Daumen auf den Klingelknopf, zögerte, drückte nicht, zog die Brille ab und verstaute sie wieder sorgfältig in der Innentasche. Er stellte sich in den trockenen Hauseingang und sah auf die Straße. Vorbeifahren-

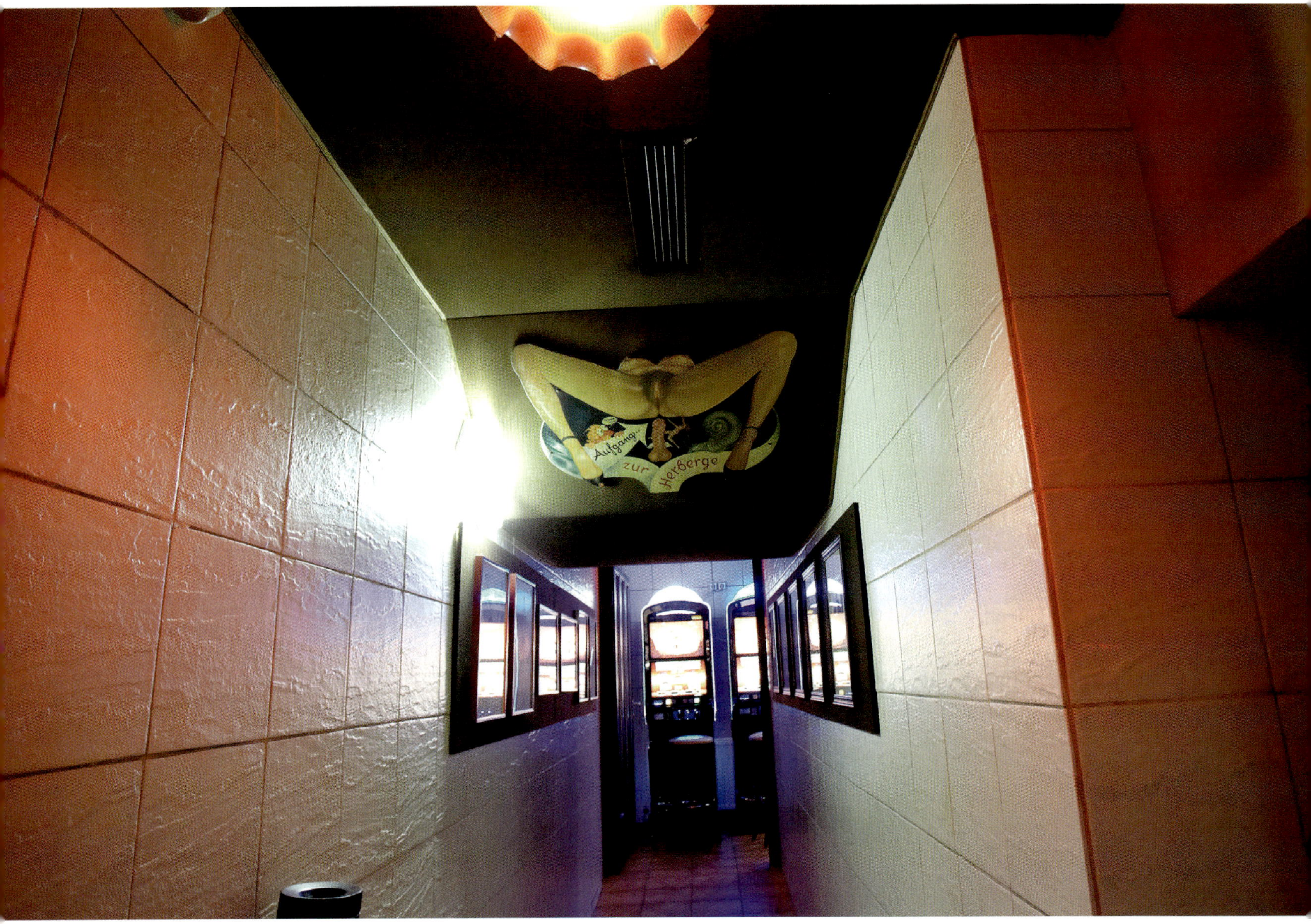
Aufgang
zur
Herberge

FRAUEN UND MÄNNER

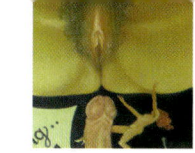

de Wagen hatten die Lichter eingeschaltet, die durch die dicke Regenwand wie weiches Kerzenlicht schimmerten.

„Ich müsste längst auf dem Weg nach Bonn sein", dachte er. „Was mache ich noch hier? Vielleicht sollte ich die Polizei verständigen? Das ist ein Fall für die Polizei!" Und hätte Fatima nicht mehrmals zu ihm gesagt: „Um Gottes willen – keine Polizei. Ich werde aus Deutschland abgeschoben", dann hätte er schon vor Monaten die Kripo eingeschaltet. Er wusste: Unkorrektheiten werden durch die Polizei ausgebügelt und geahndet. Das war in Deutschland nicht anders als bei ihm zu Hause in Spanien. Aber die eigene Person ins Spiel zu bringen, hatte er sich nicht getraut. Immerhin besaß er in der Botschaft einen sehr hohen Rang, und ein Gerücht war schnell nach Madrid gedrungen oder nach Barcelona oder gar nach Vejer de la Frontera, dem kleinen Ort am Atlantik, aus dem er stammte. „Nein, das muss ich selbst erledigen", beschloss er.

Er drückte auf den Klingelknopf. Nichts geschah. Er wartete eine halbe Minute. Vielleicht ist der Chef nicht zu Hause? Er selbst kannte ihn gar nicht, aber Fatima hatte noch vor drei Stunden gesagt: „Der Chef ist da.

„Warum fragst du? Geh nur ja nicht zu ihm. Ich muss das alles selbst aushandeln." Er drückte den Knopf erneut, diesmal länger. „Wer ist da?" Eine verschlafene Stimme meldete sich an der Sprechanlage. „Ich muss mit Ihnen reden", sagte er in hartem Deutsch. „Es ist dringend! Es geht um Fatima." „Sie sind wohl verrückt! Mich um diese Zeit zu wecken? Um zehn wird geöffnet. Fragen Sie dann nach mir." „Aber es ist dringend! Ich muss jetzt mit Ihnen sprechen. Sie sind doch der Chef?" Keine Antwort. Er drückte erneut den Klingelknopf. „Hören Sie", erscholl die Stimme des Chefs wütend aus dem Lautsprecher, „Geh'n Sie, und kommen Sie zu einer christlichen Zeit wieder." „Sie reden von christlich", regte sich der Spanier auf. „Jetzt sofort will ich mit Ihnen reden, sonst rufe ich die Polizei." „Die Polizei?" „Ja, die Polizei, wegen Nötigung, Kindesentführung und Erpressung."

Es herrschte Schweigen. Dann sagte der Chef: „Sind Sie verrückt? Welches Kind wurde entführt?" „Fatimas Kind! Das müssten Sie doch am besten wissen. Hören Sie", senkte sich die Stimme des Spaniers, „ich habe das Geld dabei." „Welches Geld? Warten Sie, kommen Sie rauf!" Der Summer ertönte, der Mann drückte gegen die Tür, und sie schwang auf. Zugleich ging das Flurlicht an. Der Spanier blieb stehen, sah sich um. Geradeaus führte eine Tür in den Betrieb, in dem er sich die Nacht um die Ohren geschlagen hatte. Links, einige Stufen hoch, befand sich die Eingangstür zum privaten Treppenhaus. Darüber wölbte sich ein breiter Lichtschacht, dessen Wände mit erotischen Gemälden verziert waren. An einer dicken Kette hing von Dachhöhe herab eine schmiedeeiserne Jugendstillampe herab.

Er betrat das Treppenhaus. Eine Stimme rief: „Dritter Stock!" Der Spanier stieg aufwärts, blieb auf jeder Halbetage stehen und atmete tief durch. Er war 59 Jahre alt und ungeübt im Treppensteigen. Der Chef stand, in einen dunkelgrünen Bademantel gehüllt, in der halb geöffneten Tür seiner Wohnung. Misstrauisch sah er auf die dunkle Gestalt mit Hut, die sich die letzten Stufen zu ihm heraufquälte. Schnaufend blieb der Mann oben stehen, das Gesicht halb

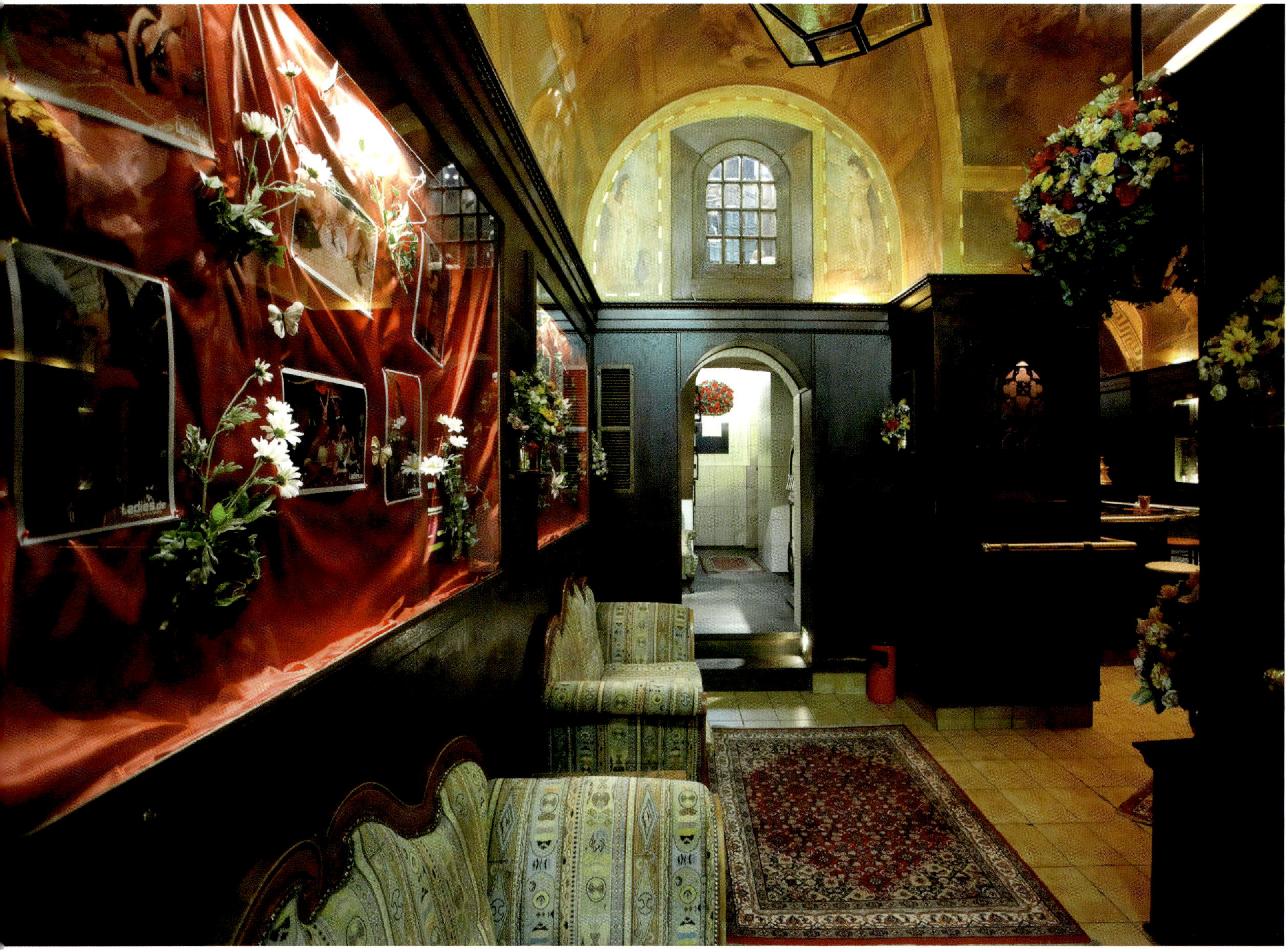
Ladies.de

FRAUEN UND MÄNNER

vom Schal verhüllt, die Hände in den Manteltaschen. Der Chef trat unwillkürlich einen Schritt zurück und schloss die Tür bis auf einen zentimeterbreiten Spalt. Der Mann vor ihm zog langsam eine Hand aus der Tasche.

„Was ist das für ein Verrückter?", dachte der Chef und überlegte blitzschnell, auf welche Seite er sich werfen solle, wenn der Mann eine Waffe ziehen würde. Doch keine Waffe kam zum Vorschein, sondern ein braunes, dickes DIN-A5-Kuvert. Der Mann hielt dem Chef den Umschlag an den Türschlitz und sagte: „Hier sind die Zwanzigtausend, die Sie noch wollen. Und nun geben Sie Fatima und ihr Kind frei." Der Chef schluckte, machte die Tür auf, nahm das Kuvert nicht an, sah dem Mann ins Gesicht und sagte: „Kommen Sie nur rein. Mir schwant etwas …"

Fatima kam aus dem Orient. Das mag dazu beigetragen haben, dass sie manchmal glaubte, 1001 Nacht fände auch in Deutschland statt. Ihr Hauptmärchen begann so: „Ich stamme aus einem Gebirgstal des hohen Atlas in Marokko. Meine Familie ist reich, sie sind Beduinen. Als Kind wurde ich von Berbern geraubt und über Algerien nach Frankreich verschleppt. Dort verkaufte man mich unter Gefahr für Leib und Leben im Alter von 16 Jahren an ein Bordell." Während sie erzählte, begannen ihre großen schwarzen Augen im dunkelhäutigen Gesicht zu rollen, einzelne Tränen rutschten auf die Wangen und sie schüttelte vor Empörung ihr lockiges Haar wie ein nasser Hund sein Fell. Ihre Brüste wackelten vor Wut, und ihr dicker Hintern drohte das kleine Höschen zu sprengen. So dargestellt, fanden ihre Geschichten kaum Zweifler. Dabei stimmte fast nichts von dem, was sie erzählte. Sie war Türkin. Da es aber viele Türken in Deutschland gab, glaubte sie sich als Osmanin nicht elitär genug. Dennoch liebte sie ihr Heimatland, fuhr oft dorthin und besaß in Eskisehire – weil sie nicht nur ein verlogenes, sondern auch ein kluges Mädchen war – bereits seit Jahren ein Kaffeehaus und mehrere Eigentumswohnungen.

Fatima arbeitete seit fast zwölf Jahren im Sudfass und gehörte als Dienstälteste zum Inventar. Von äußerem Zwang zur Ausübung ihres Berufes konnte keine Rede sein. Fatima hatte nie Zuhälter und selten einen Freund – schon allein, weil sie jedem Mann zutraute, er könne sie an Geldgier übertreffen. Sie holte sich hier und da Befriedigung, indem sie die Augen schloss, an ihren Traumann dachte und die Freier wie menschliche Dildos benutzte. Mancher von ihnen glaubte, an eine Dampfwalze geraten zu sein und war stolz auf seine männliche Wirkung.

Fatimas natürliches Schauspieltalent und ihr untrüglicher Instinkt für Menschen, die Leidensgeschichten liebten, machten sich bezahlt. Es war im späten Frühjahr, als sie den Spanier zum ersten Mal sah. Er stand linkisch im Umkleideraum des Sudfasses, führte den Spindschlüssel dicht vor seine Augen und sah sich suchend um.

Mein Gott, hatte er sich heute auf der Buchmesse gelangweilt, als er die spanischen Stände als offizieller Regierungsvertreter besuchte. Den Tipp Sudfass hatte er bereits vor Monaten von einem Kollegen der englischen Gesandtschaft erhalten, als sich beide zufällig in einem Kölner Puff trafen. „Wenn Sie mal nach Frankfurt kommen, gehen Sie ins Sudfass. Es gibt nichts Besseres!"

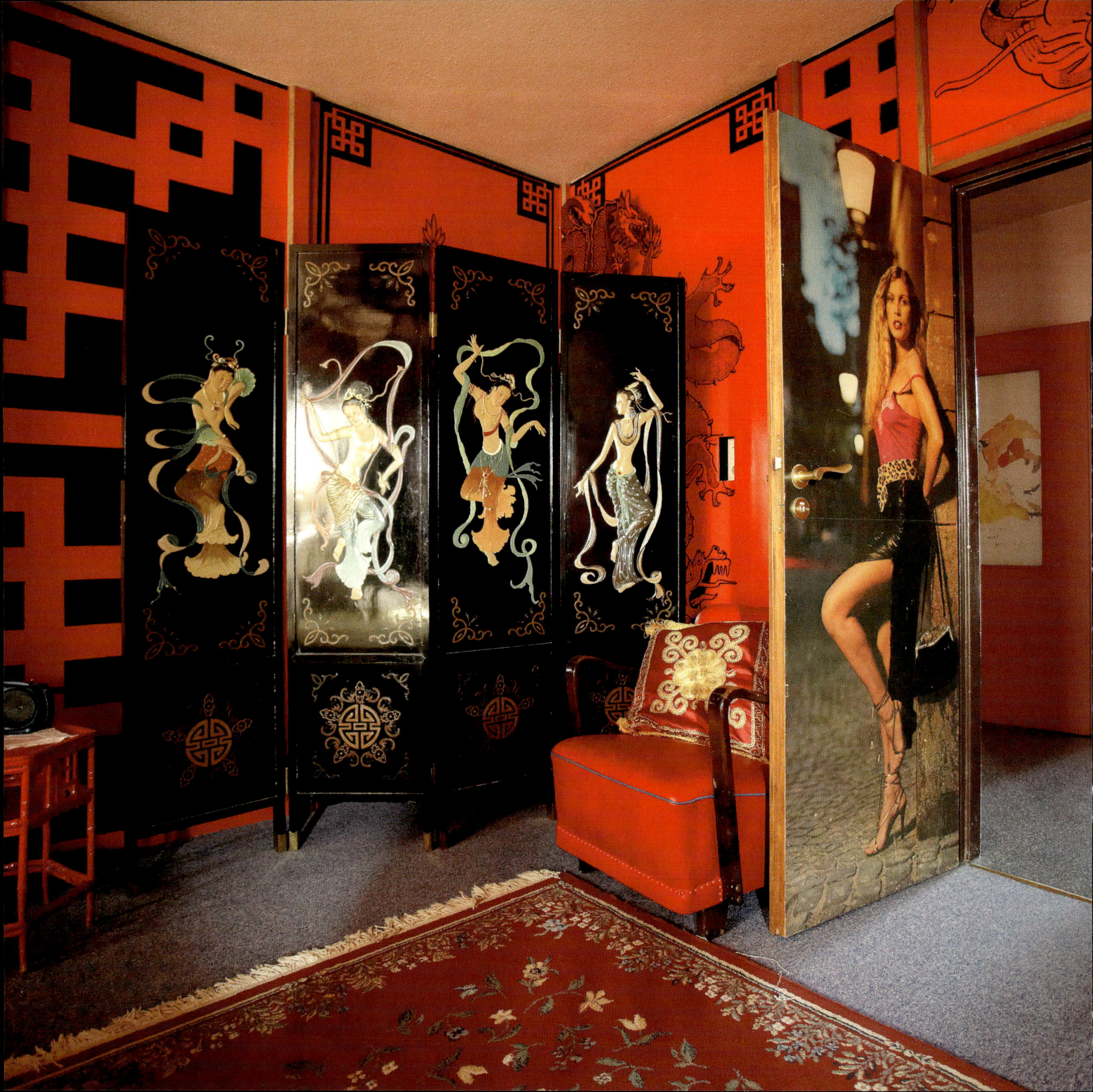

FRAUEN UND MÄNNER

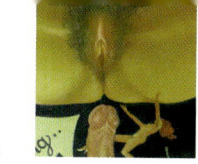

„Darf ich Ihnen helfen?" Fatima merkte sofort, dass dieser Gast zum ersten Mal hier war. Der Spanier nestelte seine Brille aus der Jacke, setzte sie auf und sah Fatima an. Da stand ein braunhäutiges, kleines, vollschlankes Mädchen mit überdimensionalen Brüsten und einem breiten Gesicht. Sie lachte ihn an. „Kommen Sie. Sie haben Spind Nr. 62. Der ist dort." Sie nahm ihn an die Hand, als wäre er ein kleines Kind, und zog ihn hinter sich her. Das gefiel ihm. Wann hatte ihn zuletzt jemand an die Hand genommen und geführt? Von Huren besaß er eine andere Vorstellung. Sie waren in seinen Augen kaltherzige Wesen, die nur auf sein Geld aus waren. Trotzdem besuchte er von Zeit zu Zeit solche Etablissements. Bei seiner Ehefrau, der Mutter seiner Kinder, traute er sich nicht, seine – wie er glaubte – ausgefallenen Wünsche zu äußern. Da war es bequemer, sich ins Sudfass zu begeben und sich bedienen zu lassen, wie er es wollte. Geld besaß er genug.

Fatimas Fürsorge, die er hier nicht erwartet und selten im Leben erfahren hatte, rührte ihn, und damit war bereits der erste Schritt getan. Fatima hatte natürlich sofort gemerkt, dass da ein Opfer vor ihr stand, und sie ließ ihn nicht mehr aus den Augen. Sie begleitete ihn sogar in die Sauna, die sie sonst mied, und keine halbe Stunde später lag sie mit ihm in einem der Arbeitszimmer. „Du passt gar nicht hierher", sagte er, während er sie ansah und streichelte. „Ach", seufzte sie, während sie ihn streichelte. „Woher stammst du?", fragte er, während er ihre Brüste berührte. „Aus Marokko", sagte sie, während sie sein Glied umfasste.

Dann erzählte sie ihm alles, nicht ohne ihn währenddessen vom Haaransatz bis zu den Zehen zu herzen und zu küssen, sich ihm mit einer Leidenschaft hinzugeben, als sei er nach drei Jahren Abstinenz der erste Mann für sie. Sie unterbrach ihre Geschichte notgedrungen, als sie ihn tief in den Mund küsste und ihm ihren Orgasmus beim Kuss in den Hals schrie. Sie blieb ermattet auf ihm liegen. Ihre Tränen kullerten auf seine grau behaarte Brust. „Was bist du für ein Mann! Ich habe sofort Vertrauen zu dir gefasst! Dir kann ich alles erzählen, und dabei machst du es mir noch wie ein Stier. Warum bin ich nie einem Mann wie dir begegnet?"

Der Spanier legte beschützend seinen Arm um sie und blickte überrascht an sich herunter. Seine Männlichkeit war bereits auf dem Weg der Erholung. Er spürte, dass sie weinte. Seine Poren weiteten sich vor Dankbarkeit über Fatimas Vertrauen, und ihre Tränen liefen durch die Haut direkt in sein Herz. Er fragte: „Warum arbeitest du hier?" Er bedauerte, diesem Mädchen nicht früher begegnet zu sein, damals, als sie ihn gebraucht hätte und er stellte sie im Geist neben seine Frau – kein Vergleich. „Erzähl mir alles!", bat er.

Fatima richtete sich auf. Ihr Blick verschleierte sich und ging an ihm vorbei, als sehe sie dort, an der Wand des Zimmers, ihre schlimme Vergangenheit auftauchen. „Geht leider nicht", flüsterte sie. „Unsere Zeit ist abgelaufen. Wir sind schon viel zu lange hier

85

86

FRAUEN UND MÄNNER

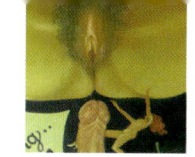

oben. Der Chef wird misstrauisch." „Ich will aber hier bleiben. Geht das nicht?" „Ginge schon, aber dann müsstest du mir gestatten, runterzugehen und eine weitere Zeit auf deiner Rechnungskarte einzutragen." „Wenn' es weiter nichts ist! Für wie lange zählt das?" „Normalerweise für eine halbe Stunde. Jetzt sind wir schon eine Stunde hier. Ich fürchte, ich bekomme Schwierigkeiten." Sie weinte abermals. „Ich werde unten alles erklären", raffte er sich auf, doch Fatima drückte ihn zurück auf's Bett. „Nein. Bleib liegen. Lass mich das machen. Der Chef wird sauer, wenn ich Betriebsgeheimnisse verrate. Dann habe ich noch mehr zu leiden." Sie beugte sich zum ihm nieder und küsste ihn spielerisch. „Wie lange, meinst du, können wir uns noch unterhalten? Ich hab' Vertrauen zu dir. Dir würde ich alles erzählen." Sie stand auf, wartete an der Tür und sah zu ihm hin. „Solange du willst, von mir aus die ganze Nacht." Sie riss die Augen auf. „Nein, das ist viel zu teuer. Das gönn' ich dem Chef nicht. Außerdem sollst du nicht dafür bezahlen, dass du mir zuhörst und Vertrauen zu mir hast." „Wie soll es denn sonst gehen?"

Auch der Spanier richtete sich auf und setzte sich auf den Bettrand. „Machst du Feierabend, und wir gehen zusammen weg?" „Neiiin, das geht überhaupt nicht. Ich muss bis sechs Uhr hier bleiben, sonst krieg' ich Ärger…" „Welchen Ärger?" „Genau das will ich dir ja erzählen, wenn… wenn du versprichst, mit keinem darüber zu reden, sonst geht's mir schlecht … und auch meinem Kind."

„Deinem Kind? Du hast ein Kind?" „Ja. Aber jetzt ist's wirklich zu spät. Wir müssen gehen." „Nein, das will ich jetzt hören. Geh runter und schreib auf die Rechnung, was du magst." „Aber hast du denn soviel Geld dabei?" „Ich bin Diplomat." „Na gut." Sie zuckte die Achseln und schlüpfte aus der Tür. Auf dem Weg die Treppe hinab überlegte sie, welche Geschichte für den da oben wohl die richtige sei, und entschied sich für das Geiseldrama.

Sie sah auf die große Uhr im Treppenhaus. Gleich eins, noch fünf Stunden. Das bedeutete, noch zehnmal aufschreiben. Selbst wenn es sonst nichts brachte, die Nacht war verplant. Das ergab insgesamt einen Tausender. Fatima wusste, wann sie den Mund zu halten und ihre Körpersprache einzusetzen hatte. Sie machte aus dem Spanier den Löwen, der er immer sein wollte. Viermal in einer Nacht hatte er es sein Leben lang noch nicht gebracht, und das Schönste, er war noch immer hungrig. Doch der Schluss ihrer Geschichte nahm ihn so mit, dass es ihm schändlich schien, schon wieder geile Gelüste zu zeigen.

„Und wo ist das Kind?" „In irgendeinem Heim auf dem Land versteckt. Nur der Chef weiß wo. Aber er sagt es mir nicht. Nicht, solange ich ihm nicht die 20.000 Mark gegeben habe, die er für mich an die Franzosen bezahlen musste. Er zieht mir auch mein ganzes Gehalt ab, angeblich, um Heim und Erziehung zu zahlen. Ich besitze nichts, gar nichts. Vielleicht belügt er mich, und das Kind ist längst tot?" Sie schluchzte, legte den Kopf in ihre Armbeuge und schielte unter den Lidern hervor, um zu sehen, ob sie zu stark aufgetragen hatte.

Der Gesichtsausdruck des Diplomaten sagte ihr, dass sie ruhig noch ein paar Kohlen auflegen könne, um das Feuer zu schüren. „Der Chef durchsucht meine Kleider jede Nacht, ob ich nicht etwa heim-

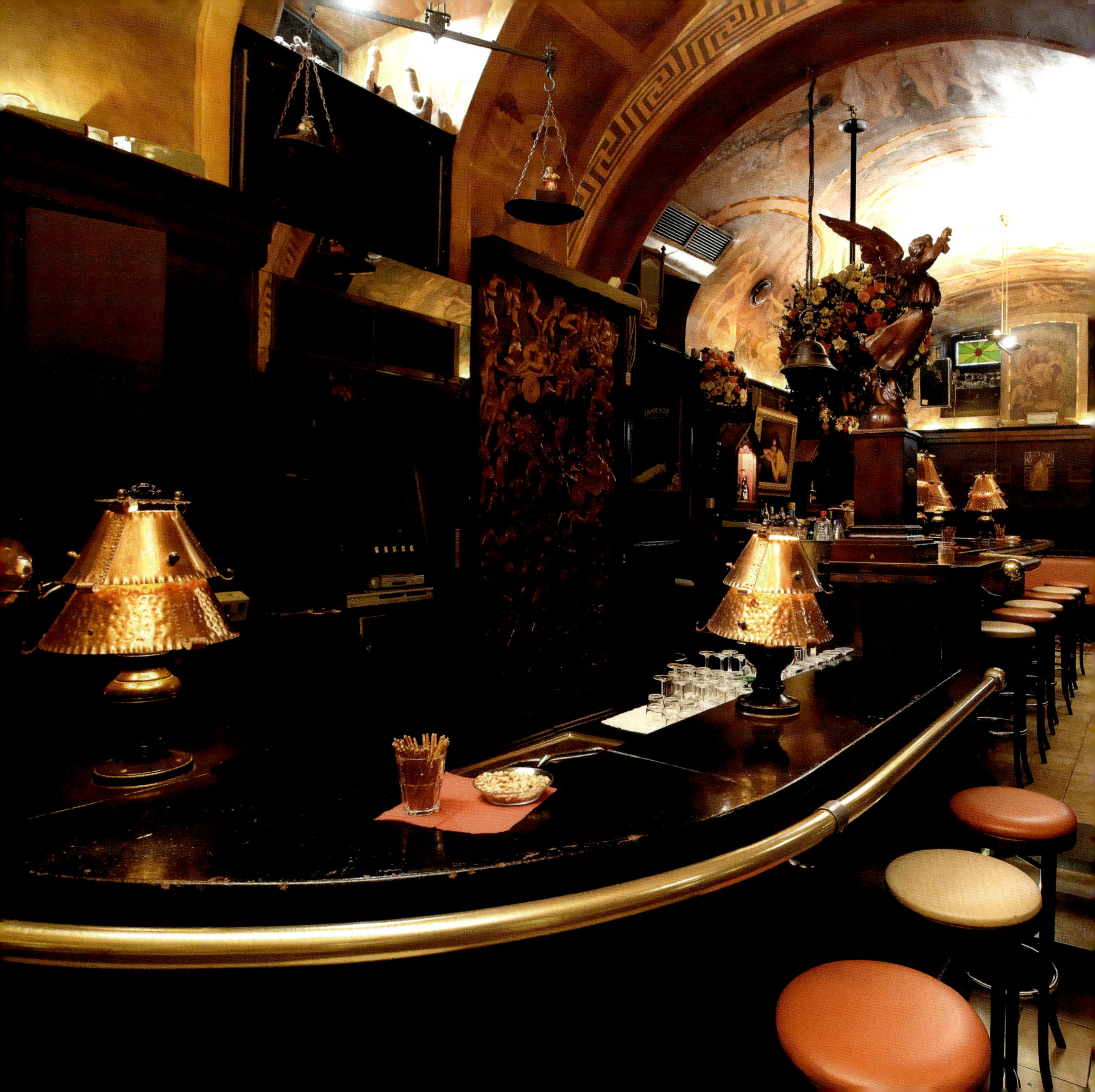
JAMESON

FRAUEN UND MÄNNER

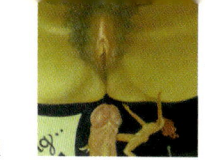

lich Bargeld angenommen habe. Sonst hätte ich längst einen Detektiv beauftragt, das Kind zu finden. Doch dazu brauch ich tausend Mark, mindestens." „Ich geb' dir tausend Mark, aber wie?" „Tja, wie? Ach ja! Am Ende des Hofes, dort, wo die Parkplätze aufhören, steht ein Blumenkübel. Leg es darunter. Ich hol's morgen und geh' gleich zu einem Detektiv." „Warum hast du nicht die Polizei eingeschaltet", begehrte er noch einmal auf, um Logik in die Sache zu bringen. „Nein", wehrte sie entsetzt ab, „sie schieben mich ab, glauben mir kein Wort, und ich seh' mein Kind nie wieder und … was soll ich in Marokko?"

Er stimmte zu, und Fatima brachte ihn zum fünften Höhepunkt der Nacht. Danach verließ er das Haus und versteckte vereinbarungsgemäß den Tausender unter dem Blumenkübel, nicht ohne vorher versprochen zu haben, Anfang nächster Woche wiederzukommen, um zu hören, was der Detektiv erreicht habe.

Seither kam er jede Woche und hörte, was es Neues gab. Der erste Detektiv sei schlecht gewesen, habe dreitausend verlangt, die er auch bekam. Dann habe er doch nichts erreicht. Der zweite Detektiv habe nach 10.000 Mark aufgeben müssen, weil er zusammengeschlagen worden sei. Beim dritten Detektiv merkte Fatima, dass Detektivgeschichten nicht mehr wirkten, und entschloss sich, zum großen Coup auszuholen. „Ich habe mit dem Chef gesprochen, er gibt mich und das Kind frei, wenn ich ihm die 20.000 ersetze."

Doch der Spanier blieb misstrauisch, nicht Fatima, sondern dem Chef gegenüber, den er nicht kannte. „Er wird dir das Geld abnehmen und dich trotzdem weiter hier kasernieren. Jedes Mal, wenn ich hier war, wolltest du nach Feierabend mit mir frühstücken gehen. Kein einziges Mal hat er dich herausgelassen." Fatima wand sich. Verflucht, jetzt hatte sie sich so verstrickt, dass es ihr Schwierigkeiten machte, sich herauszuwinden. Sie verschaffte sich eine Denkpause, neigte sich zum Kopf des Mannes und flüsterte: „Komm, du, lass uns nachher weiterreden. Ich brauch' dich als Mann. Komm, komm auf mich, ich brauch' dich so sehr." Sie lag unter ihm mit geschlossenen Augen und stieß dann und wann einen spitzen Schrei aus, um ihn anzufeuern: „Ja, du, so ist es gut. Huh, bist du stark. Ja, komm, nimm mich, fick mich!" und: „Ich komme!" Sie tat, als ob sie käme, zugleich kam ihr der Gedanke, wie sie mit ihrer Geschichte weiterkommen könnte.

„Nein, es stimmt, was mir der Chef sagt. Er hat mir die Zahlungsabschnitte gezeigt, mit denen er das Geld an das Heim überweist. Erst vorige Woche hat er einen großen Betrag weggeschickt. Nur die Adresse hat er abgedeckt. Das Kind lebt also, und ich glaube, er lässt mich gern gehen." „Wieso? Du arbeitest doch gut?"

Sie senkte verschämt den Blick und flüsterte stockend: „Leider nein. Nur bei dir. Seitdem ich dich kenne, kann ich mich anderen Männern nicht mehr so anbieten. Es tut mir weh, mit ihnen zu schlafen. Ich fühle mich vergewaltigt. Ich denke nur an dich. Ich möchte … ich möchte … nein …" Sie hörte auf zu sprechen und sah zur Decke. „Was möchtest du?" „Ich möchte dich haben, immer nur dich, eine kleine Wohnung in deiner Nähe und nur dich." Sie weinte. Er entschied: „Ich gebe dir das Geld!"

Drei Tage später erschien er wieder. Aber als er an diesem kalten, regnerischen Morgen das Kuvert mit dem Geld unter den Blumenkübel schieben wollte, zögerte er. Die Stelle war zu nass, eine Pfütze hatte sich gebildet. „Ich werde selbst mit dem Chef sprechen", beschloss er.

90

FRAUEN UND MÄNNER

Der Chef hatte schweigend zugehört. Seine Gedanken liefen auf Hochtouren. „Diese blöde Kuh", dachte er. „Ich hätte sie längst rausschmeißen sollen. Ist ja nicht das erste Mal, dass sie so einen Bolzen dreht." Zuletzt war es dieser Bauernbursche aus der Rhön. Er war so in Fatima verliebt gewesen, dass er sämtliche Sparverträge gekündigt hatte, um Fatimas angebliche Schulden in Höhe von fünfzigtausend Mark zu tilgen. Danach wollte er sie heiraten und heim auf den Hof holen. Zehntausend hatte er ihr schon anvertraut. Eine neidische Arbeitskollegin verriet die Geschichte dem Chef. Der stellte Fatima sofort zur Rede. Sie brüllte ihn an: „Woher willst Du wissen, ob ich ihn nicht wirklich heirate? Glaubst Du, es sei schöner in deinem Scheißpuff zu arbeiten? Ich nehm' diesen Arschlöchern von Freiern noch viel zu wenig ab!" „Was du machst, ist Betrug. Du kriegst Schwierigkeiten!", warf er ihr vor. Sie lachte höhnisch. „Betrug? Schwierigkeiten? Als ob du dich dafür interessierst, wenn ich Schwierigkeiten habe. Du willst nur nicht zugeben, dass du selbst Angst vor Schwierigkeiten hast. Angst davor, dass dein Puff ins Gerede kommt. Meine Schwierigkeiten interessieren dich einen Dreck. Und was heißt hier Betrug? Du spielst jetzt den Moralapostel, dabei verdienst du dich dumm und dämlich, ohne deinen Arsch hinzuhalten. Du liegst nicht Nacht für Nacht auf dem Kreuz und lässt dich von ekelhaften Typen ficken und abschlecken. Du hast es leicht, Sprüche zu machen. Wenn dieser Bauernlümmel blöd genug ist, mir 'ne Menge Geld zu schenken, dann ist das meine Sache. Oder stört dich nur, dass dir die Prozente flöten gehen?"

„Du bist entlassen!", antwortete er. Fatima packte ihre Klamotten, fuhr drei Wochen in Urlaub und stand dann wieder auf der Matte. Sie schwor, nie wieder ein linkes Ding zu drehen. Dieter Engel nahm sie wieder auf. Schließlich war sie fleißig und bei den Kunden beliebt. Doch das war ein Fehler, erkannte er jetzt. „Sie treibt es noch so weit, dass mir der Laden geschlossen wird. Die Behörden warten doch nur auf eine solche Gelegenheit. So geht das nicht. Ich habe sie gewarnt. Jetzt ist Schluss."

Obwohl es sein Grundsatz war, keinem Menschen die Privatadressen seiner Mädchen bekanntzugeben, stand er auf und sagte zu dem Spanier: „Warten Sie einen Moment!" Er kleidete sich an und griff zum Telefon: „Ein Taxi zum Sudfass." Der Spanier sah ihn ratlos an. „Wohin wollen Sie? Nehmen Sie das Geld nicht? Warum rufen Sie nicht Fatima? Sie muss im Haus sein!" „Wie kommen Sie denn darauf?" „Sie darf nach Feierabend nie raus, sooft wir auch verabredet waren." Der Chef schüttelte den Kopf, dachte: „Wie kann ein Mann, der eine derartige Position bekleidet, so weltfremd sein?" „Kommen Sie mit!" Sie verließen Wohnung und Haus und nahmen im Taxi Platz. Dieter Engel nannte das Fahrtziel. „Wo fahren wir hin?", fragte der Spanier. „Sie werden sehn!"

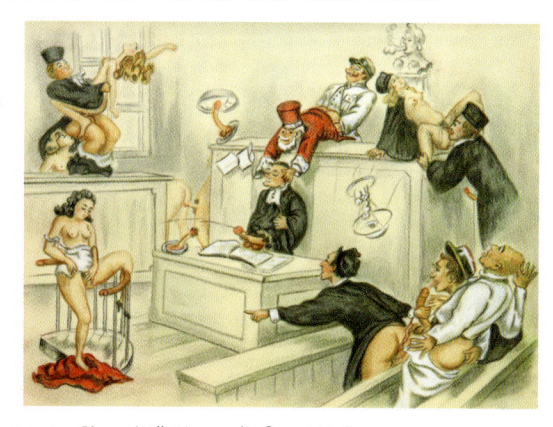

Das Taxi hielt vor einem Terrassenhaus. Mittlerweile war es Tag geworden, wenn es auch trüb blieb und der Dauerregen den Menschen auf's Gemüt nieselte. Sie betraten den Hausflur. Der Chef drückte den Fahrstuhlknopf: „Bitte." Er ließ dem Spanier den Vortritt. In der obersten Etage stiegen sie aus. Der Chef wies zum Treppenaufgang: „Noch eins höher, Penthouse!"

Der Spanier folgte. Der Chef legte den Daumen so lange auf die Klingel, bis ein verschlafenes Stimmchen fragte: „Wer ist da?" Der

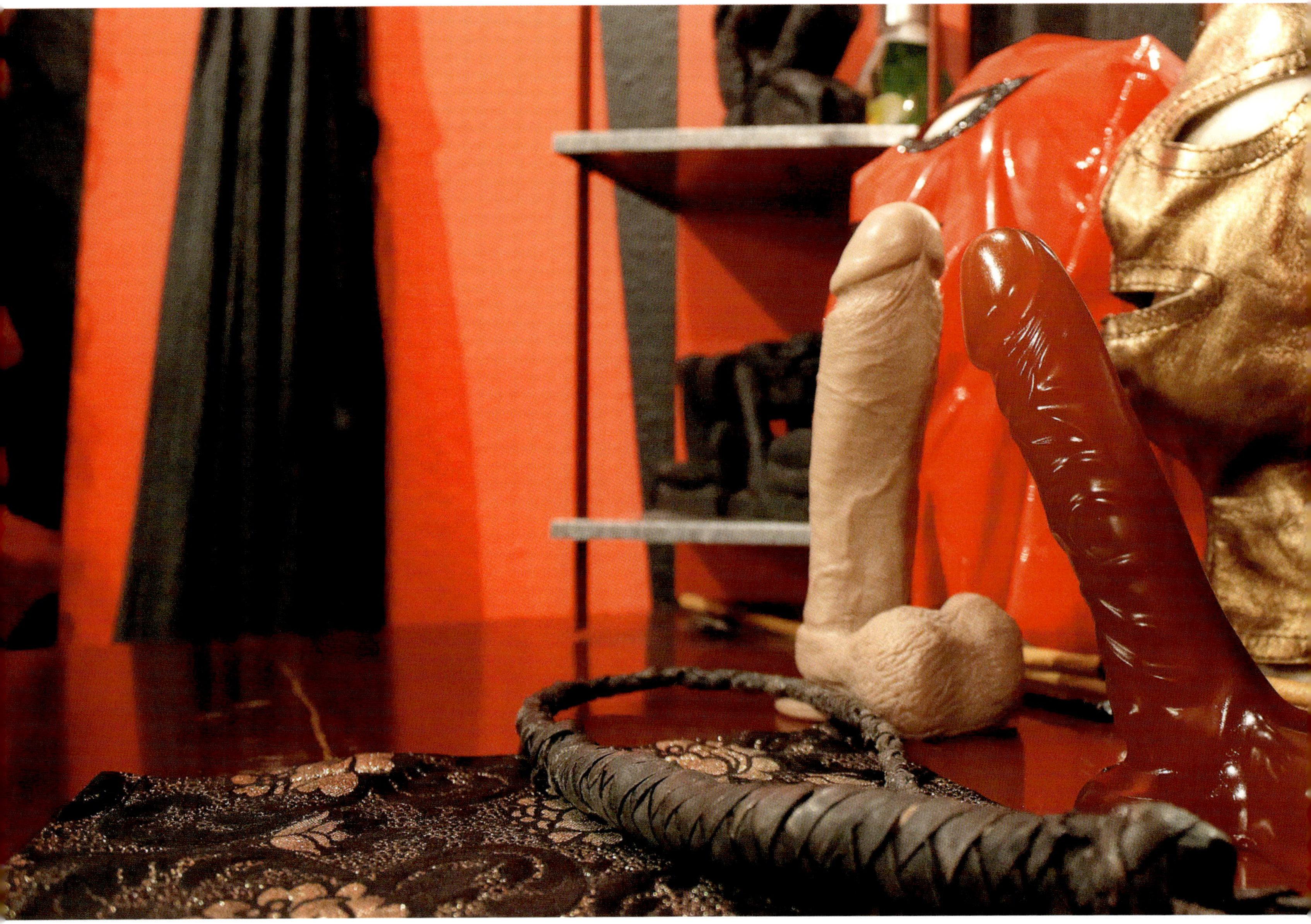

FRAUEN UND MÄNNER

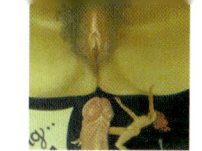

Spanier zuckte zusammen. „Hier ist Dieter!" Fatima öffnete die Tür, blinzelte und erschrak. Der Chef schob seinen Begleiter in die Wohnung, trat nahe an Fatima heran und fragte: „Seit wann hast du ein Kind?" Sie schwieg. Der Chef drehte sich um und verließ die Wohnung mit den Worten: „Ich brauche meinen Schlaf!" Fatima schloss die Tür, wies den Spanier stumm in Richtung Wohnzimmer, korrigierte sich und öffnete die Schlafzimmertür. Ihre Gedanken rasten. Sie sah in das undurchdringliche Gesicht des Mannes und plötzlich lächelte sie. Es wäre ja auch das erste Mal, dass ihr nichts einfiele.

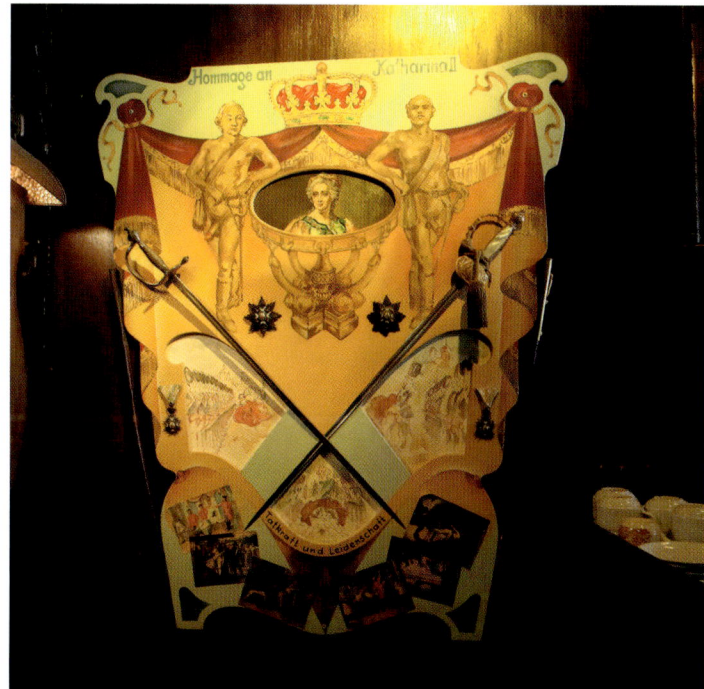

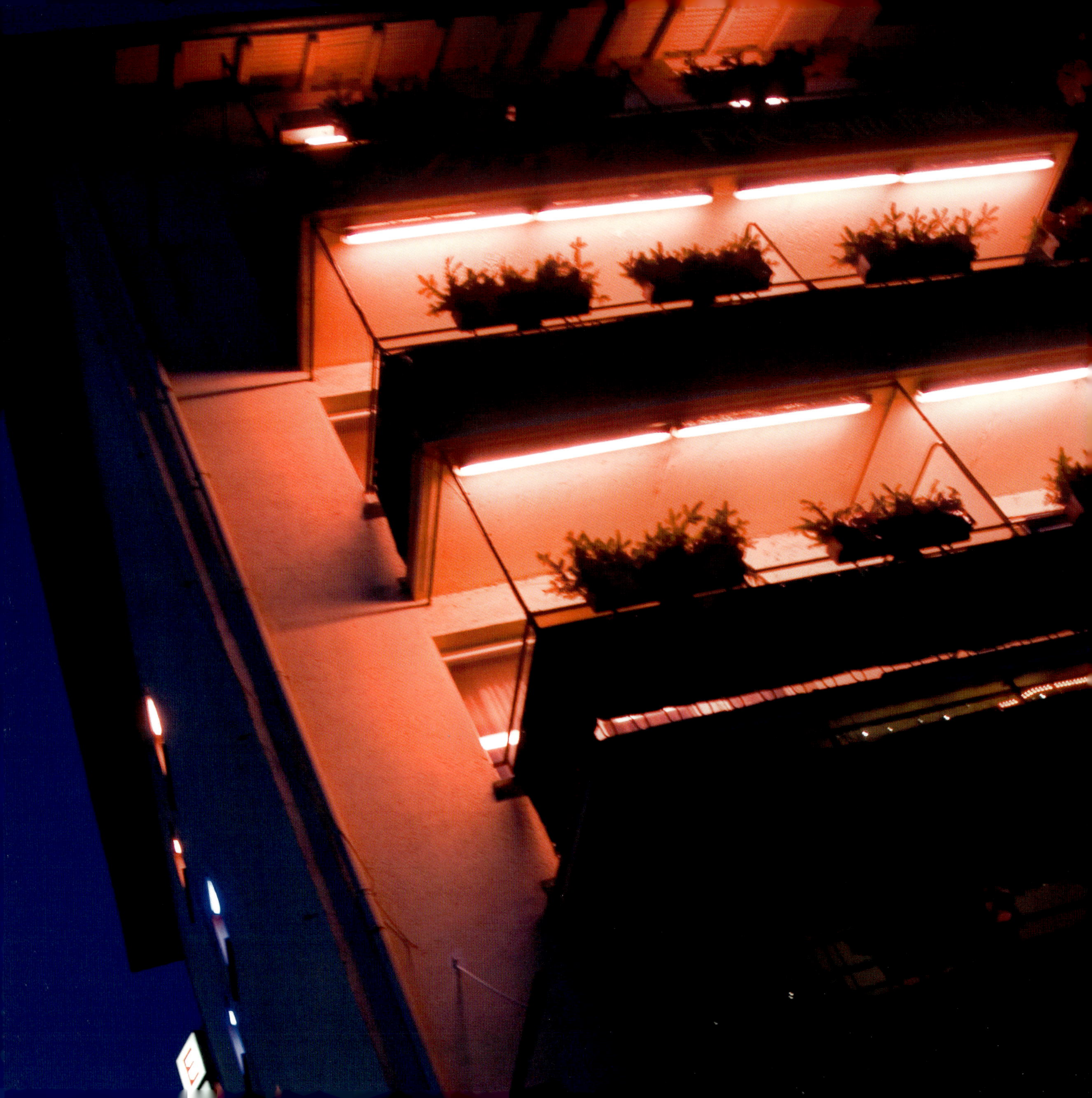

FRAUEN UND MÄNNER

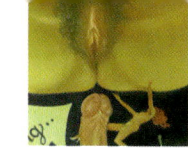

Der Abwinker
Quelle: Gino, Dieter Engel, Hans

Wer den Roman „Verdammt in alle Ewigkeit" von James Jones gelesen hatte, dem boten sich bei dem Anblick enge Parallelen: Wie vor Mrs. Kipfers Puff in Honolulu am letzten Payday der US-Army vor dem japanischen Angriff auf Pearl Harbour, so drängten sich auch vor der Tür und im Hof des Sudfasses eine Horde überwiegend betrunkener Männer, die schrieen, lachten und schoben. Durch die Menge schlängelten sich Taxifahrer, deren Autos draußen die Durchfahrtsstraße blockierten. Jedes Mal, wenn die Tür sich öffnete, um einen Gast zu entlassen, brachen Jubelschreie los, und von hinten wurde gedrückt. Der arme Gast, um Schweiß, Geld und Sperma ärmer, prallte vor dieser undurchdringlich scheinenden Mauer zurück. Nur durch lautes Rufen und die vereinigten Kräfte von Robbi und dem Chef gelang es ihm, den entgegenströmenden Gästen zu entkommen. Dafür drängten gleich mehrere neue hinein.

„Es hat keinen Zweck!", rief der Chef. „Wir sind hoffnungslos überfüllt! Es gibt weder einen Garderobenschrank noch einen Platz für Sie und erst recht kein Mädchen. Begreifen Sie doch …" „Ich bin Taxifahrer, will sowieso nicht rein. Ich will nur meine 20 Mark für den Gast, den ich gebracht habe." „Welchen Gast?" „Na, der da draußen steht, oder meinen Sie, ich könnte hier so lange warten, bis ihr ihn reinlasst?"

Der Chef schüttelte den Kopf, dann sah er es ein. „Gib mir ein Bündel Zwanziger", rief er durchs Kassenfenster, stellte den Fahrer zufrieden, öffnete die Tür und schrie über die Köpfe der Menge: „Wer ist Taxifahrer?" „Hier! Hier!" Etliche Arme reckten sich hoch. Gierige Hände wurden mit Zwanzigern gefüllt. Nichttaxifahrer riefen ebenfalls „Hier!", bekamen ihren Zwanziger, drehten ab und stellten sich hinten wieder an. „Und dass ihr mir heute keine Gäste mehr bringt, nicht einen!" Der Chef schloss mit Mühe die Tür. Wieder war ein Schwall Menschen hereingeschwappt. „Es hat doch keinen Sinn", appellierte er an ihr Verständnis, aber er drang nicht durch. Dabei handelte es sich weder um die amerikanische Armee noch war Payday wie damals in Honolulu. Es war einfach ein schöner, warmer Abend und Messe in Frankfurt am Main. Die internationale Sanitär- und Heizungsmesse, kurz Interklo genannt. Sie und die Automobilausstellung brachten die meisten Puffbesucher in die Stadt. Es war kurz nach ein Uhr früh, fast alle Kneipen hatten geschlossen und zuvor die Bäuche von Installateuren und Fliesenlegern aus ganz Deutschland mit Bier und Apfelwein gefüllt. Nun lechzten die Männer nach mehr.

Im Untergeschoss des Sudfasses feierte das Tohuwabohu Fete. Die halbnackte Menge hing aufeinander wie bei römischen Massenringkämpfen im Cirkus Maximus. Tabakqualm, Alkoholdunst und der Schweiß vieler Körper ließen die Luft zu einem Brei werden, der auf den Leibern von Männern und Frauen klebte. Die Klimaanlage war, ebenso wie die Kühlung, zusammengebrochen und die Getränke mittlerweile wärmer als die Dusche. Sämtliche Bottiche und Fässer im Saunabereich liefen über, so viele Kühlungssuchende auf einmal stürzten sich hinein, und das Wasser nahm eine Farbe an wie der Main unterhalb der Chemiewerke Höchst.

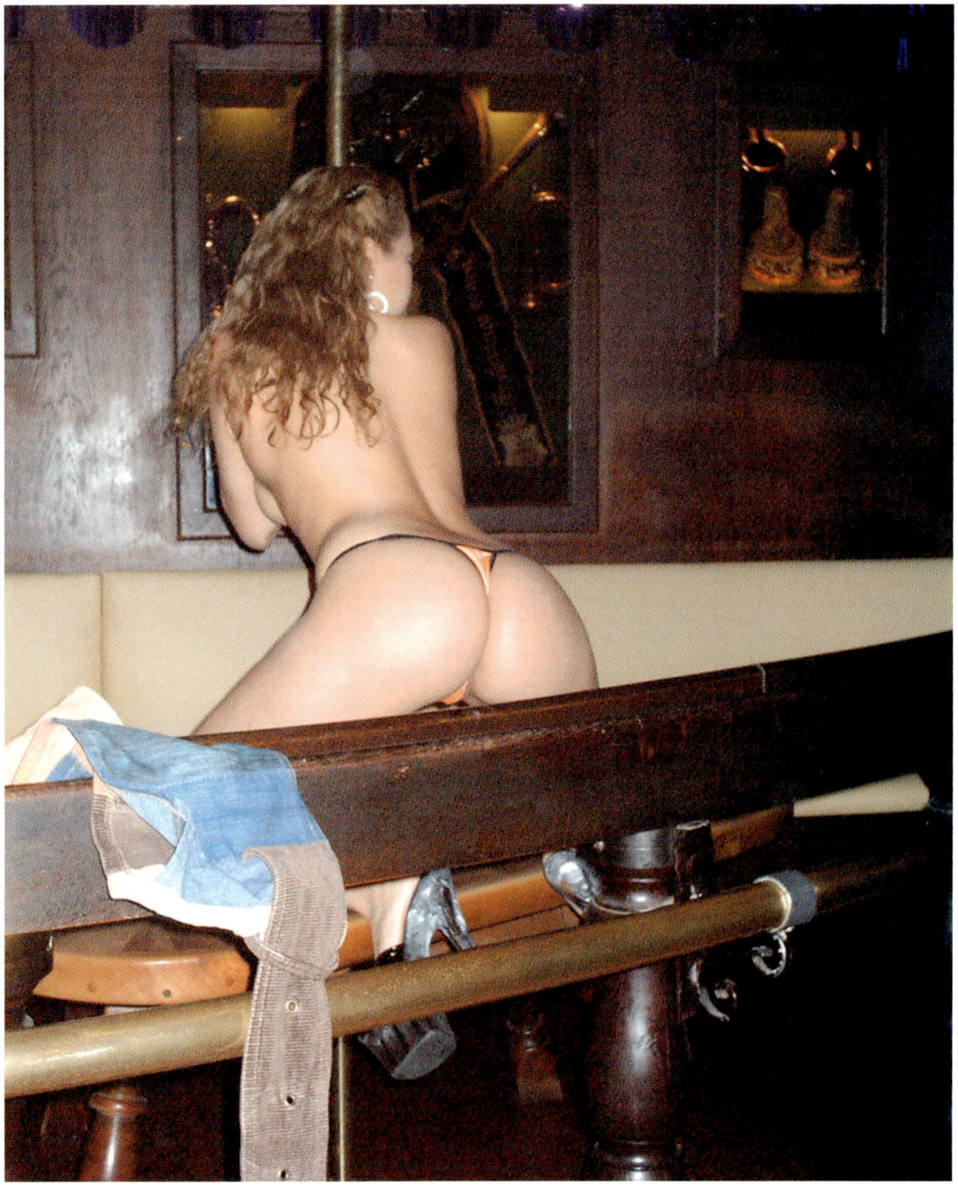

FRAUEN UND MÄNNER

Der einzig ruhige Ort im ganzen Puff war die Sauna! Die Mädchen arbeiteten so wild und schnell, dass der Gleitcremevorrat zur Neige ging. Der Begriff Quicky war gegen das, was sie boten, reine Zeitlupe. Alle Kabinen waren besetzt, draußen blockiert von wartenden Paaren, die sich beim Öffnen einer Tür sofort auf die noch warmen Lager warfen. Kaum Zeit, ein frisches Laken aufzuspannen.

Wie gut, denn alle Betttücher waren verbraucht. So stand Barkeeper Hans vor dem großen Wäschekorb, holte die benutzten Laken wieder heraus und faltete sie, um sie erneut zu verwenden. Gegen drei Uhr brach das Abrechnungssystem zusammen. Zu viele der roten Rechnungskärtchen verschwanden im Durcheinander. Den einzigen Ausweg bot die Vorauszahlung. Das Mädchen musste mit seinem Gast zunächst zu dessen Garderobe gehen und das Geld holen, dann nach oben an die Kasse zum Bezahlen und schließlich durch das Gewühl wieder hinunter in den Keller.

So sehr das Durcheinander Chef und Bedienstete verwirrte, den Mädchen schien es zu gefallen. Hier konnte jetzt manche Mark nebenbei gemacht werden, zusätzlich zum rotierenden Geschäft. Christine schaffte es drei Stunden lang nicht, auf die Toilette zu gehen. Immer wenn sie aus der Kabine kam und Kurs auf das Klo nahm, wurde sie abgefangen und erneut in Beschlag genommen. Nachdem der letzte Gast verschwunden war, hingen die Mädchen wie Fallobst auf den Stühlen.

Um sechs Uhr morgens war der Kampf um's Fleisch zu Ende, die Mädchen auf dem Heimweg. Zur Dienstbesprechung saß der Rest der Mannschaft im Zimmer neben der Kasse. Alle anderen Türen standen zum Lüften offen, und der Wäscher schleppte die Säcke voller Laken in den Keller des Vorderhauses, in dem die Waschmaschinen standen. In der Runde sah man nur schlaffe, gähnende Gesichter. Der Chef trug vor: „Wir müssen vermeiden, dass bei sechzig Spinden dreihundert Gäste eingelassen werden. Schaut euch um, wie's hier aussieht! Als hätte eine Horde Elefanten getagt." Er machte eine Pause und ging hin und her. „Wir müssen die Taxizentrale informieren, keine Taxis mehr herzuschicken, wenn wir besetzt sind."

„Das nützt nichts", meinte Harri. „Glaubst du, die Fahrer halten sich daran? Jeder will die 20 Mark Provision für den Gast. Wenn wir die abschaffen, ginge es wahrscheinlich." Der Chef nickte vor sich hin, sagte: „Das können wir nicht machen, dann bringen sie die Gäste zur Konkurrenz." „Jemand müsste die Taxifahrer auf der Straße abfangen, ihnen mitteilen, dass wir überfüllt sind, und sie wegschicken. Wenn der Zulauf abgeflaut ist, können sie ihre Fahrgäste wieder bei uns abladen", riet Hans.

Der Chef überlegte. „Keine schlechte Idee, einfach die Taxis abzuwinken, wenn sie herkommen. Aber was machen wir mit dem Zwanziger? Schicken wir sie weg, ohne zu zahlen, werden sie sauer und bringen nie wieder einen Gast. Ich kann aber doch nicht zwanzig Mark Abschleppgebühr für einen Gast bezahlen, der gar nicht reinkommt. Nein, das geht nicht." Hans schlug vor: „Wenn der Laden voll ist, schicken wir die Taxifahrer weg und geben ihnen zehn Mark." Keinem fiel etwas Besseres ein. „Also gut, Hans", sagte der Chef. „Es war deine Idee, du machst das heute Nacht!" „Iiiich?", wehrte Hans ab. „Das geht nicht. Ich lungere nicht die ganze Nacht auf der Straße rum, außerdem, wenn unten Trubel ist, kann ich keine Minute weg. Nimm doch Harri!" Auch Harri schüttelte den Kopf. „Ich habe heute frei. Ich will und kann nicht kommen." „Lasst uns Mehmet nehmen", schlug Hans vor. „Meinst

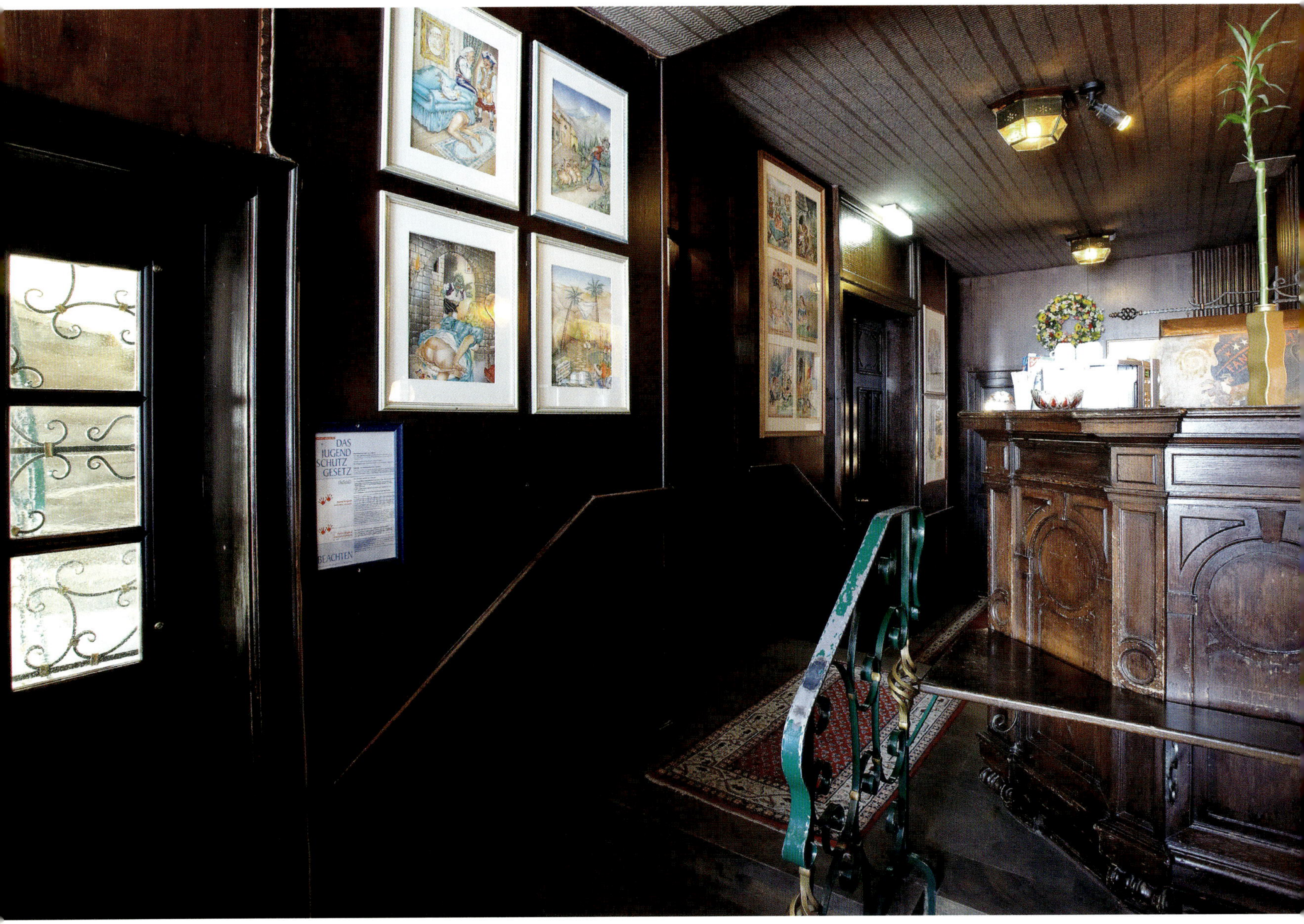
DAS JUGEND SCHUTZ GESETZ
BEACHTEN

du, der könnte das?", fragte der Chef zweifelnd. „Sicher", nickte Hans, froh, der Sache entkommen zu sein. „Ich instruier' ihn schon richtig." „Na gut. Frau Baldorf, geben Sie Hans für tausend Mark Zehnmarkscheine und du, Hans, gehst gleich rüber und machst das klar."

Der kleine arbeitslose Anatolier wohnte mit Frau und sieben Kindern im Vorderhaus und erledigte allerlei Dienste für das Sudfass wie Straßenkehren, Leergutschleppen oder Fensterputzen. Er saß Hans im viel zu engen Wohnzimmer gegenüber, die Kinder wimmelten um sie herum, und Hans war genervt. Am liebsten hätte er Mehmet rüber in das Sudfass bestellt, doch er wusste, dass Mehmets Frau das unmoralische Treiben ablehnte. Wenn er nur in die Nähe des Eingangs geriet, lief sie ihm eifersüchtig hinterher. Mehmet war Ende Dreißig. Trotz des vollen dunklen Haares wirkte er durch sein zerfurchtes Gesicht wie ein Fünfzigjähriger. Zwanzig Jahre Landarbeit, als Kind begonnen, und zehn Jahre miesester Jobs in Deutschland, die Verantwortung für eine große Familie und die Auseinandersetzungen mit seiner Frau, die sich nie an das Leben hier gewöhnen wollte, hatten sich tief in sein Antlitz gegraben. Obwohl er die Türkei vor so langer Zeit verlassen hatte, sprach und verstand er Deutsch nur bruchstückhaft.

Hans benötigte Hände und Füße, um zu erklären, worum es ging. „Verstehst du?", fragte er immer wieder, und Mehmet nickte immer wieder, obwohl er nichts verstand. Er wusste nur: Es gab Geld zu verdienen, und das war wichtig. „Also das Ganze noch mal. Wenn ich dir sagen, heute Nacht ein Uhr rausgehn, Taxi wegschicken, du dann tun." Mehmet nickte. „Nicht vorher, du verstehst?" Mehmet nickte. „Soll kein Gast mehr ins Sudfass rein, so als wäre geschlossen, verstehst du?" Mehmet nickte. „Hier!" Hans reichte das Geldbündel rüber. „Das sind hundert Zehnmarkscheine. Jeder Taxifahrer, der einen Gast bringen will, bekommt zehn Mark von dir. Wenn das Geld nicht reicht, musst du an der Kasse neues holen. Kommst du aus, kannst du den Rest behalten, verstanden?" Mehmet nickte.

Was Mehmet wirklich verstanden hatte, war schwer nachzuvollziehen. Jedenfalls dachte er heftig über seinen Auftrag nach und traf einige Vorbereitungen. Der Abend begann wie der vorige. Das Sudfass füllte sich, nach Mitternacht kam der große Schwung. Mehmet saß, sehr zum Unmut seiner Frau, im Kassenhäuschen und wartete auf seinen Einsatz. In der Tasche seines Sonntagsanzuges steckte das Geldbündel. Ein Satz aus der Rede von Hans war besonders haften geblieben: „Was übrig bleibt, kannst du behalten." Jedes Mal, wenn Hans nach oben an die Kasse kam, sprang Mehmet auf. Hans beruhigte ihn: „Noch nicht!" Doch dann war es so weit. Mehmet straffte die Brust und ging hinaus. Seine Frau stand am Fenster zum Hof und beobachtete ihn misstrauisch. „Alles in Ordnung, Fatos!" Er winkte fröhlich. Sie warf mit einem Krachen das Fenster zu.

Im Sudfass gab es reichlich zu tun, doch Mehmets Arbeit zeigte Wirkung. Kein Ansturm wie am Tag zuvor, der Betrieb schien eher nachzulassen. Gegen drei Uhr hingen nur noch zwei Gäste an der Bar rum, die bereits vor elf Uhr gekommen waren. Die Mädchen saßen aufgereiht wie in einer Möbelausstellung. Die auf Masse eingestellte Klimaanlage brachte sie zum Frösteln, die Eismaschine warf laufend Klumpen aus, die nicht benötigt wurden, und einige Mädchen zog es gar in die Sauna. Um vier war das Sudfass leer.

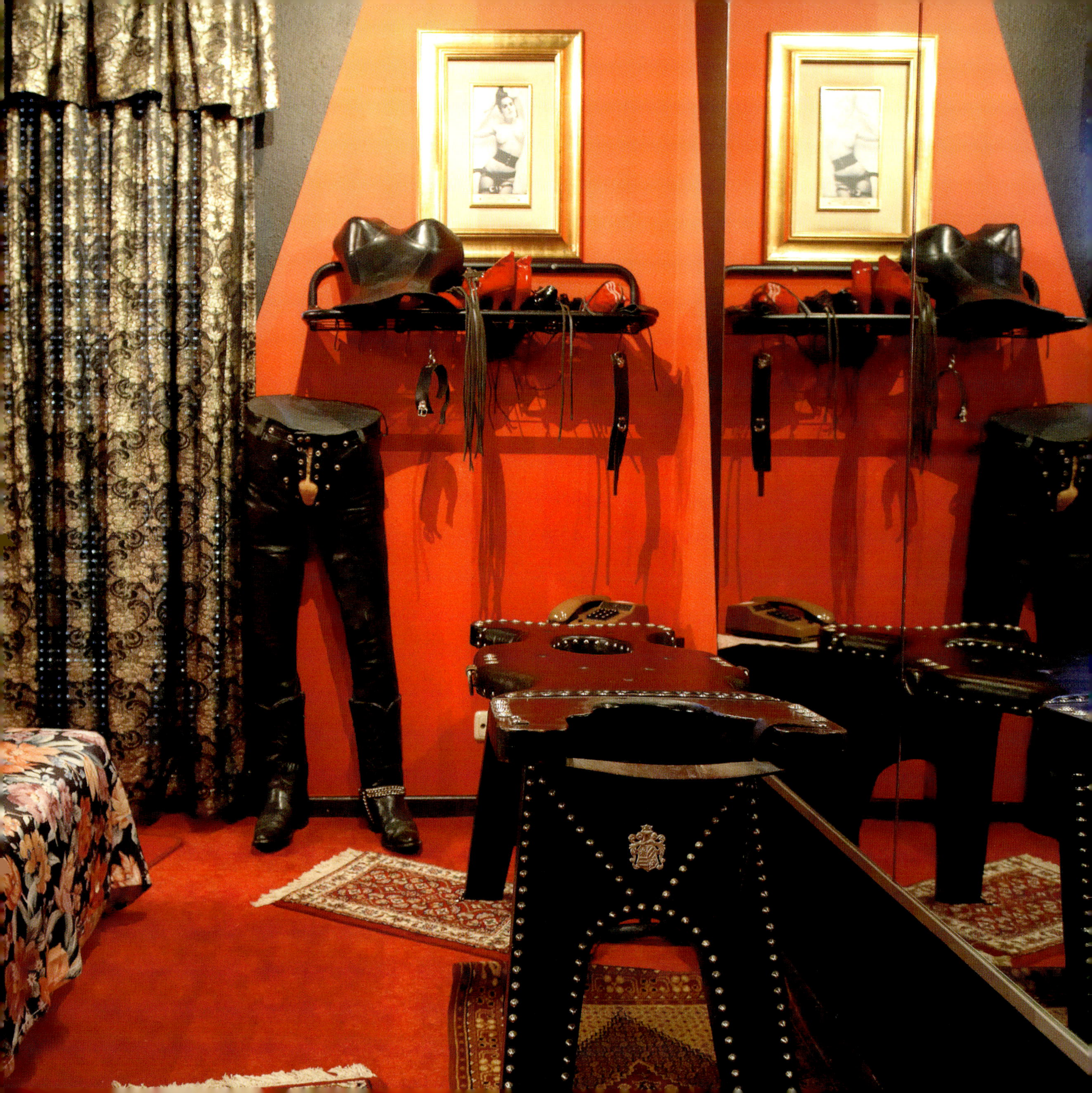

FRAUEN UND MÄNNER

Fast schon in Panik rief Frau Baldorf den Chef an. Der, aus dem Schlaf gerissen, lief mit dicken, geröteten Augen durch alle Räume. „Aber das ist doch nicht möglich! Es ist doch die Interklo!" Er setzte sich an die Bar, trank ein Glas Wein, dachte nach. „Gib mir mal das Telefon!" Er wählte. „Fred? Wie ist das Geschäft bei dir? Was? Proppevoll? Weißt du, wie's in der Ossietzkystraße läuft? Auch voll? Verdammt!" Er knallte den Hörer auf. „Hans, wo ist dieser Mehmet?" Hans zuckte zusammen. Den hatte er ganz vergessen. „Irgendwo draußen!" „Ich schau mich mal um", sagte der Chef und ging hinaus.

Nachher kann man natürlich leicht die Schuld verteilen. Vielleicht hatte Mehmet wirklich etwas falsch verstanden? Oder man hatte seine Geldgier unterschätzt? Jedenfalls dachte er keine Sekunde daran, einem Taxi für null Leistung auch nur eine Mark zu geben. Ihm, dem Türken, hatte noch niemand etwas geschenkt. Er würde seine Arbeit ohne Bezahlung der Fahrer erledigen.

Mit Hilfe eines Freundes und dessen Transporter hatte Mehmet von einer Baustelle drei rot-weiße Absperrböcke sowie ein Schild „Durchfahrt verboten" organisiert und alles nach ein Uhr auf der Durchfahrtsstraße aufgebaut. Den ersten Taxis musste er noch mühsam radebrechend erklären: „Sudfass geschlossen", wunderte sich, dass nach dem vierten oder fünften Taxi keines mehr kam, ahnte nicht, dass sich „Sudfass geschlossen" über Funk verbreitet hatte wie eine Seuche. So saß Mehmet frohgelaunt auf den rot-weißen Balken, freute sich, dass er gute Arbeit geleistet hatte, trank ab und zu einen Schluck Raki aus der Flasche und fasste immer wieder an das dicke Geldbündel in der Innentasche. Bis der Chef auftauchte. Mehmet rutschte von der Absperrung, ging lachend auf ihn zu und fragte: „Na, Chef, gut gemacht? Nix ein Taxi mehr kommen."

Der Chef blickte versonnen auf die Absperrung, machte eine müde Handbewegung, als wolle er sie damit wegräumen, murmelte: „Gigantisch, was ich so alles erleben darf!", drehte sich um, ging langsamen Schrittes auf das Sudfass zu und schrie auf einmal ganz laut: „HAAAAAAAAAAAANNS!"

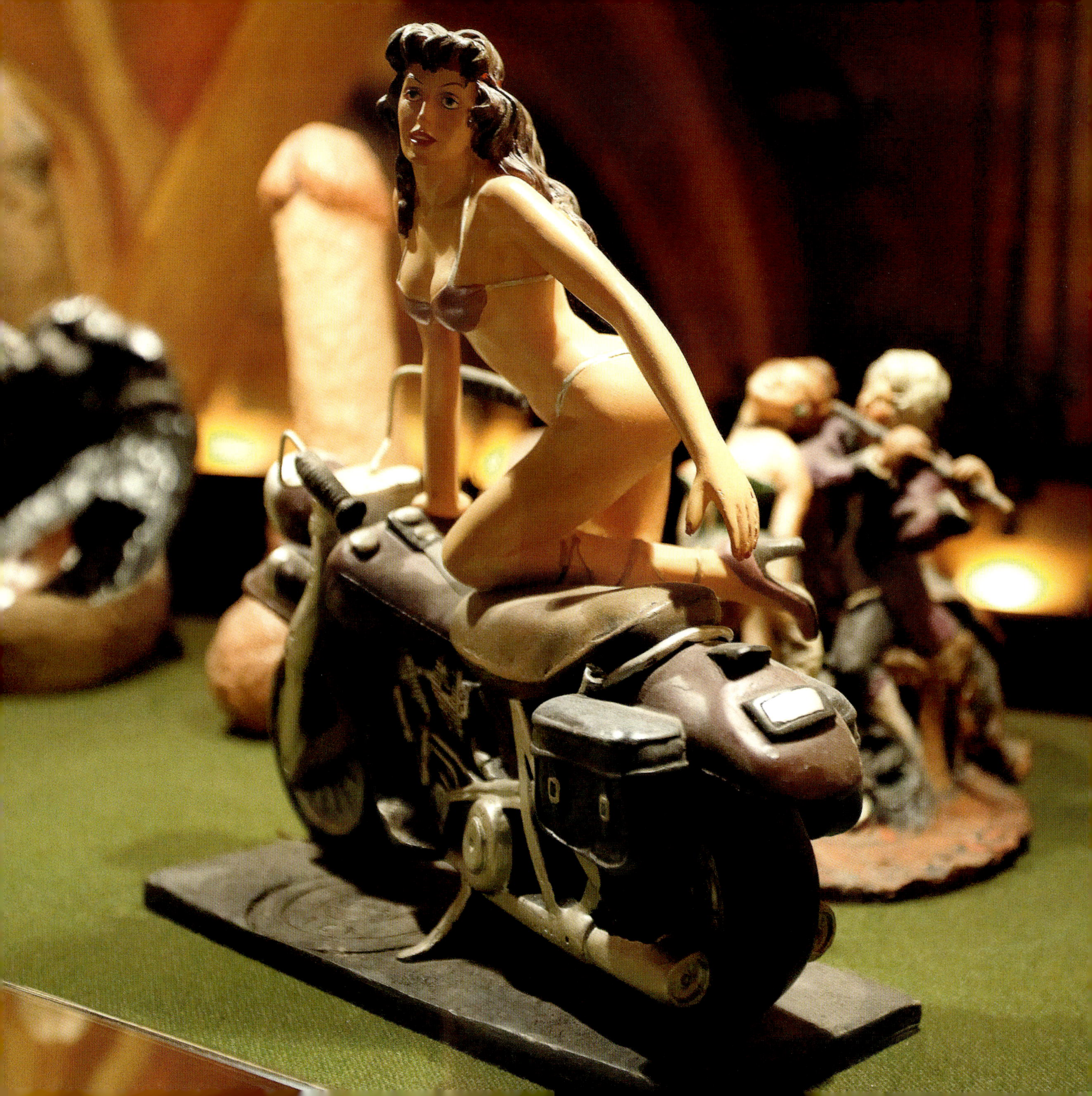

FRAUEN UND MÄNNER

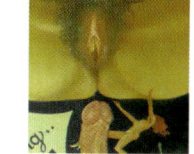

Das Motorrad, oder wie Lina in den Puff kam
Quelle: Lina und Dieter Engel

Die sogenannte Erste-Gang-Kurve auf der Rennstrecke von Spa-Francorchamps in Belgien liegt nur einige hundert Meter vor der Zieldurchfahrt. Im Gegensatz zu den meisten Hochgeschwindigkeitsstrecken des Kurses sind die Rennfahrer auf ihren Kawasakis, Moto Guzzis, Ducatis, Hondas, oder wie sie auch immer heißen, gezwungen, stark abzubremsen. Für die Zuschauer, die sonst nur bunte Schatten vorbeiflitzen sehen, bei denen allenfalls noch die Startnummern zu erkennen sind, scheint es Zeitlupentempo im Rennfilm zu sein. Der Bremsvorgang lässt die Maschinen vorne einknicken wie Gäule, deren Zügel scharf angezogen werden, der Fahrer richtet seinen Oberkörper über die Verkleidung auf, um dem Wind stärkeren Widerstand entgegenzusetzen, und die durch Herunterschalten gepeinigte Maschine wehrt sich mit Fauchen, Knallen und langen Feuerlanzen, die durch den Auspuff schießen.

Schemenhaft werden unter Visieren Gesichter erkennbar. Oberkörper rucken nach innen, kurze Blicke bringen den Piloten Gewissheit über den Abstand zum Verfolger, bevor sie sich wieder auf die Maschinen kauern und beschleunigen.

Lina stand etwa 50 Meter unterhalb dieser Kurve. Ihr Blick klebte an den lederverhüllten Beinen, deren ruckartige Bewegungen ihr zeigten, dass die Fahrer, wenn sie an ihr vorbeikamen, bereits wieder den dritten Gang eingelegt hatten. Das Donnern und Aufheulen, vermischt mit dem Geruch verbrannten Benzins und Gummis, zogen durch Linas Nase und Ohren direkt in ihren Unterleib.

Sie trat von einem Fuß auf den anderen, rieb, ohne es zu merken, die Schenkel aneinander, träumte, sie säße auf der harten Sitzbank einer schweren Rennmaschine und schwebte während des gesamten Rennens in einer latenten Geilheit, die sich nicht löste.

Auch Theo, ihr Freund, konnte daran nichts ändern. Er stand, eher missmutig denn begeistert, neben ihr und betrachtete den Rennverlauf nicht anders, als hocke er daheim vor dem Fernseher. „Was Lina daran nur so aufregend findet", dachte er, betrachtete sie von der Seite und sah ihr hübsches Gesichtchen glühen. Vom vielen Hin- und Herschwenken ihres Kopfes standen ihre braunen Haare nach allen Seiten ab. „Sie sieht aus wie 'ne Klobürste", dachte er böse, „und nicht wie eine Theologiestudentin." Lina, gut proportioniert in knallengen Jeans und der Nieren schützenden Motorradlederjacke, hüpfte auf und ab und hin und her, sofern es die dichtstehenden Zuschauer erlaubten. Es schien, als brenne ein Feuer unter ihren deftigen Motorradstiefeln. Die Bekleidung war allerdings alles, was Lina mit dem Motorradfahren verband. Von Hause aus kurzgehalten, hatte die Zwanzigjährige ein halbes Jahr gebraucht, ihren Eltern Erlaubnis und Geld für den Führerschein Klasse I abzuluchsen. Für ein Motorrad, und sei es noch so klein, fehlte jede finanzielle Grundlage. An der Einstellung ihrer Eltern würde sich, solange sie nicht fertigstudiert hatte, kaum etwas ändern.

Theo erging es nicht besser. Mit Chemie hatte er sich eines der längsten Studienfächer überhaupt ausgesucht, und der Weg war noch weit. Er lebte vom Bafög. Einige Kellnerjobs zwischendurch ermöglichten ihm den Kauf des alten 2CV, der sie hüstelnd und

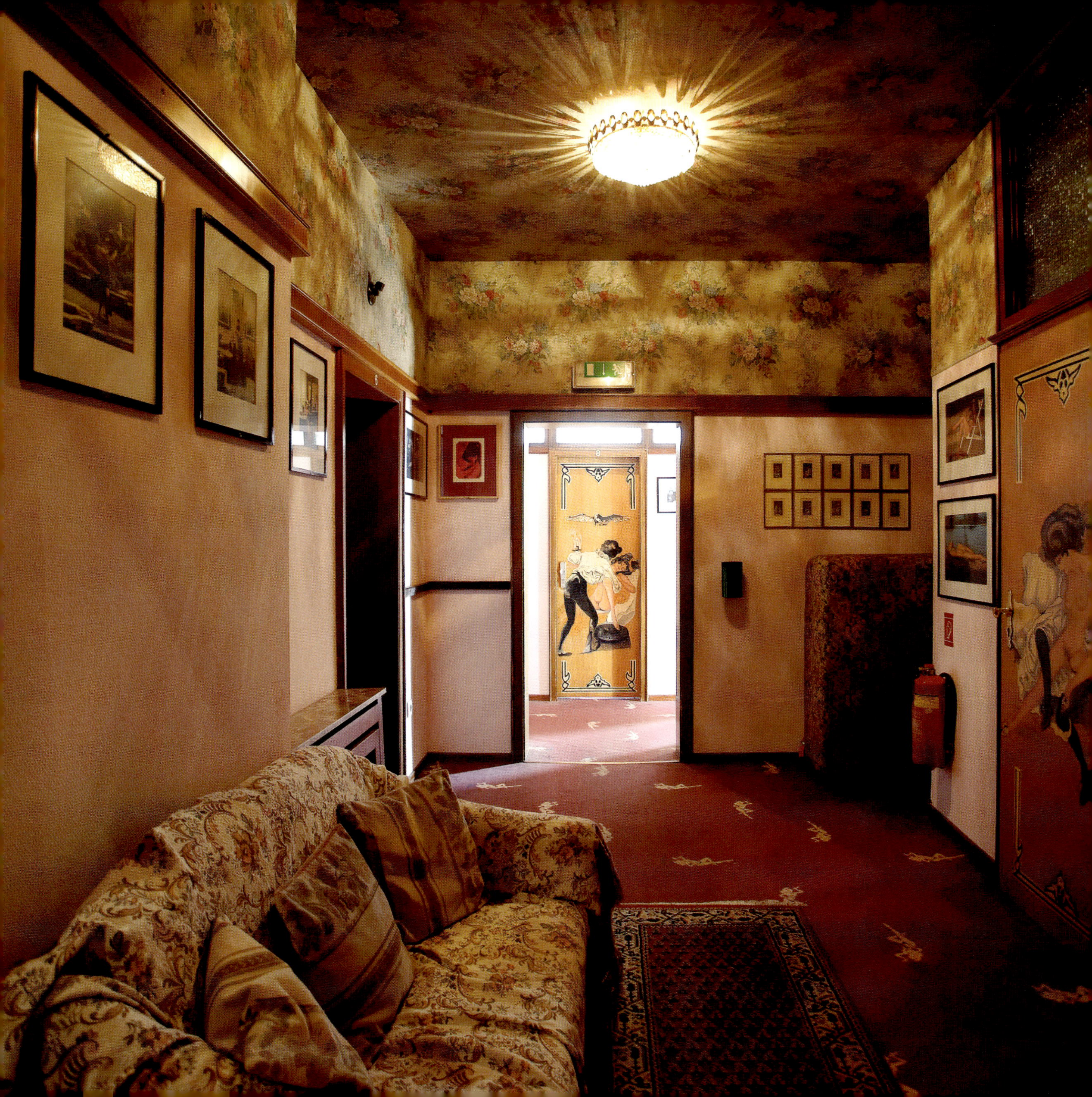

FRAUEN UND MÄNNER

fiebrig – sie mussten ihn unterwegs zweimal abkühlen lassen – hierher nach Spa gebracht hatte.

Theo liebte Lina, da war er sich ganz sicher. Wie sie zu ihm stand, wusste er nicht, oder besser gesagt, er war unsicher und glaubte jeden Tag etwas anderes. Sie lebten im gleichen Studentenwohnheim. Eine gemeinsame Wohnung, sein heimlicher Wunsch, konnte aus moralischen und finanziellen Gründen nicht gemietet werden, vor allem aber deswegen, weil er nie den Mut gefunden hatte, dies ernsthaft vorzuschlagen. Zwar schliefen sie hin und wieder mitein-ander, aber er spürte, obwohl er keine Vergleichsmöglichkeiten hatte, dass irgendetwas fehlte.

Lina empfand ähnlich. Es war nicht allein, dass Theo sie nicht befriedigte. Das lag nicht an ihm. Sie hatte es auch mit anderen Männern versucht. Nichts ging. Es klappte nur, wenn sie, alleine in ihrem Bett, den Blick auf das Easy-Rider-Plakat geheftet, die Fantasie voller Motorradgeräusche, den Mittelfinger der linken Hand einführte und mit Zeige-, Mittel- und Ringfinger der rechten Hand zart ihre Muschi massierte. Doch dann ging es so unanständig gut, dass sie schrille Laute ausstieß wie eine Zweitakter-Suzuki kurz vor dem Überdrehen. Hinterher machte sich in ihr das schlechte Gewissen und die Gewissheit breit, sie sei pervers. „Vielleicht brauch' ich mal 'nen harten Mann? Theo ist viel zu weich." Obwohl sie seine unbeholfenen Zärtlichkeiten mochte, spann sie die Legende vom starken Mann weiter, bis sie sich endlich aufmachte, einen zu finden.

Das Stammlokal der Rockergruppe „Bones" lag in der Vorstadt. In das ehemals bürgerliche Gasthaus traute sich seit der Übernahme durch das Ledervolk kein „Bürgerlicher" mehr hinein. Schon beim Anblick der vor dem Eingang dicht an dicht stehenden Maschinen, dem Berg aus Gummi, Leder, Chrom, Leichtmetall und Glas wusste Lina: „Hier bin ich richtig!" Obwohl der kunstvolle Schrott stumm blieb, spürte Lina ähnliche Erregung wie bei den Motorradrennen. Sie traute sich allerdings nicht, einfach die Kneipe zu betreten. Die Entscheidung wurde ihr abgenommen. Blaffendes Röhren erklang, eine Maschine näherte sich, bog ein und hielt vor Lina an. Der Motor gurgelte, bevor er schwieg. Ein nietenübersäter Lederanzug stieg ab. Ein kurzer Ruck mit starken Armen, die Maschine war aufgebockt. Der Sturzhelm glänzte schwarz und zeigte zwei sich kreuzende Knochen wie auf einer Piratenflagge. Darunter funkelten verspiegelte Sonnenbrillengläser. Der Rest war Gesicht.

Der Mann hob die Brille, schlurfte drei Schritte auf Lina zu und fragte: „Nanu, wen ham wir'n da?" Lina blieb stumm. Der Mann schaute über die Schultern zurück, wies mit dem Arm lässig auf die geparkten Motorräder und sagte: „Gefällt dir, wie?" Lina nickte. „Willste mal mitfahrn?" Lina nickte. „Na denn, komm erst mal mit rein." Er legte großspurig den Arm über ihre Schultern und schob sie auf den Eingang zu. Irgendwie fühlte Lina sich beschützt. Das hörte auf, als sie das Lokal betraten. Etwa dreißig überwiegend männliche Easy Rider blickten auf. „Wen haste'n da mitgebracht, Tom?" „Meine neue Braut." Lina ließ Tom flunkern. Sie setzte sich mit ihm an einen Tisch, akzeptierte anstandslos die ihr angebotene Bierflasche und trank, wie alle andern auch, aus der Pulle. Gläser sah sie nirgends.

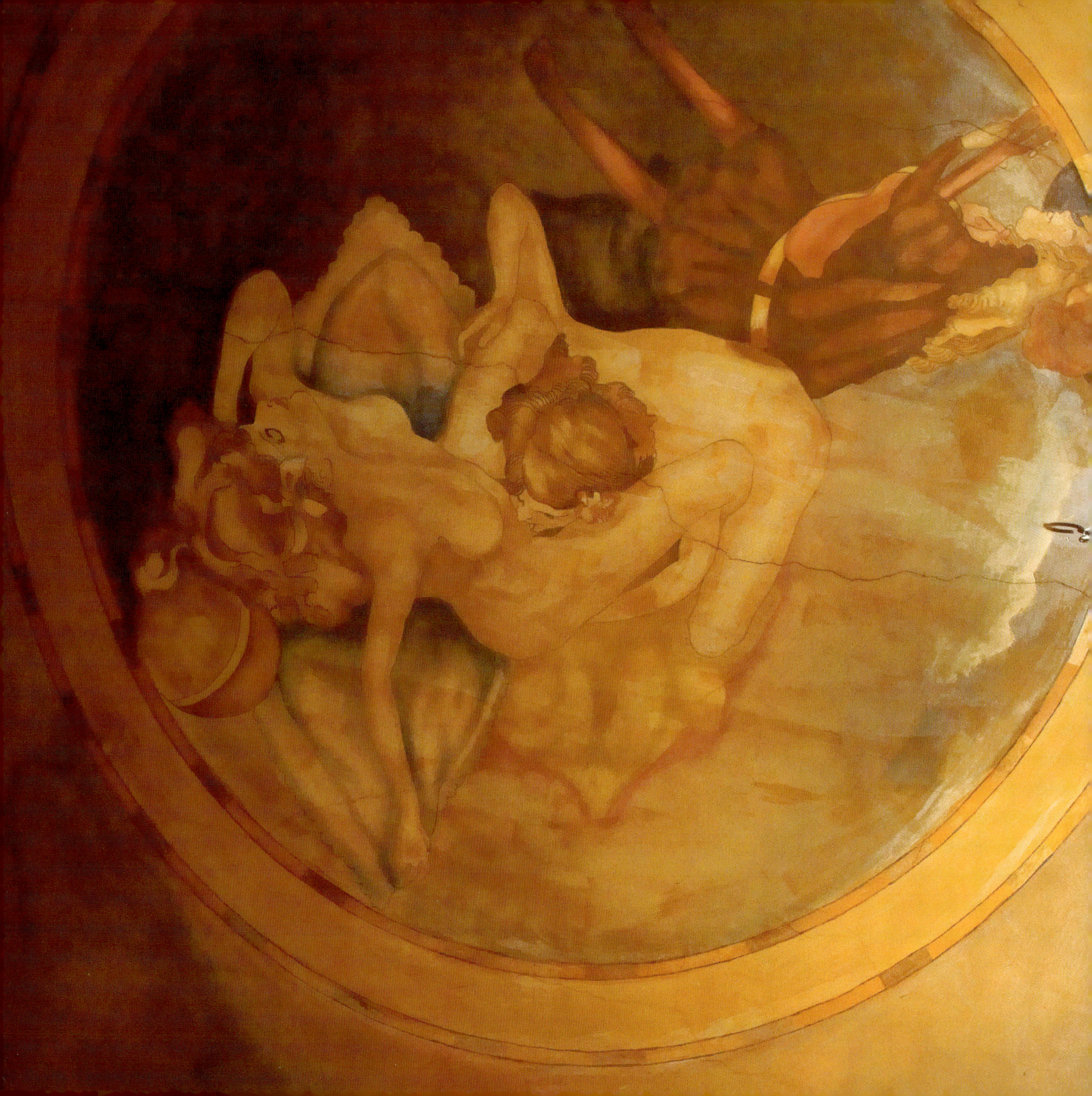

FRAUEN UND MÄNNER

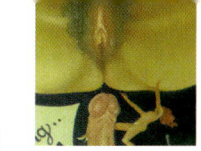

Alles, was sie über Rocker gehört hatte, huschte in Sekundenschnelle durch ihren Kopf. Ihre wilden Fantasien stoppten beim Wort Vergewaltigung. Vor einigen Jahren war Vergewaltigung ihre Lieblingsfantasie gewesen. Damals – sie liebte Indianergeschichten – war es ein ganzer Stamm, der über sie herfiel. Der Sohn des Häuptlings bot die absolute Steigerung. Er, der letzte der Meute, heiratete sie schließlich. Wenn sie allerdings die Männer aus Fleisch und Blut mit denen ihrer Fantasie verglich, wurde ihr klar, dass sie nur von dem Richtigen vergewaltigt werden wollte, und auch nur dann, wenn sie dazu in Stimmung war. Bei dieser Horde hier war ihr Indianerhäuptlingssohn nicht dabei.

Inzwischen hatte Tom Helm und Handschuhe abgelegt, die Sonnenbrille behielt er auf. „Du hast eine Harley-Davidson", versuchte sie ein Gespräch. „Klar." Sie wartete auf mehr. Es kam nichts. Tom machte auf wortkarg. Später merkte Lina, dass Tom zwar nicht sehr intelligent war, aber so schlau, den Mund zu halten, damit es nicht auffiel. Sie betrachtete die Leute an den anderen Tischen. „Noch'n Bier?" Lina schüttelte den Kopf. Tom fragte beiläufig: „Wollen wir 'ne Tour machen, ab zu mir?" Lina war unschlüssig. „Mit denen allen?" „Wieso? Brauchste 'nen Rudelbums?" „Nein, nein", erschrocken setzte sie sich kerzengerade hin. „Na, denn komm!" Er stand auf, zog Helm und Handschuhe an und ging hinaus, tat so, als interessiere es ihn nicht im Geringsten, ob Lina nun mitkam oder nicht.

Hinter Tom, auf der Sitzbank der schweren Maschine, die Arme um ihn geknotet, Brust und Schenkel fest an ihn gepresst, kam das Gefühl wieder auf. Das Stakkato des Motors, das Vibrieren der Maschine, die Schwerkraftverteilung bei Kurvenfahrten, all das sammelte sich in ihrem Kopf wie ein Schwindelgefühl, wanderte das Rückgrat abwärts zwischen ihre Schenkel und ließ ihre Muschi heißlaufen.

Tom bog in einen Hof, fuhr am vorderen Gebäude vorbei und stoppte vor der Scheune. „Hier wohne ich." Lina wäre am liebsten sitzen geblieben, wollte fragen, ob sie mal fahren dürfe, doch Tom ging bereits vor ihr her durch das große Scheunentor. Sie folgte. Er kletterte eine steile Treppe hoch, fummelte im Dunkeln an einem Schloss herum, stieß eine Tür auf, sagte: „Wart' mal, ich mach' Licht." Sie betrat den Raum. Er war groß, zog sich durch das halbe Dachgeschoss bis zu dem spitzen Giebel. Sie sah die unverkleideten Dachschindeln, zwei Stützbalken, eine Menge Matratzen auf der Erde, einen Tisch, ein paar Stühle, Kistenregale und ein Kassettenradio, das nach Toms Fingerdruck zu kreischen begann.

Es gab keine Heizung und Lina dachte: „Im Winter ist es hier nicht auszuhalten." „Zieh dich aus und leg dich hin!" Tom wies auf eine der Matratzen. Lina hätte gern gesagt, dass sie etwas Anheizen nicht schlecht fände, doch sie ergab sich, schlüpfte aus den Kleidern, nahm eine Decke auf, breitete sie über die schmutzige Matratze und legte sich hin. Tom stand, immer noch voll bekleidet, mitten im Raum. „Blas mir einen", versuchte er, sie zu schocken. „Wie denn, wenn du zwei Meter von mir weg stehst und dich nicht mal ausziehst?" Tom knurrte: „Ich glaub', Du bist 'ne ganz schöne Sau!" Er zog an der Kordel, die von der Glühbirne herabhing, und löschte das Licht. Jetzt erst kletterte er aus seiner Rüstung und tastete sich zu Lina hin, die nun doch etwas ängstlich der Dinge harrte, die da auf sie zukamen.

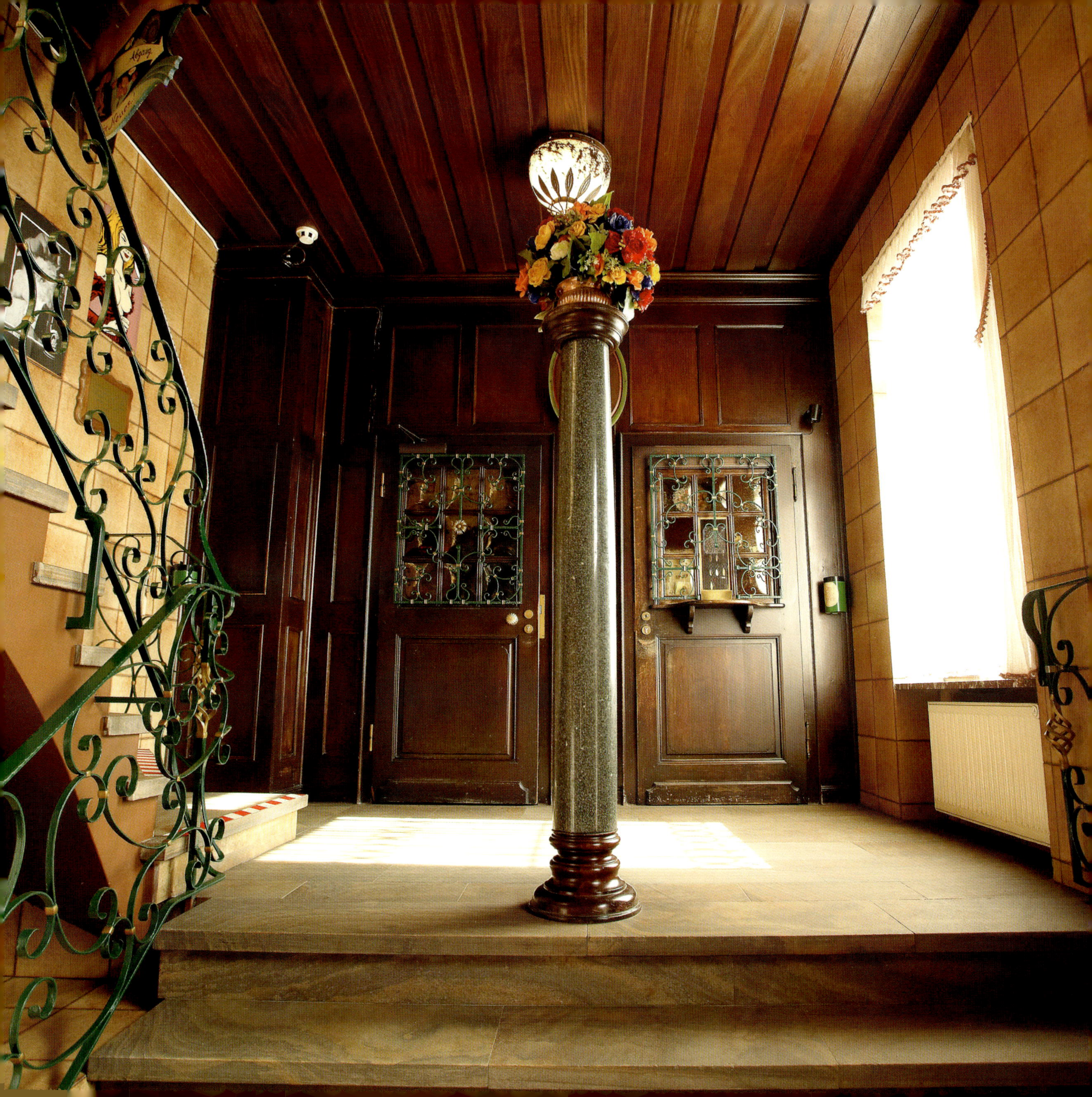

FRAUEN UND MÄNNER

Sie wurde überrascht. Schweigend streichelte Tom sie, ihren Kopf, ihre Brüste, ihre Schenkel, nicht anders, als es Theo auch tat. Dann steckte Tom seinen Schwanz rein, genau wie Theo – und kam genau wie Theo.

„Na, war das was?", prahlte Tom, doch statt einer Feststellung wurde es eine Frage. „Hör zu, Tom, willst Du mir einen Gefallen tun?" „Ich tu 'ner Frau keinen Gefallen." „Nur einen kleinen." „Was willst'n?" „Geh runter, schieb die Maschine hier in die Scheune, tritt sie an und lass sie laufen. Kannst Du das Standgas etwas höher stellen?" Tom überlegte, fand in seinen Schubladen dieses Ansinnen nicht, also auch nicht die erlernte Antwort, dachte: „Es ist niemand von meinen Freunden in der Nähe, also kann ich's mal versuchen."

Er stand auf. Nieten und Ketten klirrten, als er in sein Lederzeug stieg und die Treppe hinabstapfte. Kurz darauf ertönte das satte, kernige Geräusch von 1200 Kubikzentimetern Harley. Tom erschien wieder. „So recht, Lady?" Seine Ironie blieb blass. „Ja, komm her!" Lina spürte die Maschine. Das war es! Sie überfiel Tom, brachte ihn hoch und ihm bei, wo es langging. Alles, was sie gelesen, gesehen und gehört hatte, konnte sie auf einmal verwirklichen, hier mit diesem fremden Mann und dem gleichmäßigen Blubbern von unten. So kamen ihr Orgasmus und Erkenntnis gleichzeitig: „Ein Motorrad muss her! Ich brauche ein Motorrad, dringend!"

Längst kannte sie alle Motorradvertretungen der Stadt und der Umgebung. Sie tätigte Scheinkäufe, feilschte um Prozente, Nachlässe und kostenlose Zusatzausstattung, aber unterschrieb nie einen Vertrag. Woher auch sollte sie das Geld nehmen? Was tun? Wie viele Frauen in der Klemme hatte natürlich auch Lina an Prostitution gedacht, aber kaum ernsthaft. Zunächst wirkte noch immer der Einfluss ihres Elternhauses, wo Sexualität jeder Art in die unterste Schublade verbannt wurde. Neugierig und ängstlich beobachtete sie von der Straßenbahn aus die Strichmädchen, und bald darauf hatte sie näher mit ihnen zu tun.

Als ehrenamtliche Mitarbeiterin in der Frauenhaftanstalt besuchte sie wöchentlich eine Gruppe drogengefährdeter Mädchen. Die meisten hatten auf dem Strich gearbeitet und erzählten wahre Horrorgeschichten von perversen Freiern und brutalen Zuhältern. Und was für furchtbare Artikel las man in den Zeitungen darüber! Lina glaubte, kritisch wie sie war, nur die Hälfte, wusste, dass man gern die Umstände oder die bösen anderen verantwortlich macht, um selbst besser dazustehen. Monika war die einzige in der Gruppe, die behauptete, freiwillig und gerne Prostituierte gewesen zu sein. Sie habe in einem guten Haus gearbeitet, sei durch den Verdienst unabhängig geworden, habe sich eine Menge leisten können, und erst der Griff zum Heroin habe ihr Unglück gebracht. Ihr Freund, mit dem sie zusammengelebt und dessen Heroinkonsum sie finanziert hatte, hatte sie, wohl aus Wut über ihre Selbstständigkeit, so lange gedrängt, bis sie es auch mal mit einem Schuss versuchte. Sie würde nach dem Knast wieder auf den Strich gehen, um Kohle zu verdienen. Sie wollte endlich aus der Scheiße raus.

„Was hast du verdient?", fragte Lina am nächsten Dienstag mit Abscheu im Gesicht und unter der Maske beruflichen

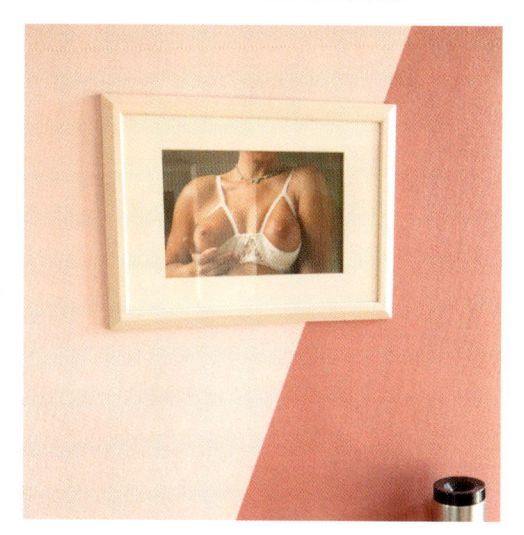

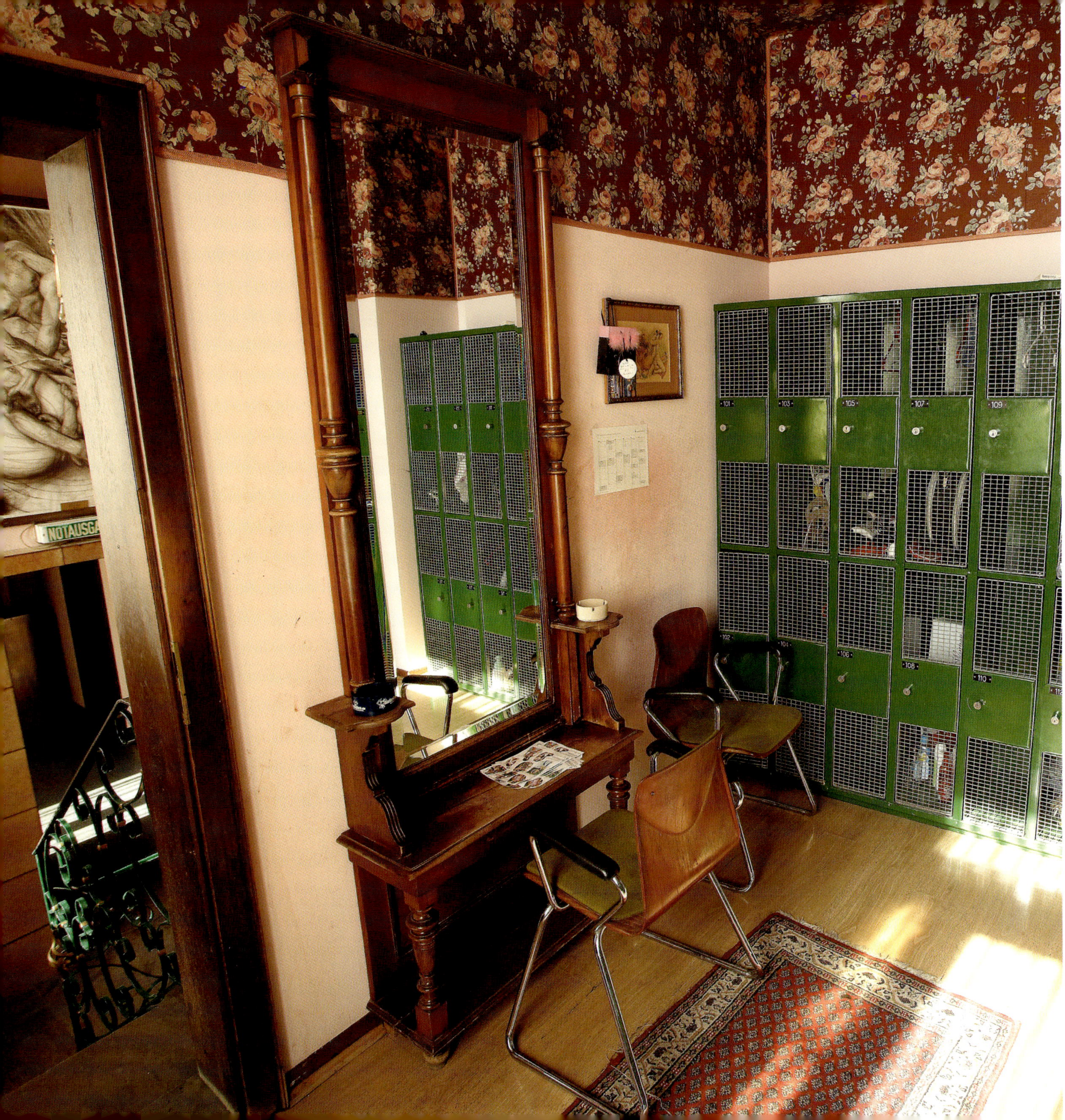

FRAUEN UND MÄNNER

Interesses. „Na, so zwischen 400 und 1000 Mark am Tag." „Soviel? Und wie viel musstest du abgeben?" „Nichts. Ich war im Sudfass. Weißt du, die nehmen nicht jede, vor allem keine Professionelle, die schon im Bahnhofsgebiet gearbeitet hat. Und natürlich keine Fixerin. Der Chef hat mich deswegen entlassen." „Wo ist das Sudfass?" „Unten am Main, Richtung Großmarkthalle."

Die 400 bis 1000 Mark gingen Lina nicht aus dem Kopf. Nach dem Motto „Wenn schon, denn schon" hatte sie sich ein Motorrad ausgesucht, das an die 10.000 Mark kosten sollte – aber das würde wohl ein Traum bleiben.

Zweimal lief sie abends am Sudfass vorbei, sah mit scheuen Blicken aus den Augenwinkeln hinüber auf die andere Straßenseite. Wenige Häuser gab es dort. „Badhaus" stand in Leuchtschrift auf dem einen, sonst nichts. Über dem Lokal daneben leuchtete eine in der Längsachse halbierte Neonfrau und der Schriftzug „Flair". Hingehen? Nein! Erst telefonieren. Sie suchte die Nummer aus dem Telefonbuch, traute sich doch nicht anzurufen, ließ einen weiteren Tag verstreichen. Am nächsten Mittag ging sie von der Uni direkt ins Motorradgeschäft. Lange stand sie vor der Gold Wing. Majestätisch sah sie aus mit den vielen Auspuffrohren, den matt vergoldeten Zylinderköpfen und Felgen.

Lina verließ den Laden und betrat eine Telefonzelle. „Sudfass. Sauna. Guten Tag!" Lina war überrascht, eine Frauenstimme zu hören. Sie hatte fest mit einem Mann gerechnet. „Guten Tag. Ich – ja, ich würde gerne bei Ihnen arbeiten." „Wie alt sind Sie?" „Zwanzig." „Wo haben Sie bisher gearbeitet?" „Ja, also, so was noch nicht." „Haben Sie ein Gesundheitszeugnis?" „Ein was?" „Ein Gesundheitszeugnis, ein Buch vom Gesundheitsamt, in dem Ihre wöchentlichen Untersuchungen abgestempelt werden." Lina schwieg, sagte dann: „Nein, habe ich nicht. Wo gibt es sowas?" „Auf dem Gesundheitsamt. Wenn Sie es haben, kommen Sie her. Am besten abends gegen acht. Auf Wiedersehen." Lina starrte zu Boden, hielt den Hörer noch in der Hand. „Gesundheitsamt?!" Womöglich Namen, Adresse preisgeben – nein, das ging nicht!

Am nächsten Tag stand sie wieder im Motorradgeschäft. Die Gold Wing war aus dem Fenster verschwunden. „Wo ist die Gold Wing?" „Verkauft!" „Schade!" Sie drehte sich um. Der Verkäufer rief ihr nach: „Wir können sie bestellen. Lieferzeit sechs Wochen." „Sechs Wochen?" Lina rechnete. „Pro Tag 400 Mark macht bei fünf Tagen in der Woche 2000 mal fünf Wochen, macht 10.000." Es haute genau hin. Sie drehte sich um, betrat das Geschäft erneut, winkte den Verkäufer herbei und sagte: „Ich mache einen Kaufvertrag." Bevor Lina den alles entscheidenden Schritt wagte, fuhr sie am Wochenende nach Hause, wollte versuchen, doch noch eine andere Finanzierungsmöglichkeit zu finden.

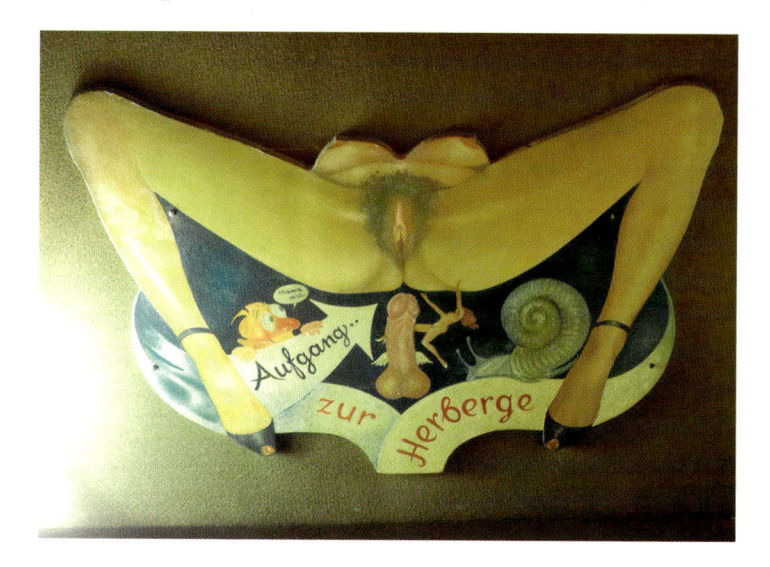

114

FRAUEN UND MÄNNER

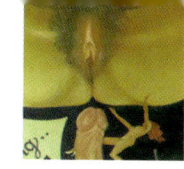

Also, wenn Sie das Buch bringen, können Sie anfangen. Zunächst in der Tagesschicht." „Tagesschicht? Was bedeutet das?" „Von morgens zehn bis abends acht. Aber bitte pünktlich! Wer dreimal zu spät kommt, fliegt raus. Egal, zu welcher Schicht Sie eingeteilt sind, Sie müssen hier sein, wenn Sie nicht nachweisbar krank sind." „Ja, aber ich kann nicht täglich zehn Stunden arbeiten. Ich studiere noch. Ich dachte mir ..." „Was dachten Sie? Es sei ein ständiges Kommen und Gehen? Gestern gut verdient, heute blaugemacht? Nein, das läuft hier nicht, Frollein! Entweder Dienst wie in jedem anderen Betrieb auch oder gar nicht."

Lina war niedergeschlagen. Was soll ich nur Theo erzählen? Er darf nichts merken. So ein Mist. Noch fünf Wochen, bis die Maschine kommt. Sie mochte nicht daran denken, was geschehen würde, wenn sie das Motorrad nicht abnahm. Außerdem wollte sie es haben. Sie schob trotzig die Unterlippe raus. „Und es gibt keine Ausnahme?" „Ausnahmen bestimmt der Chef, aber nur in ganz seltenen Fällen. Rufen Sie morgen Vormittag an. Sagen Sie, haben Sie jemals in einem Puff gearbeitet?" Lina schüttelte den Kopf. „Sie sind absolute Anfängerin?" Lina nickte. „Können Sie das beweisen?" Lina sah verständnislos auf. „Wie soll ich etwas beweisen, was nicht ist?" Frau Baldorf zuckte mit den Achseln. „Sie wären nicht die erste, die hier mit Unschuldsmiene steht und bereits alle Puffs der Stadt durchgemacht hat. Hier läuft das anders. Der Gast ist König. Er hat Anspruch auf gute Leistung, wie die Mädchen Anspruch auf gute Bezahlung haben. Es gibt kein Bargeld in der Sauna. Alle Gäste hängen die Garderobe in einen Spind und bekommen für Geld und Wertsachen einen kleinen Tresor zugewiesen. Getränke, Verzehr und die Leistungen der Mädchen werden auf einer Laufkarte notiert, deren Nummer der Gast am Handgelenk trägt. Es gibt kein Feilschen und keine Zulagen. Alles läuft sauber und ordentlich ab. Wer den Gast betrügt, wird nicht bezahlt. Umgekehrt wird das Mädchen vor Überforderung geschützt. Der Preis, 100 Mark, gilt nur für eine halbe Stunde. Wir haben ausschließlich gute Gäste, und wir tragen auch das Risiko des Prellers. Bei Fremden oder verdächtigen Kunden wird Vorauskasse verlangt. Alle Mädchen haben weiße Kärtchen zur eigenen Kontrollbuchführung. Nach Feierabend wird das vom Gast hier eingezahlte Geld an euch ausgezahlt. Der Betrag ist nur ein durchlaufender Posten in der Kasse, aber dieser Zahlungsmodus bringt Sicherheit für euch und die Gäste, verstanden?" Frau Baldorf spulte diese eingeübte Rede ab wie hundert Male vorher, wenn sich ein Mädchen bewarb. „Nicht viel", gab Lina zu, „aber es kommt sowieso nicht für mich in Frage. Regelmäßig kann ich nicht arbeiten. Ich darf mein Studium nicht vernachlässigen."

Es klingelte. Zwei Gäste riefen schon von draußen: „Hello, we are back again." Frau Baldorf drückte den Summer, gab Lina noch den Rat: „Also, rufen Sie morgen mal den Chef an, aber machen Sie sich keine Hoffnung. Arbeitszeit ist Arbeitszeit."

Lina lief verstört aus dem Haus und ziellos durch die Stadt. Es hörte sich alles so cool an, so klar, so wenig verrucht, so als hätte sie sich als Verkäuferin in einer Boutique beworben oder beim öffentlichen Dienst. Und wenn es so war, dann musste es doch möglich sein, auch die gleitende Arbeitszeit einzuführen?

Sie bekam den Chef am anderen Morgen an die Strippe und erklärte ihr Problem. „Frau Baldorf hat mir bereits von Ihnen erzählt.

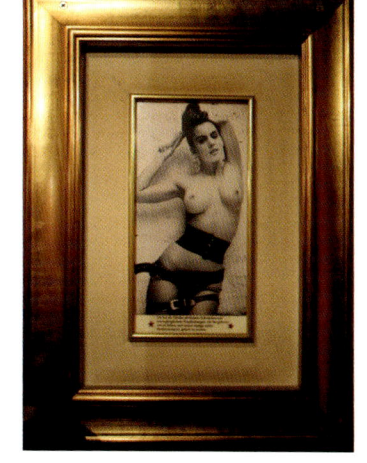

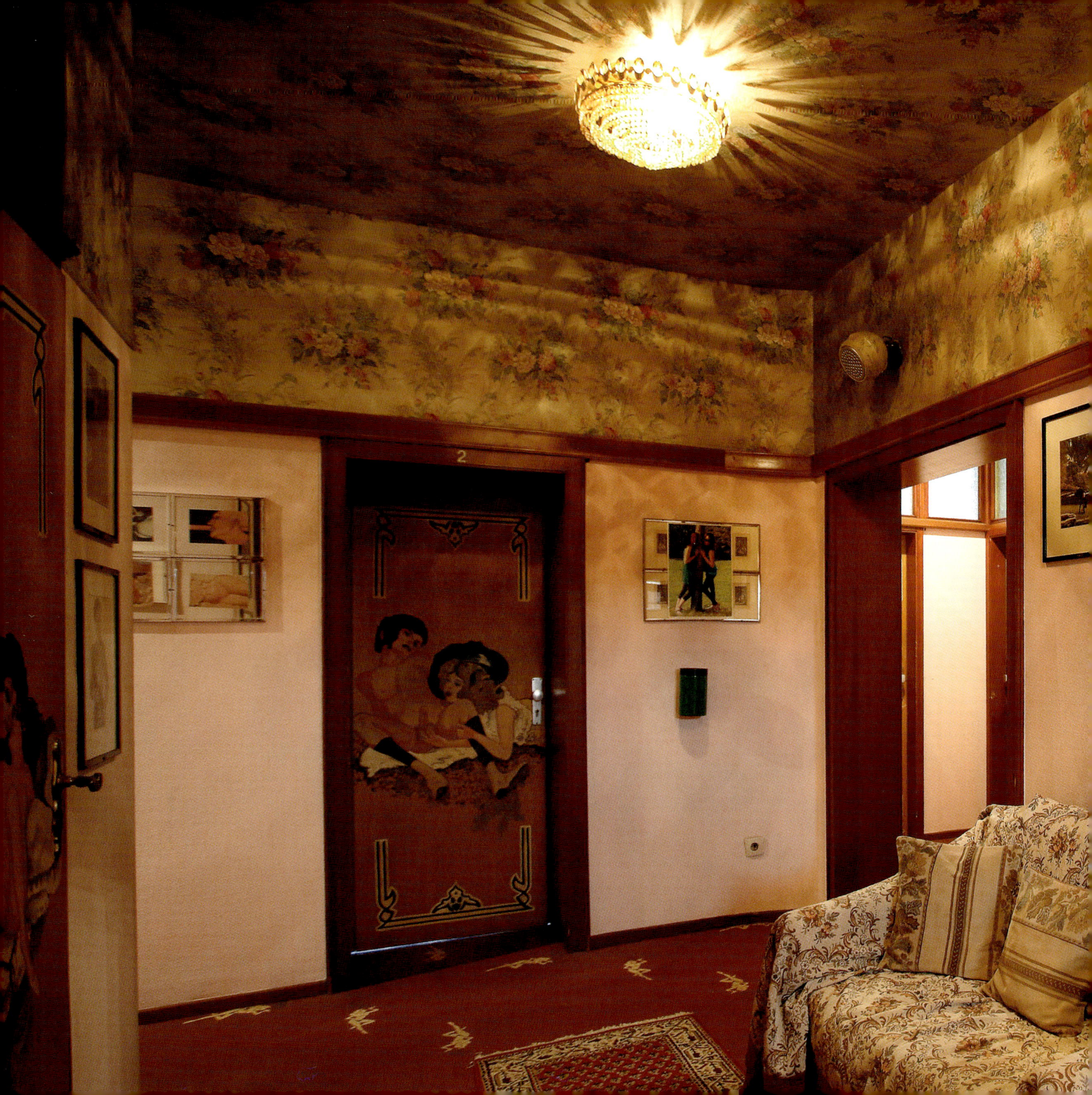
2

FRAUEN UND MÄNNER

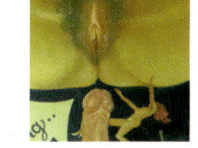

Wie stellen Sie sich Ihre Arbeitszeit vor?" „Na, wenn ich Zeit habe, komme ich, auch länger als acht oder zehn Stunden, und wenn ich nicht kann, bleibe ich weg." „Das geht nicht. Immerhin müssen wir vorplanen, wie viele Mädchen wann hier sind. Ich mache Ihnen den Vorschlag, dass Sie uns genau Ihren Wochenplan auflisten und sagen, wann Sie können. Dann sprechen wir weiter. Waren Sie schon auf dem Amt?" „Nein." „Gehen Sie vorher in die Kaiserstraße zu Dr. Pander, lassen Sie sich ein Attest geben, dass Sie nicht geschlechtskrank sind, legen Sie dies dem Gesundheitsamt vor, und man stellt Ihnen ein Buch aus. Übrigens, was studieren Sie?" „Theologie." „Im Ernst?" „Ja." Die Antwort schien Dieter Engel ein wenig geschockt zu haben, aber nach einer kleinen Pause entschied er. „Hört sich seltsam an. Sie muss ich kennenlernen. Kommen Sie morgen Abend gegen sieben ins Flair. Wir reden dann darüber."

Beim Arzt war sie schnell fertig. Er stellte kaum eine Frage. Die Sprechstundenhilfe hatte das Attest bereits mit Linas Namen versehen, 28 Mark kassiert und hieß sie auf dem gynäkologischen Stuhl Platz nehmen. Sie machte auch den Abstrich, verschwand im Nebenraum, und Lina ging ins Sprechzimmer. Der Doktor kam aus dem Labor, nickte, setzte seine Signatur unter das Attest und sagte: „Bis nächste Woche."

Als sie sich im Gesundheitsamt zum beschriebenen Zimmer durchfragte, schämte sie sich plötzlich. Sie glaubte, jeder, der ihr begegnete, sehe ihr an, was sie hier wollte. Sie rannte die Treppen hinauf, um alles bald hinter sich zu haben. Nach Ausstellung des Buches würde sie nur noch einmal wöchentlich zum Arzt müssen. Der würde seinen Stempel dort hineindrücken, vorausgesetzt, sie blieb gesund.

Wie vor eine Wand gelaufen, stoppte Lina. Daran hatte sie noch nicht gedacht. „Was geschieht, wenn ich krank werde? Wenn ich es ein paar Tage nicht merke? Theo vielleicht anstecke? Nein, Theo muss aus dem Weg, solange ich dort arbeite."

Sie fand das Zimmer. Gegenüber auf der Bank saßen fünf Frauen, zwei Schwarze, zwei Weiße, eine Thailänderin. Lina klopfte, steckte den Kopf zur Tür herein, winkte mit dem Attest und fragte: „Wo bekomme ich ein Buch?" Eine Stimme antwortete barsch: „Warten Sie!"

Lina war die Letzte. Ein Mann im weißen Kittel nahm das Attest, sah sie an, wartete. Lina stand vor dem Schreibtisch. Beide schwiegen sich an. „Na, los doch!" Der etwa fünfzigjährige Mann mit grauen gescheitelten Haaren und einem nichtssagenden Öffentlichen-Dienst-Gesicht forderte: „Na, los. Sind Sie keine Deutsche?" „Doch. Was heißt los?" „Personalausweis oder Pass. Ein Attest kriegt jeder, besonders bei Dr. Pander." Lina kramte zornig in ihrem Handtäschchen. „Wo bisher gearbeitet?" Der Mann schwang seinen Stuhl zur Seite,

117

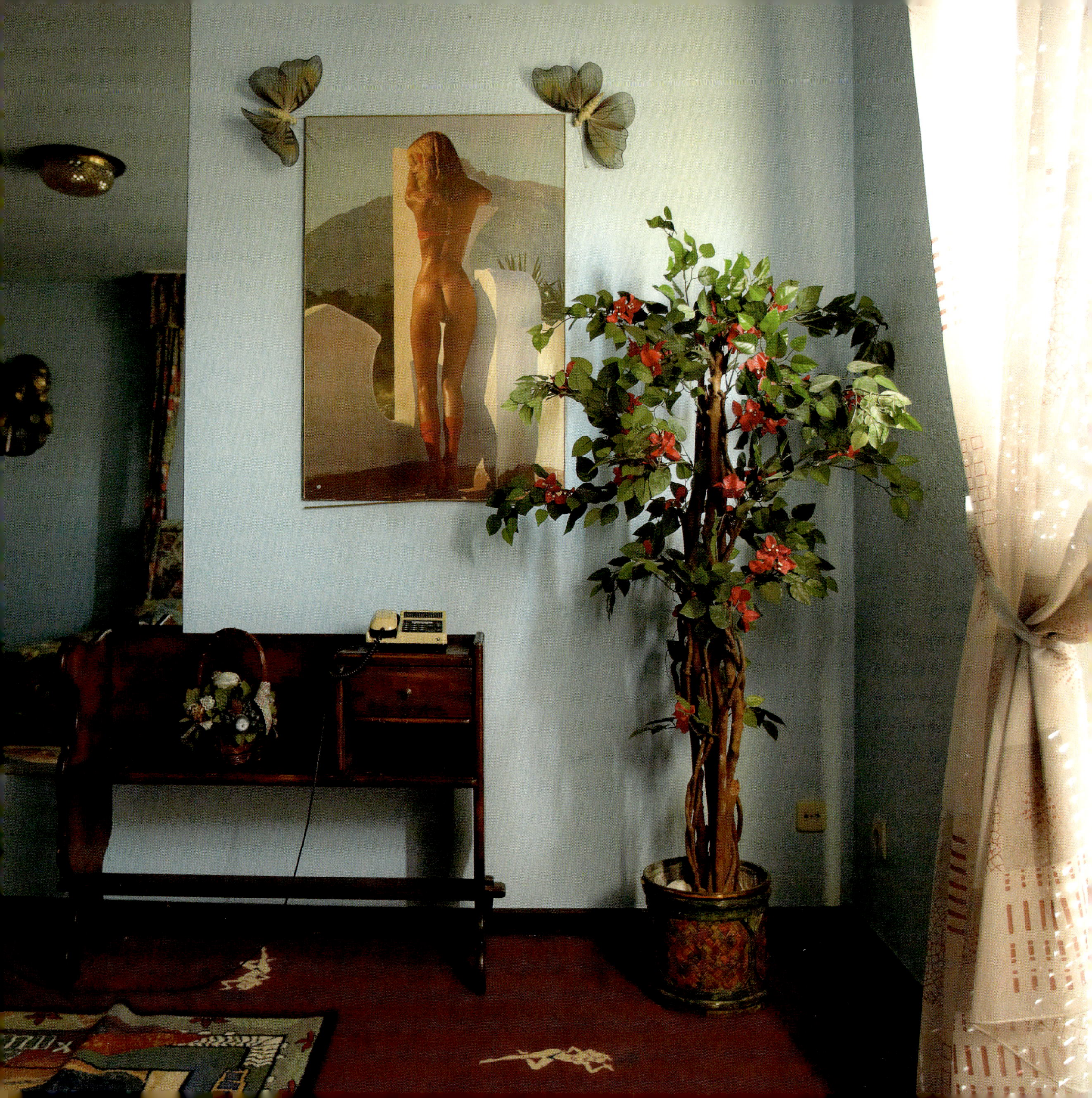

FRAUEN UND MÄNNER

öffnete eine Karteischublade und suchte mit der linken Hand Linas Ausweis, mit der rechten nach einer Karte, die nicht vorhanden sein konnte. „Nirgendwo." „Warum sagen Sie das nicht gleich?" Sein Ton war ruhig, aber verletzend, so als sei jeder Arbeitsaufwand für eine Frau wie sie zuviel. „Also ein Neuling. Und in einer anderen Stadt?" „Nein!" Linas Stimme klang trotzig. Der Mann blickte auf. „Nun stellen Sie sich mal nicht so an. Muss alles seine Ordnung haben. Wo werden Sie arbeiten?" „Weiß ich noch nicht!", sagte Lina vorsichtig. Der Weißkittel hatte inzwischen ein Heft hervorgeholt. Es hatte die Größe eines Personalausweises, besaß einen blauen Umschlag, auf dem gedruckt stand: „Magistrat der Stadt Frankfurt, Amt für öffentliche Ordnung – Gesundheitsamt – Nr. 4702". „So viele Nutten gibt es in der Stadt", dachte Lina. Als der Mann ihre Adresse eintrug, runzelte er die Stirn, schwang den Stuhl herum. „So, so, Studentenwohnheim. Ist uns nicht unbekannt, diese Adresse. Aber dort, das sage ich Ihnen gleich, werden Sie Ihren „Beruf" nicht ausüben dürfen. Sperrgebiet!" Er lauerte. „Dort arbeite ich auch gar nicht!" „Wir werden ja sehen!" Er schwang seinen Stuhl wieder zur Schreibmaschine. Lina wäre am liebsten rausgelaufen. „Was studieren Sie?" „Muss ich das sagen?" „Warum nicht?" „Datenschutz!" Der Mann nickte versonnen vor sich hin und händigte ihr das Buch aus.

In ihrer Bude suchte sie ihren Stundenplan heraus und begann auszurechnen, wann sie arbeiten könnte. Entschlossen setzte sie auch die Wochenenden ein, sagte sich: „Wenn die Eltern mir nichts geben, brauchen sie mich auch nicht zu sehen." Sie schrieb eine kurze Nachricht für Theo und teilte ihm mit, er solle sie heute Abend gegen neun besuchen.

Um sieben betrat sie das Flair. Auf ihr Glockenzeichen schaute eine junge Frau durch das Klappfenster der Tür und ließ sie ein. Es war das schönste Lokal, das Lina je gesehen hatte: voller Antiquitäten, teurer Teppiche und Lampen. Eine Vitrine zeigte antike goldene Taschenuhren. Zur Rückfront hin standen zwei alte persische Kriegerrüstungen. Blankwaffen vieler Epochen hingen an den Wänden. Das Lokal war gut besetzt. „Ich bin mit dem Chef verabredet." „Ich weiß", erwiderte Rosi, die Frau am Buffet, „er kommt gleich." „Ob das hier auch ein Puff ist?", dachte Lina und fühlte sich bestätigt, als sie verstohlen umherschaute. Mehr als zehn Frauen saßen einzeln, in Grüppchen oder mit Männern zusammen an Tischen oder an der Theke, Mädchen aller Haut- und Haarfarben. Einige trugen elegante Abendgarderobe, andere waren sportlich angezogen oder liefen in Jeans herum. Eines hatten sie gemeinsam: Sie waren überdurchschnittlich hübsch.

Den Chef hatte sie sich anders vorgestellt, härter! Ein lockiger Mann von vierzig Jahren mit weichen, verträumten Zügen trat auf sie zu und führte sie an einen Tisch. „Engel, mein Name, Dieter Engel", er reichte ihr die Hand. „Angelina .... Brkoksh." Sie sprach extra undeutlich, weil ihr Nachname ihr auf einmal in der Umgebung seltsam vorkam. Es war der Name ihres Vaters. Engel lächelte verständnisvoll. „Ihr Nachname steht im Gesundheitspass, aber damit spricht Sie hier eh niemand an. Wie wollen Sie sich nennen?" „Man nennt mich Lina!" „Nehmen sie sich ein Pseudonym, wenn Sie wollen, wo möchten Sie denn arbeiten, hier im Flair oder im Sudfass?" „Im Sudfass." Er sah sie an. „Nun, Sie sind jung, haben noch einen festen Körper. Sie wissen doch, dass

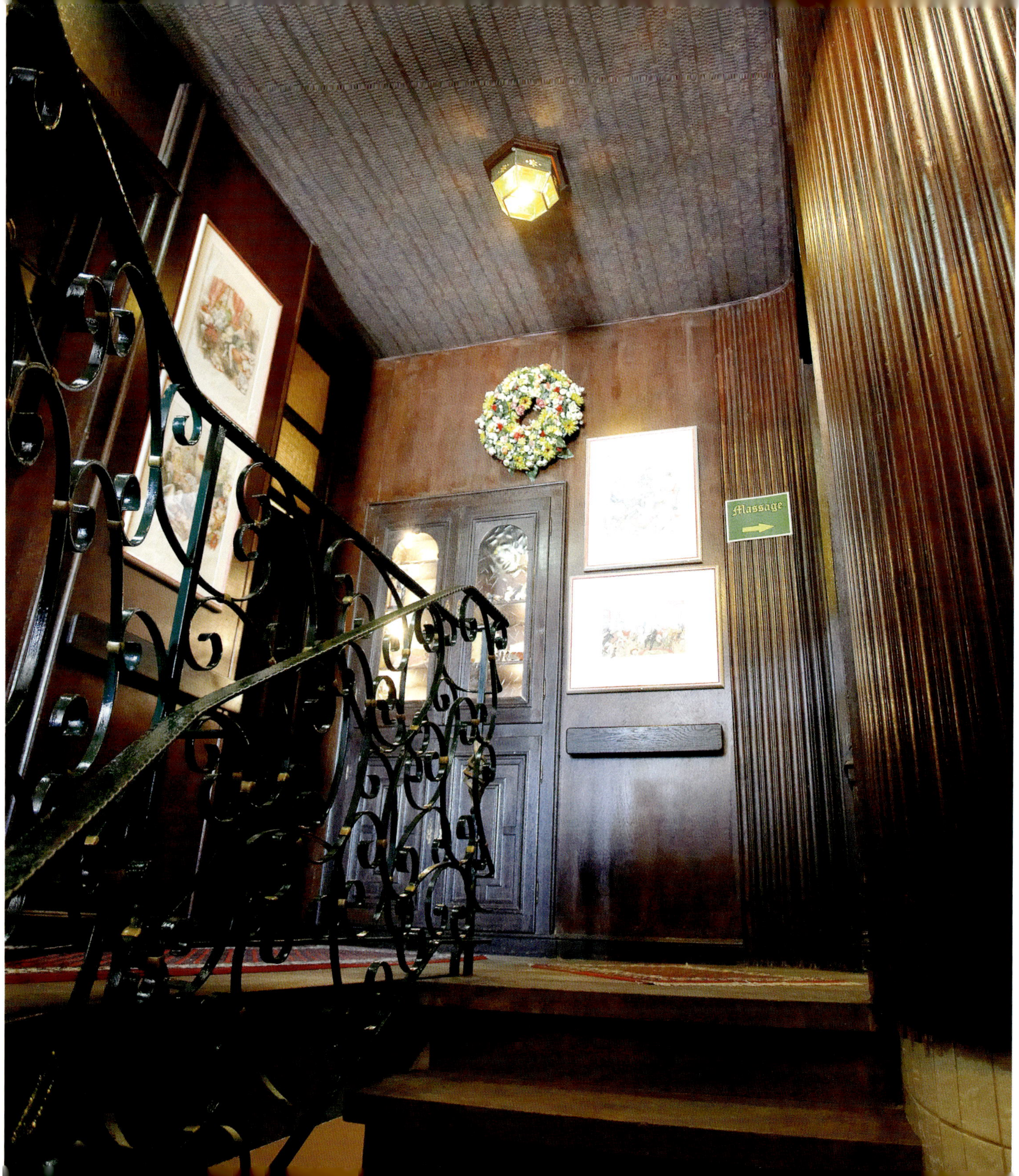
Massage

FRAUEN UND MÄNNER

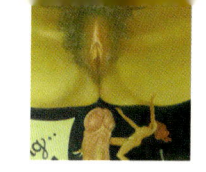

drüben die Dienstkleidung lediglich aus einem Slip besteht, sonst nichts?" Lina wusste es nicht, doch sie nickte. „Und wie ist es nun mit der Zeit?" „Ja", sie kramte ihren Zettel hervor, „also samstags und sonntags könnte ich voll arbeiten, montags nach der Vorlesung gegen elf." Sie suchte die weiteren Zeiten zusammen, war so in ihren Zettel vertieft, dass sie das Lachen des Chefs nicht bemerkte. Erst nach dem Aufzählen der letzten Stunden sah sie hoch. „Lachen Sie mich aus?", fragte sie. „Nein. Ich freue mich über Ihre Zielstrebigkeit. Haben Sie sich auch vorgenommen, wie lange Sie insgesamt arbeiten wollen? Sicher haben Sie ein Ziel."

Sie nickte, erzählte ihm von dem Motorrad, ihrer Familie, ihrem Studium und von Theo. „Also gut", entschied der Chef, „morgen fangen Sie an. Sie haben prinzipiell gleitende Arbeitszeit. Wenn Sie aber kommen, dann für mindestens acht Stunden. Ich begrenze das auf sechs Wochen; das dürfte für das Motorrad reichen." „Wieso? Wollen Sie mich danach rauswerfen?" „Nein, aber entweder hören Sie dann auf, oder Sie machen Dienst wie jede andere."

Lina saß in der Bar des Sudfasses. Frau Baldorf hatte ihr einen Spind zugewiesen, den Schlüssel ausgehändigt und nochmals alles Wichtige erklärt. Lina fühlte sich unwohl. Keine der Frauen sprach mit ihr. Nur abschätzende Blicke auf ihre jugendliche Figur hatte sie bisher geerntet. Und obwohl die anderen Mädchen miteinander redeten, fühlte sich Lina umgeben von Konkurrenzneid. „Wir müssten doch solidarisch sein", dachte sie, aber als sie sah, dass einige der Mädchen ein- oder gar zweimal mit Männern verschwanden, empfand auch sie das wie einen Stich. „Das wären zweihundert Mark gewesen", dachte Lina. „Jetzt bin ich drei Stunden hier und hatte noch keinen Gast. Irgendetwas mache ich falsch."

Sie trat zur Bar, reichte dem schwulen Barkeeper ihr Saftglas. „Bitte noch einen." Ottmar nickte. „Du musst mehr rangehn", sagte er leise. Lina streunte umher. Einen Schock versetzte ihr die Grotte neben dem Barraum. Dort stand, von einer dicken Schmuckkordel abgetrennt, ein zweimeterfünfzig hoher, steinerner Phallus, aus dessen Spitze Wasser sickerte. Um den Fetisch wanden sich Rosenranken wie echte Adern bei einem Penis. Lina dachte: „Eine auf Anbetung wartende Götzenfigur", und ihr Religionsverständnis rebellierte. Doch dann beruhigte sie sich und fand das Ding originell.

„Du neu?" Lina drehte sich um. Der Mann schien Ausländer zu sein. „Ja." „Ich auch", sagte er, „komm, setzen wir uns in Ecke." Lina nickte, versuchte durch tiefes, ruhiges Atmen den lauten Schlag ihres Herzens zu zügeln, das auf einmal losgaloppiert war. Der erste Kunde! „Ich heiße Pietro. Kennst du meine Pizzeria in Sachsenhausen? Oh, ich lebe schon zwanzig Jahre hier. Beste Pizza der Stadt. Ich bin berühmt. Jeder kennt mich." „Ich nicht", dachte Lina und ließ es sich gefallen, dass der Mann, während er immer weiter plapperte, ihre Brüste anfasste, unter den Saum des Schlüpfers griff und seinen badetuchverhüllten Unterkörper so an ihr rieb, dass sie deutlich seinen aufgerichteten Schwanz spürte. Es war ihr nicht angenehm, in die Ecke gedrängt zu werden, während der Mann mit dem Mund an ihrer Brust saugte und wie ein Hund ihren Oberschenkel bumste. Sie versuchte sich freizumachen.

„Wollen wir nicht raufgehen?" „Gleich, gleich", keuchte Pietro. Seine Bewegungen machten sie nicht im Geringsten an. Na, wenn es so bleibt, kriege ich alles gut hinter mich, glaubte sie, sah eine Kollegin zu ihr herüberschauen und den Kopf schütteln. Was hatte das zu bedeuten? „Lass mich mal einen Moment in Ruhe", versuchte sie sich zu befreien,

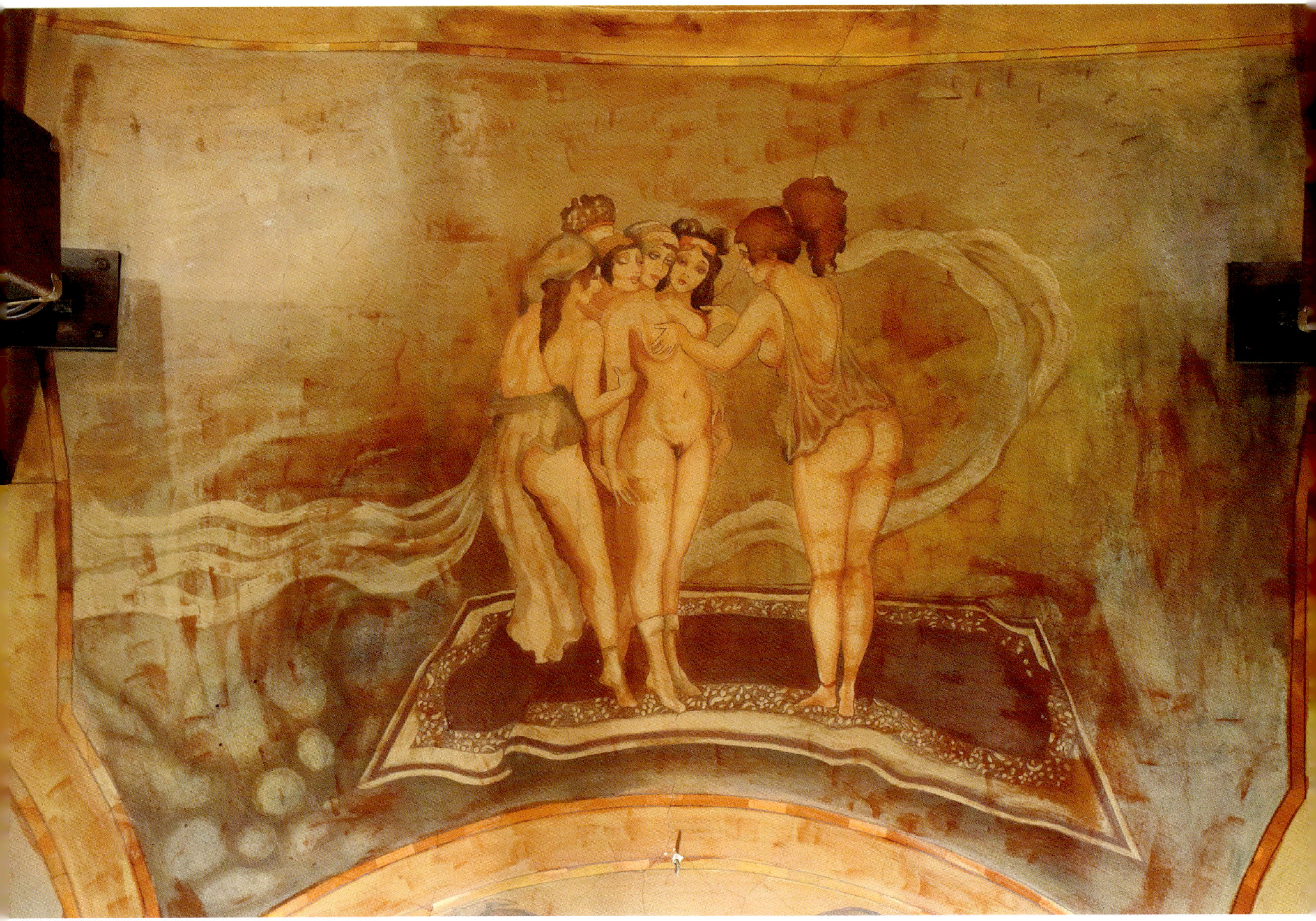

FRAUEN UND MÄNNER

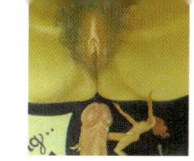

doch Pietro hielt sie fest. „Komm, gehen wir nach oben." Sie wurde rabiat. „Jetzt reicht's!" „Gleich, gleich", stammelte Pietro und bewegte sich schneller. Endlich streckte er sich mit einem Seufzer, ließ sie los und setzte sich gelockert neben sie. „Gehen wir nun?" „Nein." Pietro stand auf. „Jetzt ist es zu spät. Aber ich geb' dir ein Bier aus." Lina begriff. Ungeheure Wut kam in ihr auf. Sie lief ihm hinterher bis in die Bar, wollte ihn ausschimpfen, sah die anderen Mädchen grinsen und ersparte sich eine weitere Blamage. Sie ging zu der Frau, die den Kopf geschüttelt hatte. „Warum sagt mir das keiner?" Das Mädchen lachte. „Fast alle fallen auf solche Typen rein. Du sollst deine Erfahrungen auch selbst machen", meinte sie schnippisch. „Na gut", dachte Lina und schwor sich, alle Vorteile für sich zu nutzen. „Solidarität gibt es offensichtlich nicht."

Zehn Minuten später sprach sie ihren ersten Freier an. Er hieß Claude, stammte aus Montreal und war froh, dass Lina französisch verstand. Er erzählte von seiner Frau im fernen Kanada, wie einsam er hier auf der Geschäftsreise sei, ließ sie sogar, als er auf dem Zimmer eine halbe Stunde nur geredet hatte, eine zweite Nummer notieren und versenkte sich anschließend recht anspruchslos in Lina – genau wie Theo. Die ganze Zeit dachte sie an ihn und an den vergangenen Abend. „Ich will vier Wochen nichts von dir hören und sehen", hatte sie zu Theo gesagt. „Ich muss in diesem Semester noch drei Scheine machen. Ich will zeitweise am Flughafen als Dolmetscherin arbeiten, du brauchst mich nicht hinzubringen, ich nehme die U-Bahn. Nein, ich fahre auch nicht an den Wochenenden nach Hause. Nein, es hat nichts mit dir zu tun, nur mit mir. Ich brauche Geld für mein Motorrad und Ruhe vor dir, vor mir selbst. Bitte, glaub mir, es hat wirklich nichts mit dir zu tun."

Natürlich hatte er es nicht geglaubt und war mit traurig-frostiger Miene abgezogen. Der Kanadier kam zum Höhepunkt. Lina lächelte.

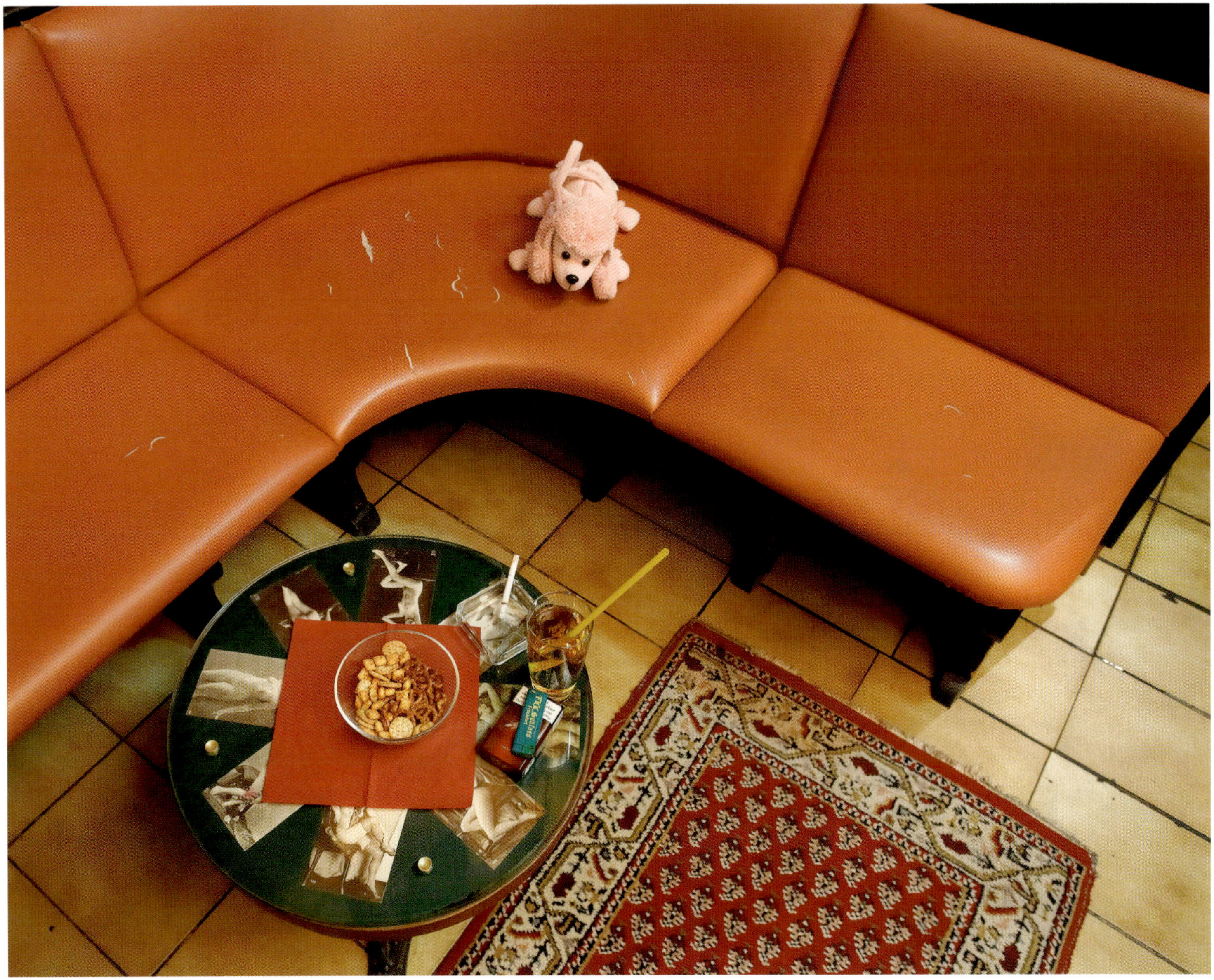

FRAUEN UND MÄNNER

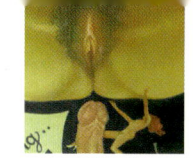

„Es war schön mit dir." Er freute sich über das Lob. Sie huschte hinaus, duschte sich, führte den Gast wieder in den Barraum und dachte: „Zweihundert verdient und nichts ist an mir abgebrochen!" Die Nachtschicht war angenehm. Mehr Mädchen, aber auch viel mehr Kundschaft. Lina wurde als Neue oft begehrt. Sie staunte, wie wenig Ausgefallenes verlangt wurde. Eigentlich wollten fast alle nur quatschen und normalen Geschlechtsverkehr.

„Du bist neu hier?" „Ja. Ich heiße Lina." „Susanne. Wo warst du vorher?" „Nirgends, ich studiere." Susanne lachte. „Du auch?" „Du auch?" „Nein, nicht mehr. Bin längst fertig. War Sportlehrerin. Jetzt studiere ich hier." Sie lachte erneut. „Warum?" „Warum? Keine Festanstellung. Bin nun schon ein Jahr hier. Neulich haben sie mir auf dem Land eine Festanstellung zur Probe angeboten." „Ja und?" „Scheiße! Für 2000 netto? Die verdien' ich hier in drei Tagen. Nein! Was studierst du?" Lina biss sich auf die Lippen. „Deutsch und Mathe", flunkerte sie, aber Susanne hörte gar nicht mehr zu. Ihr Blick war auf einen dunkelhäutigen Mann gefallen. Sie streckte beide Hände in die Luft und rief: „Shalom, Joschie, hier bin ich!" Sie rutschte vom Hocker, flitzte durch den Raum und warf sich dem Mann an die Brust. „Ein Stammgast von ihr", sagte Rita, die neben den beiden gesessen und alles mitbekommen hatte. „Jetzt macht sie einen Tausender. Diese Israelis sind gute Kunden. Braucht sie auch. Um vier ruft ihr Typ an, dann muss die Kasse stimmen." „Wer ruft an? Welche Kasse?" „Na, Susannes Kasse. Sie war doch Lehrerin. Dann hat sie einen Antiquitätenhändler kennengelernt, der zockt." „Zockt?" „Ja, spielt, im Spielkasino und Pokerrunden und so." „Und?" „Na, der hat sie hergebracht. Er wohnt in Köln, geht abends zum Spielen und ruft jede Nacht um vier an, um zu wissen, wie viel er noch verzocken kann." Rita lachte. Lina fragte: „Und das macht sie mit? Sie ist doch intelligent." Rita zuckte die Achseln. „Na und, wenn dich ein Lude einmal in den Fingern hat! Er hat ihr auch verboten, die Lehrerinnenstelle anzunehmen. Bringt nix, hat er zu ihr gesagt." Das Gespräch wurde durch einen Gast unterbrochen. Um vier Uhr bekam Lina mit, wie Susanne ans Telefon gerufen wurde. Wie unabsichtlich stand Lina in der Nähe und hörte Susanne zu: „Ja, mein Liebling, 1200 heute. Gut, was? Ich schick es gleich morgen früh. Schlaf schön!"

Nach der fünften Nacht wurde Lina erneut von Rita angesprochen. „Kommste noch mit zum Frühstücken? Wir gehen ab und zu alle zusammen frühstücken." „Alle? Wer?" „Na, Annemarie, Esther, Gerda, ich und unsere Jungs." „Eure Jungs?" „Na ja, unsere Loddel." Lina hatte keine Lust mitzukommen, obwohl Rita im Laufe der Nacht immer eindringlicher auf sie einredete. Am Schluss wurde es Lina zu viel. „Warum legst du so großen Wert darauf, dass ich mitkomme? Ich habe schon zehnmal nein gesagt. Um neun muss ich in der Uni sein." Rita sah zur Seite. „Wenn ich es nicht schaffe, dass du mit uns gehst, krieg ich Ärger mit Paul." „Wer ist Paul?" „Na, mein Mann." „Und was hat er mit mir zu tun?" „Sei doch nicht so kindisch. Er will dich angraben. Du bist doch solo." „Ich brauche keinen Luden." „Ach, das sagen sie alle. Ich kann dir verraten, auf die Dauer kommste nicht ohne aus. Welcher normale Mann macht das ganze Theater mit? Ewig biste angesoffen, zehnmal angefickt die Nacht; da brauchste einfach einen, dem du all die Scheiße aufbürden kannst." „Danke, Rita", Lina war gerührt, „aber für mich nicht. Für mich ist in drei Wochen Schluss." „Glaubst du!", meinte Rita zweifelnd.

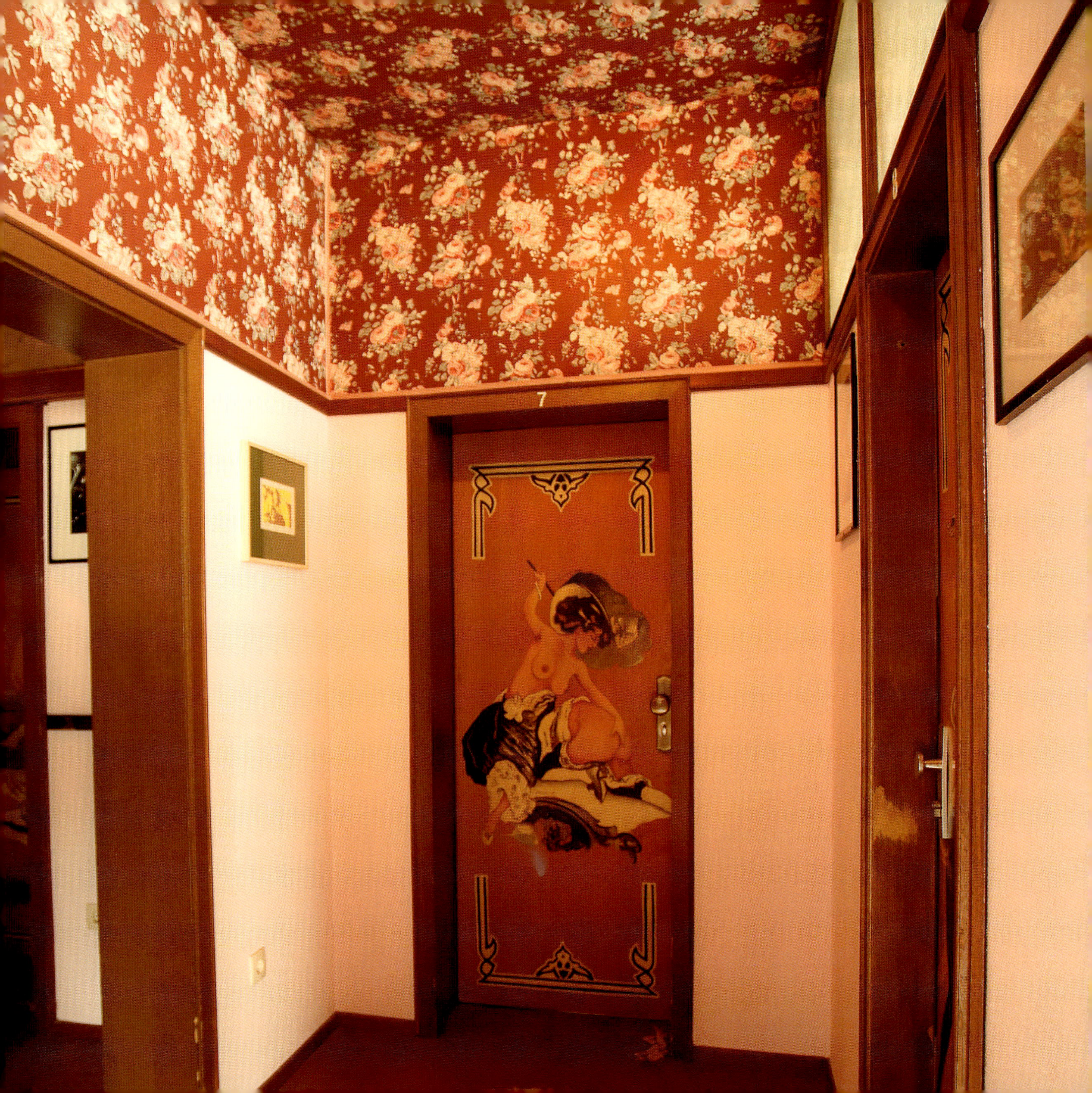
7

FRAUEN UND MÄNNER

Um Viertel nach sechs wartete Lina auf das Taxi, der einzige Luxus, den sie sich aus Zeitgründen eingeräumt hatte. Nach Hause, duschen, umziehen, zur Uni und danach ins Bett! Sie sah Rita in einen 350 SLC steigen, erkannte durch die Scheiben heftiges Gestikulieren. Der Wagen fuhr an, blieb vor Lina stehen, die Fahrertür öffnete sich. Ein höhensonnengebräunter, gut aussehender Typ stieg aus, ließ ein Bein im Auto stehen und legte die Arme verschränkt auf das Wagendach. „Ich denke, wir gehen frühstücken?" „Du kannst frühstücken. Ich will nicht." „Na, komm schon, los", er beugte sich ins Auto. „Rita, quetsch dich hinten rein." Rita stieg aus, klappte die Beifahrerlehne nach vorn und presste sich auf den Notsitz. Lina schüttelte den Kopf. „Du kannst ruhig vorne sitzen bleiben. Ich fahre nicht mit." Der Mann zögerte einen Moment, dann lachte er über das ganze Gesicht. „Bis morgen", versprach er, und es klang wie eine Drohung.

Am frühen Abend, noch bevor Lina zur Arbeit ging, erreichte sie telefonisch den Chef, erzählte ihm den Vorfall und gestand, Angst zu haben. Dieter Engel versprach: „Das erledige ich." Als Rita kurz vor acht zur Arbeit erschien, winkte Frau Baldorf ab. „Du brauchst dich nicht umzuziehen. Hier ist Schluss für dich. Du kannst woanders Frauen für deinen Zuhälter angraben." Rita ging. Zwei Tage später war sie wieder da. Sie wich Lina aus. Unter der Dusche trafen sie sich zwangsläufig. „Der Chef hat mit meinem Mann gesprochen. Mein Mann lässt dich in Ruhe, und ich darf weiter hier arbeiten. Und nun lass mich in Frieden. Ich hab' genug Schwierigkeiten wegen dir gehabt."

Finanziell schien Linas Zeitplan aufzugehen, doch da fiel ihr ein, dass demnächst etwas eintreten würde, was jeden Monat eintritt. Lina hatte absolut nicht daran gedacht. Verunsichert, vor allem weil im Sudfass keine Frau die Tage zu haben schien, stand Lina an der Kasse und sagte: „Ich kann die nächste Woche nicht kommen." „Wieso, bist du krank?" „Ja, nein, eigentlich nicht richtig. Sie wissen doch ..." „Was weiß ich?" Lina wurde ärgerlich, dachte: Die ist doch auch eine Frau, warum muss ich so was erklären? Sie sagte: „Ich habe meine Periode." „Ach so. Ist das ein Problem? Hast du schon mit deinen Kolleginnen darüber gesprochen?" „Wieso?" „Tu das, und komm dann noch mal her!" Lina stieg verwundert die Treppen hinab. Angelika saß alleine an einem Tisch. Lina setzte sich dazu, „Was machst Du, wenn Du die Tage hast, arbeitest Du dann nicht?" „Aber natürlich arbeite ich. Mein Mann würde mir was anderes erzählen. Dann fiele ja eine Woche Verdienst aus, und das jeden Monat. Nee, ich nehme die Pille durchgehend, also am 29. Tag fang' ich mit der neuen Packung an, so kriege ich nie die Tage. Dreimal im Jahr, wenn ich Urlaub mache, setze ich sie ab." Lina schauderte und nahm die Pille weiter.

Es war an einem Freitagabend, als der Bauunternehmer im Sudfass einlief. Er war Stammgast und kannte alle Mädchen, nur Lina war neu für ihn. Nach einem langen, intensiven Gespräch folgte sie ihm auf das Zimmer und verließ es die ganze Nacht mehrmals nur kurz,

127

Better not...   ...Hände weg

FRAUEN UND MÄNNER

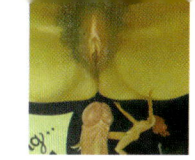

um ihr Zeichen auf seinem Rechnungszettel zu machen und neuen Champagner anzuschleppen. Der Mann hieß Mollenhauer, war fünfundvierzig Jahre alt und erzählte Lina nicht die obligatorischen Geschichten von der Ehefrau, die nicht so wolle wie er, keine Stories vom Stress, der ihn hierher treibe, weil seine Frau nichts vom Geschäft verstehe; keine Sprüche, dass er in Scheidung sei und Trost brauche. Nein, Mollenhauer sagte nur: „Ich will ficken. Kannste das?" Lina sagte ja und wusste am Ende der Nacht, dass sie gelogen hatte.

Mollenhauer war ein Stier, aber ein sanfter, zärtlicher Stier, nicht so unbeholfen wie Theo. Er brachte Lina auch ohne Motorrad von Höhepunkt zu Höhepunkt. Außerdem machte er sie betrunken. Das passierte ihr zum ersten Mal, vielleicht deswegen gab sie ihm Adresse und Telefonnummer. Alle achtzig, neunzig oder hundert Männer vor Kurt Mollenhauer hatten sie gleichgültig gelassen, waren nichts als Arbeit gewesen. Am darauf folgenden Tag erzählte sie das einigen Kolleginnen. Die Frauen waren entsetzt: „Eine Panne! Das darfste nicht machen! Beruf und Privat musste klar trennen!" Sie dachte darüber nach, war unentschlossen, ob sie ihren Kolleginnen, denen das angeblich nie passierte, glauben sollte, dann sagte sie sich: „Noch eine Woche. Gott sei Dank. Sonst wird es noch gefährlich für mich."

Ihr Soll erfüllte sich zwei Tage früher als geplant. Montagmorgen ging sie statt zur Uni ins Motorradgeschäft. Der Händler begrüßte sie. „Ich habe Ihnen bereits eine Karte geschickt. Ihre Maschine ist da!" „Wo?" Er führte Lina in den Hof. Da stand sie, die Gold Wing, den Lenker in Längsrichtung gedreht, die Pedale noch nicht angeschraubt, in Plastik und Holz verpackt. Lina sah das Motorrad nachdenklich an. Ehrlich, wie sie war, bekannte sie: „Jetzt bin ich gar nicht mehr so scharf drauf." Sie gab sich einen Ruck, öffnete ihre Tasche und legte dem Mann Schein für Schein den Betrag hin. Bei jedem Hunderter kamen ihr blitzartig Sudfass-Szenen ins Gedächtnis, ihr Zimmer, die Bar, der Sandsteinphallus, Männer und wieder Männer. Sie gab ihm ihren Personalausweis, unterschrieb eine Versicherungskarte und erhielt das Versprechen, die Maschine am Abend abholen zu dürfen.

Um 18 Uhr setzte sie sich drauf. Das Gefühl der gewaltigen Kraft, der Überlegenheit, so wie sie es gewünscht und damals verspürt hatte, blieb aus. Sie kurvte zwei Stunden durch die Stadt, übers Land, fuhr in den Hof des Sudfasses und stellte die Maschine ab, blieb davor stehen und betrachtete sie. Was war anders geworden? Ich bin schlauer geworden, dachte sie. Diese fünf Wochen haben mir mehr gebracht als das ganze Studium. Aber das war keine Erklärung für das Anderswerden. Oder doch?

Sie betrat den Vorraum. Da stand Dieter. „Na, Lina?" Er sah sie fragend an. Sie lachte. „Ziel erreicht." „Du hörst auf?" Sie nickte. Engel nickte auch. „Alles Gute!", und damit wendete er sich ab. Halb war er erfreut, halb enttäuscht. Er hatte mit sich selbst gewettet, dass auch Lina der Verlockung des leicht verdienten Geldes erliegen würde. Sie gehörte zu den Ausnahmen seiner „Frauenphilosophie". „Schade um's Geschäft, sie ist eine attraktive Frau und intelligent dazu. Doch was soll's." Auf der Warteliste für einen Job im Sudfass standen vierzehn Namen. Lina wandte sich an Frau Baldorf. „Ich will nur die Sachen aus meinem Spind holen." Dann ging sie.

Sud Faß

FKK SudFass
Sauna-Wellness-Club
Informiert!

Wir erheben eine Eintrittsgebühr
von 25,- Euro für die Benutzung von:
 ★ Badeschuhe
 ★ Handtücher
 ★ Spind
 ★ Safe

... und ein Mindestverzehr von 5,- Euro.

Wir wünschen Ihnen einen angenehmen
Aufenthalt und viel Vergnügen.

SUDFASS SAUNA

BITTE KLINGELN

TO RING THE BELL

FRAUEN UND MÄNNER

Bevor sie sich auf ihr Motorrad setzte, kam ihr eine Idee: „Theo." Ab heute hatte sie wieder Zeit für ihn. Sie wunderte sich aber, dass sie so gar keine Sehnsucht empfand. Trotzdem rief sie an. „Theo?" „Lina, endlich. Ich hätte es kaum länger ausgehalten!" „Kommst du zu mir?" „Ich komm' zu dir", versicherte Theo, „ich hab' was für dich!" „Ich muss dir auch was zeigen!"

Sie stand mit Theo am Fenster ihres Apartments und zeigte auf die Straße. „Da steht der Bock!" Theo nickte beeindruckt. „Dagegen ist mein Geschenk gar nichts." „Was ist es denn?" Theo packte eine Platte aus. „Warte, setz dich hin. Ich lass sie spielen." Er brachte den Tonarm über die Platte, setzte ihn auf, aber keine Musik erklang. Leise, dann immer deutlicher, wurden Geräusche schwerer Rennmaschinen hörbar. „Nürburgring", sagte Theo stolz. Lina wandte sich ab. „Tja, so billig hätte ich es also auch haben können." Das Donnern traf sie, aber nicht so wie früher. „Probieren", dachte sie, zog Theo an sich, nestelte ihn aus seinen Klamotten. Ein bisschen störte ihn ihre Zielstrebigkeit. „Na, das werde ich ihr schon abgewöhnen", dachte er. „Den Zeitpunkt bestimme ich." Es ging. Es ging! Lina hätte jubeln können. Sogar als die Platte zu Ende war – sie saß auf Theo –, riss das Gefühl nicht ab. In diesem Moment klingelte das Telefon. Sie nahm nicht ab. Es klingelte weiter. Theo wurde nervös. „Geh doch dran." Das Schrillen hörte nicht auf. Lina stieg ab und ging zum Apparat. „Ja?" „Hier ist Kurt Mollenhauer. Bist du's Lina?" Lina gab keine Antwort. „Hör mal, willst du für drei Tage mit nach Madrid fliegen? Ich lad dich ein und es gibt 500 Mark. Was meinst du?" Sie legte auf, ohne ein Wort zu sagen, streckte sich neben Theo aus, streichelte ihn. „Wer war das?", fragte Theo. „Weiß nicht." Das Telefon klingelte wieder. „Ich gehe nicht dran", sagte sie. Das Telefon klingelte. „Geh doch dran", sagte Theo, „es kann wichtig sein." „Na denn", meinte Lina, „auf deine Verantwortung." Sie hob den Hörer ab. Natürlich war es Mollenhauer, der nicht so leicht lockerließ. Lina unterbrach ihn mit dem Satz: „Wann soll es denn losgehen?"

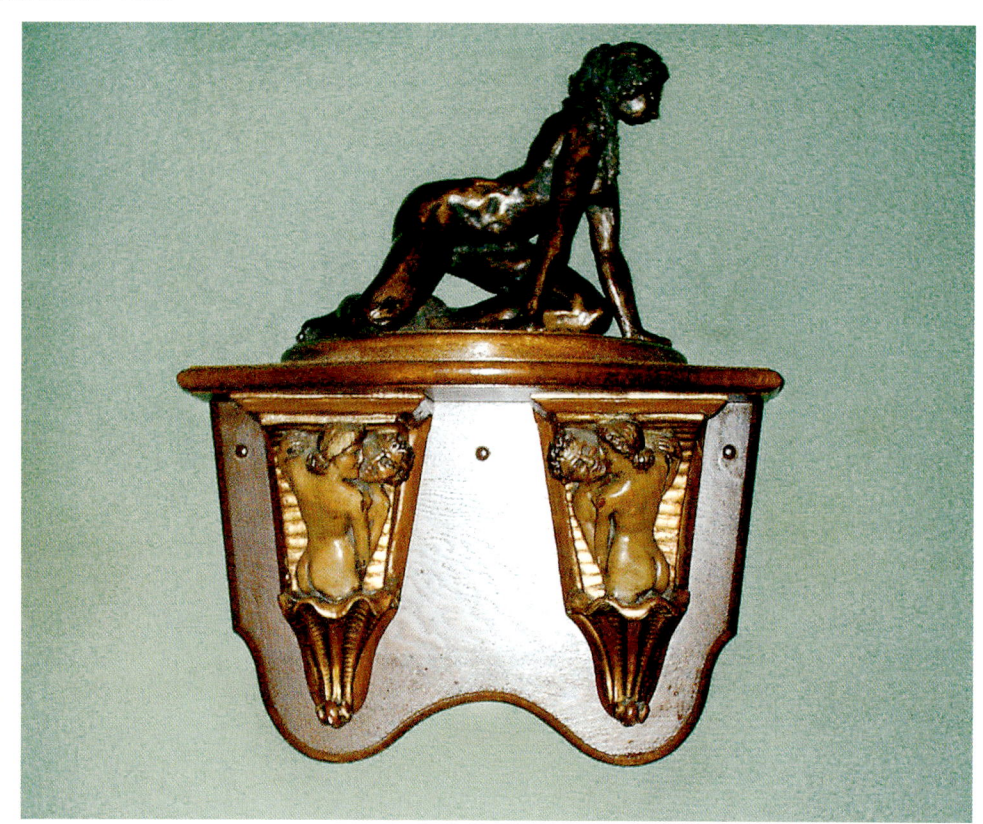

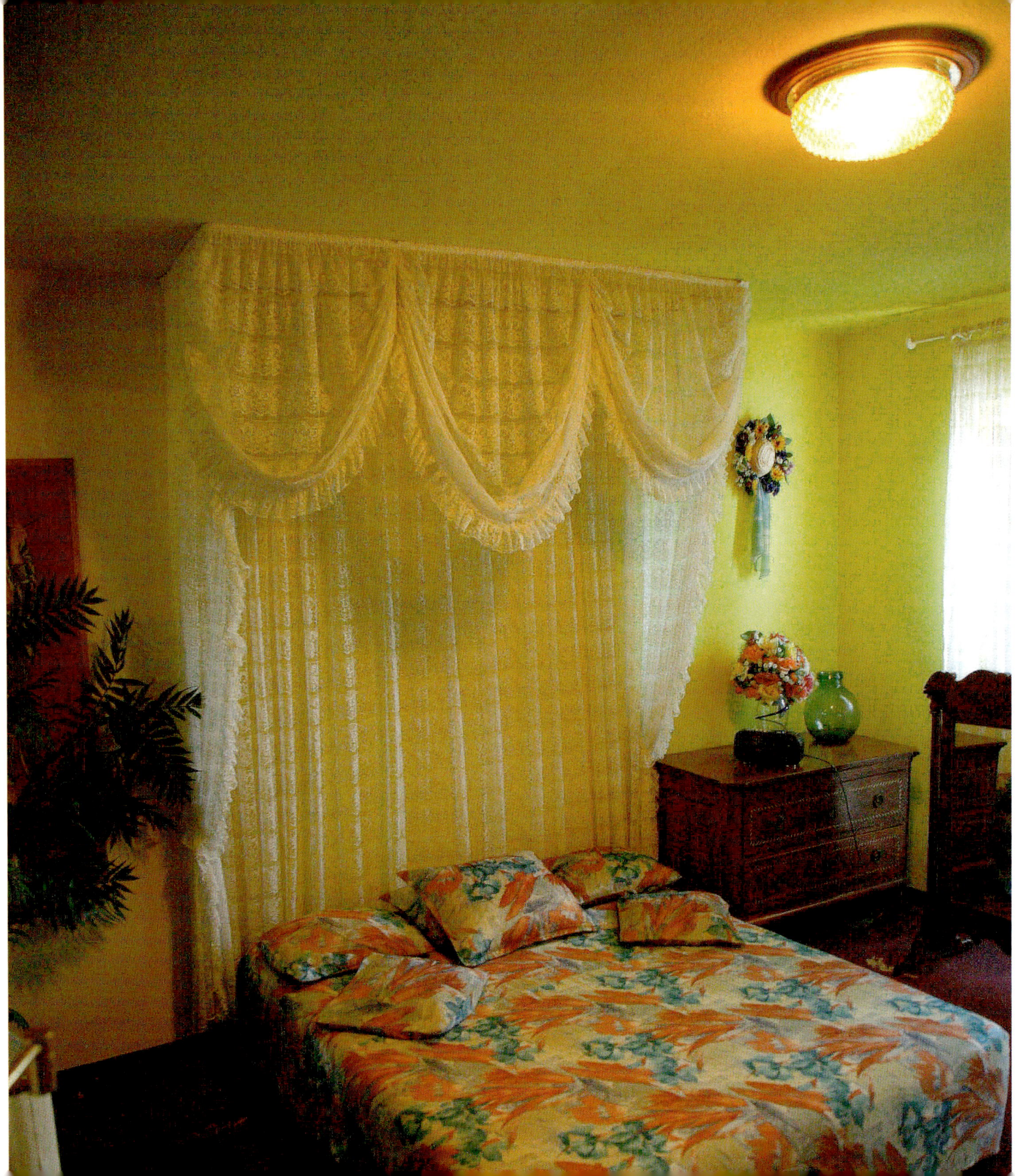

FRAUEN UND MÄNNER

Der Fuchs von Rhodos
Quelle: Dieter Engel, Friedel und Gesine, die Schwedin

Arnulf war ein ausgekochter Typ; daran bestand kein Zweifel, doch die Bezeichnung „abgebrüht" passte nicht auf ihn. Die kleine Differenz dieser Ausdrücke liegt – obwohl beide mit heißem Wasser zu tun haben – nicht im Kochtopf, sondern in der Art, wie man Lebenserfahrungen auswertet.

Das gilt besonders für das Leben eines Kriminellen wie das von Arnulf. Obwohl Betrüger, war er kein Klassiker dieser Spezies, keiner, der für seinen Vorteil Vater und Mutter verkauft und zuletzt sich selbst. Nein, Arnulf zeigte Rückgrat, verriet seine Freunde nie, auch wenn es umgekehrt mehrfach vorkam. Arnulf stammte aus guter Familie. Aber so wie bei Millionen anderen hatte auch bei ihm der Krieg Schicksal gespielt. Eine Urlaubsverkürzung wegen der russischen Offensive rief seinen Vater zurück an die Front, die Kriegstrauung mit Arnulfs Mutter war vereitelt und wurde niemals nachgeholt, was eindeutig zu Lebenslasten von Arnulf ging. Weder die Apothekerfamilie des Vaters noch der Künstlerclan der Mutter akzeptierten ihn. Als ihm das bewusst wurde, zog er die Konsequenz und verdrückte sich aus der Heimat.

Ähnlich war es mit Gesine, Arnulfs Frau, gelaufen. „Gesine, die Schwedin", war ihr Kampfname im Sudfass, eigentlich hieß sie Hildegard, war aber nicht von Bingen, dennoch aus einer oberkatholischen Familie. Erwin, ihr Vater, war von Beruf Kirchenmaler im schwärzesten Bistum Deutschlands. Erwin interessierten zwar weder Politik noch Religion, doch um seinem Bischof zu gefallen und seine Lebensstellung nicht zu riskieren, spielte er mit und gab sich derart religiös-national, dass er selbst im tiefsten Keller noch einen schwarzen Schatten warf. Er verbot seiner Frau jedes Verhütungsmittel. Nach dem achten Kind gestattete er ihr eine Pause von mehreren Jahren, entschloss sich aber zur Demonstration seines Glaubens – der Bischof hatte schon misstrauisch nachgefragt –, noch ein Kind anzuhängen. Hildegard wurde geboren. Als sie zur Welt kam, war ihr ältester Bruder bereits 18 Jahre alt. Die Familie verwöhnte das Nesthäkchen bis zum Geht-nicht-mehr, und als sie älter wurde, weigerte sie sich, das Verwöhntwerden aufzugeben. Sie fand es unpassend, irgendetwas für ihren Lebensunterhalt zu tun und suchte sich finanzkräftige Männer. Arnulf war so einer, wenn auch nur zeitweise und nur unter erheblichem Risiko. Doch Hildegard störten Arnulfs kriminelle Machenschaften nicht. Seltsamerweise waren in ihrer frommen Erziehung Moral und Ethik zu kurz gekommen, vielleicht auch zu häufig gepredigt worden, um ernst genommen zu werden.

In schlechten Jahren, das heißt, wenn Arnulf im Knast saß, war sie gezwungen, auch etwas für den Lebensunterhalt beizutragen. Sie tat das auf die ihr bequemste Weise: im Liegen. Seitdem auch ihr Pseudonym – sie fand Hildegard doof, aber Gesine toll. Und alle nannten sie so. Kaum stand Arnulf wieder mit großartigen neuen Ideen vor ihrer Tür, hörte sie auf anzuschaffen und überließ ihm gern von Neuem das Lebensruder.

Äußerlich unterschieden sich Arnulf und Gesine beachtlich – nicht weil sie Frau, er Mann war. Nein, sie war hübsch oder gar schön,

133

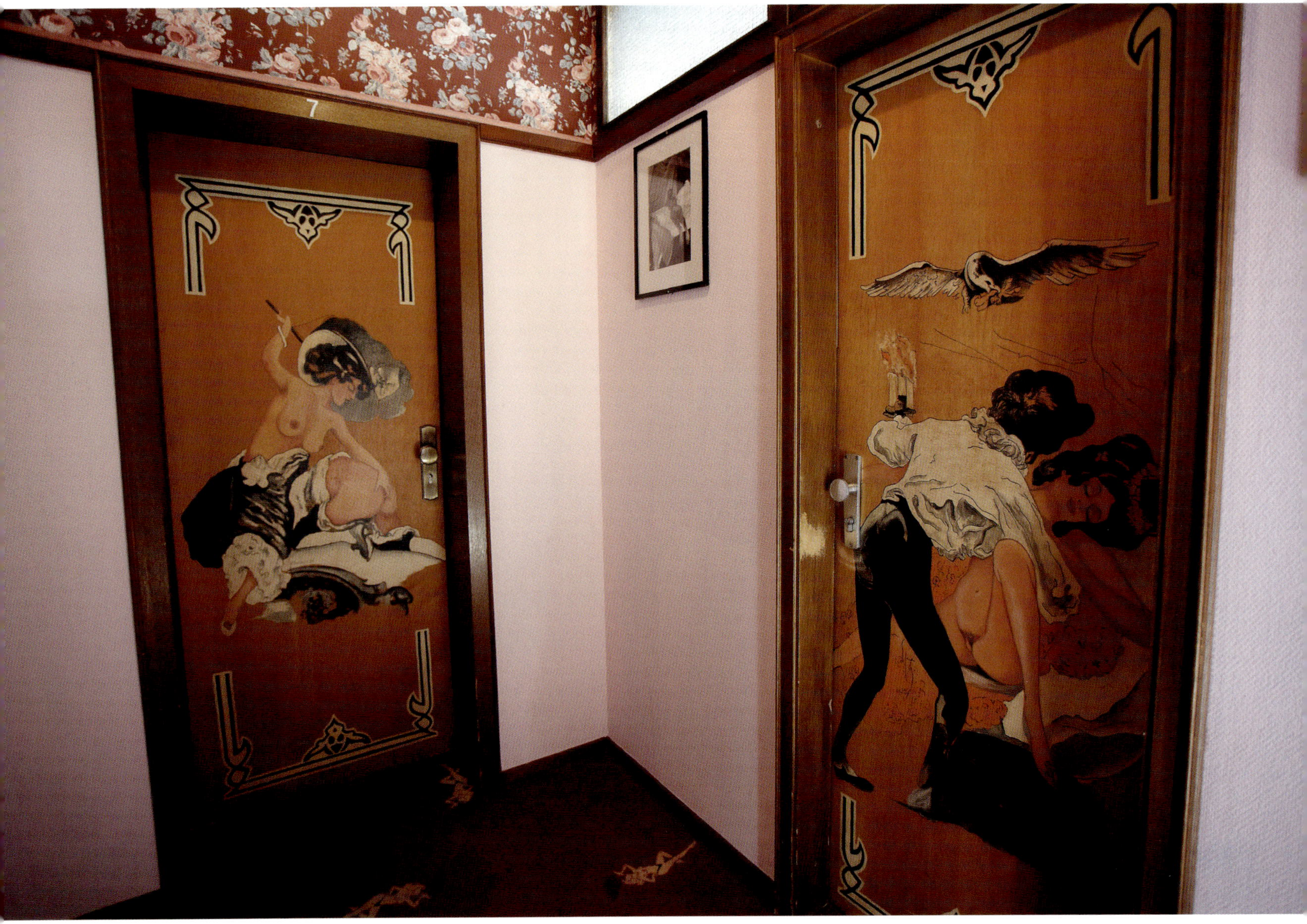
7

FRAUEN UND MÄNNER

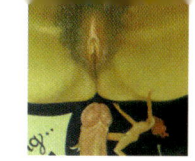

hochgewachsen, besaß naturblonde, lange Haare und ein breites Gesicht mit hoch angesetzten Wangenknochen, das ihr ein nordisches Aussehen gab. Daher lief sie im Sudfass unter dem Zusatznamen „die Schwedin". Zu faul, auch nur ein Wort schwedisch zu lernen, um ihrem Inkognito Nachdruck zu verleihen, verwies sie auf ihre angeblich frühe Ausbürgerung nach Deutschland, besonders, wenn während der internationalen Messen Gäste aus Schweden kamen, die sich neben dem Hauptvergnügen auch gerne einem Plausch hingegeben hätten. Sie beschränkte ihre Aktivitäten auf das Bett und was dazugehörte.

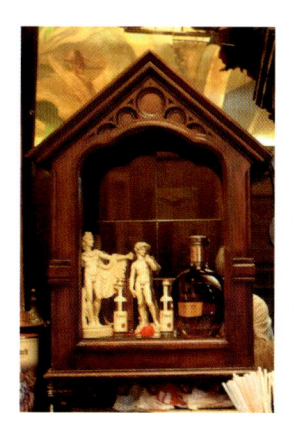

Offenbar stellte sie ihre Kunden zufrieden, denn sie war so begehrt, dass sie manchmal der Nachfrage nicht Herr wurde. Sie war von Haus aus geil und sobald sie einen Mann in sich spürte, vergaß sie, ob das geschäftlich oder privat geschah, und gab sich der Sache hin. Zwar schwor sie Arnulf stets – obwohl er es gar nicht hören wollte –, sie hätte bei Kunden nie einen Orgasmus, doch Arnulf dachte sich seinen Teil. Er kannte sie besser und es war ihm recht. Schließlich kannte er auch andere Frauen aus dem Gewerbe, die tatsächlich abends zehnmal angeturnt, aber nie erlöst nach Hause kamen und dann ihre Partner aufforderten, den Rest zu erledigen. Die meisten Huren, die er kannte, waren voller Aggressionen, unausgeglichen und hektisch. Gesine nicht, das gefiel Arnulf.

Er selbst war mittelgroß, nur zwei Zentimeter größer als Gesine. Schön konnte man ihn nicht nennen, er besaß kein Antlitz, aber ein Gesicht. Lange, kräftige Nase, dunkle, träumerische Augen und einen weichen, dicklippigen Mund. Meist trug er einen Schnurrbart oder ließ sich das Gesicht ganz zuwuchern. Arnulf war schlank, trug mit Vorliebe lässige Kleidung und hasste Anzüge.

Gesine und ihn verband eine große Leidenschaft, das Reisen. Es gab kaum einen Fleck in der Welt, den sie – gemeinsam oder einzeln – noch nicht besucht hatten. Und trotz guter Einnahmen aus seinen illegalen Geschäften ärgerten ihn die hohen Flug- und Reisekosten. So war er vor Jahren auf einen Trick verfallen, fast zum Nulltarif die größten Reisen unternehmen zu können. Die Idee kam ihm, als er für einen frisch inhaftierten Freund die gebuchte Reise übernahm und feststellte, dass Namen auf Tickets und Pass nicht übereinstimmen müssen. Einige Wochen dachte er nach, fuhr durch die Stadt, sah sich einige besetzte Häuser an, dann schlug er zu.

Er erschien in einem bekannten Reisebüro. „Guten Tag! Mein Name ist Müller. Ich habe überraschend Urlaub erhalten und möchte, wenn es geht, sofort verreisen. Gibt es eine Möglichkeit, dass ich übermorgen irgendwohin fliege? Können Sie das noch kurzfristig buchen?" Er kannte die Antwort, hatte sie bereits aus Reiseprospekten entnommen, aber er kannte auch die Regeln des Betrügers. Immer höflich den Unwissenden spielen, dann fühlen sich die anderen überlegen und denken nichts Arges.

„Wo möchten Sie hin?" „Na, vielleicht auf die Bahamas oder nach Mexiko? Egal wohin, möglichst weit weg, in eine Gegend, in die schleunigst eine Maschine fliegt." Er stöhnte und sackte ein wenig in sich zusammen. „Ich bin ja so schrecklich gestresst!"

Die Dame am Buchungscomputer lächelte. Leute wie der da waren die besten Kunden. Die hatten es nötig. Denen konnte man alles verkaufen. Sie tippte verschiedene Reisevarianten in ihren Apparat,

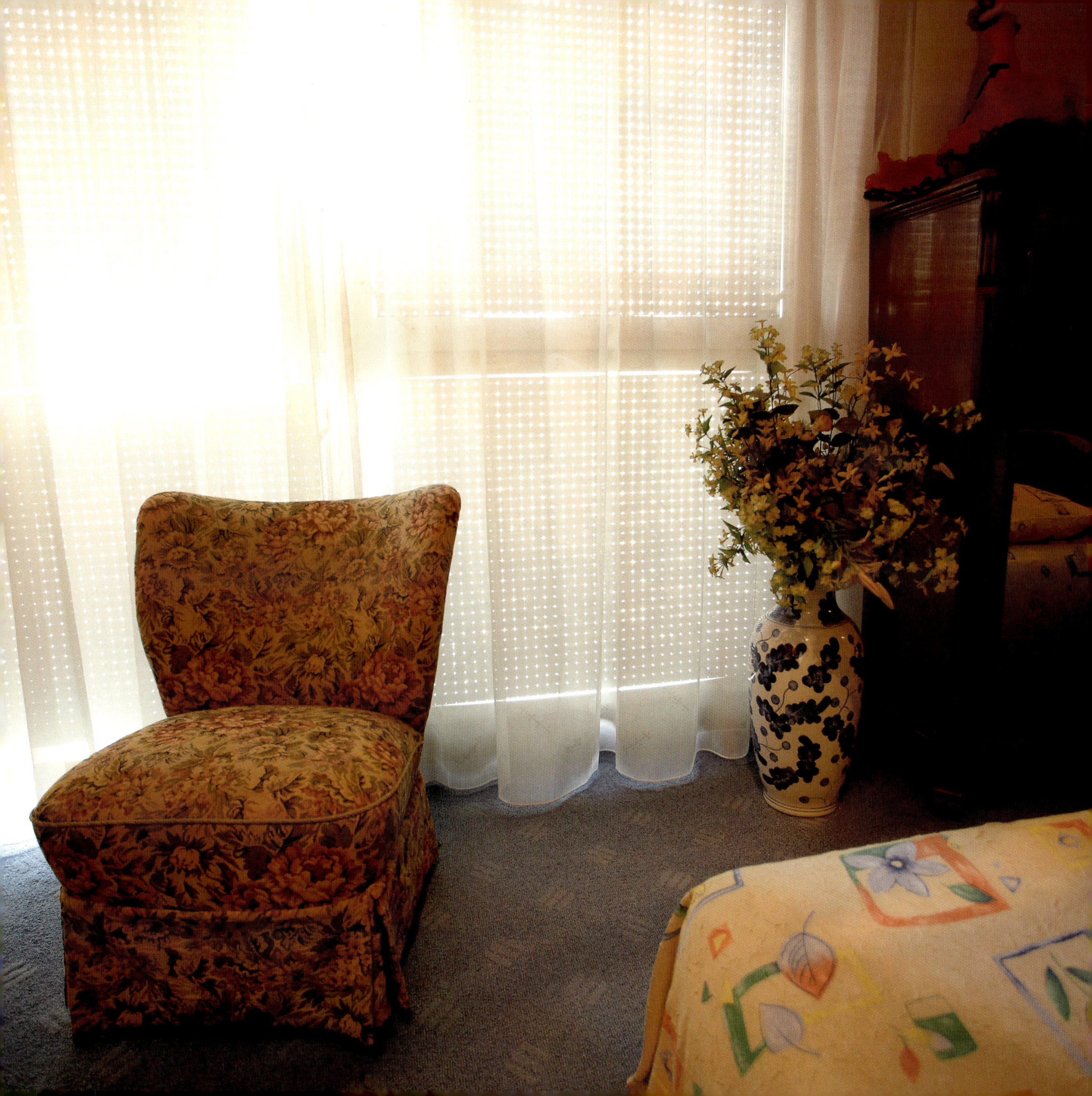

FRAUEN UND MÄNNER

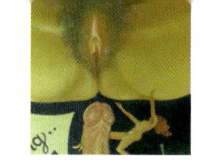

ließ dabei Billigangebote verständlicherweise weg, runzelte aber die Stirn, als sie las, was dabei herausgekommen war. Vielleicht doch zu teuer? Acapulco war da erschienen, bestes Hotel am Platz, Abflug übermorgen Abend. „Wie lange wollen Sie bleiben? Fliegen Sie alleine?" „Nein, zwei Personen, ich und meine Frau für vier Wochen."

„Dann ist es vielleicht doch etwas teuer. Hier habe ich Acapulco …", sie tippte weiter ein, wartete eine Moment und las vor, was auf dem Bildschirm erschien. „…vier Wochen, Hotel Plaza, zwei Personen 8.390 mit Frühstück." „Nehm ich!", antwortete Herr Müller und tat so, als zücke er die Brieftasche. „Nein, nein, nein, so geht das nicht. Ich buche jetzt die Reise. O. K. Morgen, spätestens jedoch übermorgen früh, haben Sie die Bestätigung im Briefkasten zusammen mit einem Einzahlungsschein. Die Quittung der Post legen Sie dann an unserem Schalter auf dem Flughafen vor. Dort warten Tickets und Hotelgutscheine auf Sie!" „Danke!" Müller gab Namen und seine angebliche Adresse und verließ gut gelaunt das Reisebüro.

Er traf mit Gesine alle Urlaubsvorbereitungen, fuhr am anderen Morgen in das besetzte Haus in der Bockenstedter Straße, durchstöberte einen der für jeden zugänglichen Briefkästen und nahm einen dicken Umschlag heraus. Adressiert war er an Müller. Absender war das Büro für die kostbarsten Wochen des Jahres. Er fuhr mit seiner Frau andertags zum Flughafen, füllte die Überweisung mit Kugelschreiber aus und setzte statt DM 8.390,- DM 83,90 ein. Überall schrieb er diese Summe korrekt, nur beim Einzahlabschnitt, der ihm verblieb, vergaß er das Komma. Der Postbeamte stempelte, nahm das Geld, gab die Quittung zurück und Müller setzte Komma und Strich hinter die 0. Er ging zum Flugschalter, legte den Abschnitt vor und bekam ohne Probleme Tickets und Hotelgutscheine ausgehändigt.

In Acapulco nahmen sie ein Taxi, verschmähten den Reisegesellschaftsbus und erklärten im Hotel dem Reiseleiter, sie hätten ihre Pässe im Taxi liegen lassen. Sie würden sich aber selbst darum kümmern. Der meist überlastete und betrunkene Mann war erleichtert. Er regelte, dass das Hotel auf die Vorlage der Pässe verzichtete und, laut Reiseunterlagen, das Ehepaar Müller eintrug. Sie blieben 14 Tage, dann flogen Arnulf und Gesine zurück. Arnulf hatte sich ausgerechnet, dass dies die Zeit sei, die noch eben zu vertreten war, bevor der Schwindel aufkam und die Polizei sie fahrplanmäßig nach vier Wochen zu Hause erwarten würde.

In den folgenden Jahren änderte er seine Taktik. Er buchte nur noch teure Reisen, bei denen er Linienmaschinen benutzen durfte. Das hatte den Vorteil, dass Tickets im Urlaubsland beliebig umzubuchen waren oder gegen Geld zurückgekauft wurden. Da konnte er so lange bleiben, wie es ihm passte. Am liebsten aber verreisten sie innerhalb Europas. Arnulf hatte sich und seiner Frau mittlerweile zwei falsche Personalausweise auf den Namen Müller verschafft, sodass sie in allen Ländern, in die Deutsche ohne Pass und ohne Visum einreisen durften, unter diesem Namen auftraten.

In den Apriltagen jenes Jahres waren die Temperaturen in Deutschland derart deprimierend, dass Arnulf und Gesine sich kurzfristig entschlossen zu verreisen. Mittlerweile wurde die Wahl des Zieles schwierig. Orte, an denen sie ihre Trickreisen gemacht hatten, vermieden sie verständlicherweise. Obwohl sie inzwischen unter dem Decknamen „Schmidt" reisten, gab es nicht mehr viele weiße Flecken auf ihrer Europakarte. Gott sei Dank konnte man seit Kurzem telefonisch buchen, sodass Arnulf das Risiko, persönlich im Reisebüro zu erscheinen, nicht mehr auf sich nehmen musste.

DAS

FRAUEN UND MÄNNER

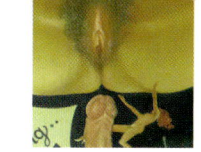

ist es schon schwer genug, an sein Geld zu kommen, wenn einer nicht zahlt." Alexander nickte betrübt, schüttete den vierten Ouzo runter, biss ein Stück Peperoni dazu ab und spülte mit Retsina nach. „Dann, ja dann ist der Mantel weg. Aber im Winter, alle zwei Jahre im Winter, flieg' ich nach Europa und besuche meine Kundschaft. Kann ich alles von der Steuer absetzen. Ist Geld-Eintreiben. Und da hab' ich manchmal Erfolg. Im letzten Winter", er unterbrach, füllte nach, warf einen scheuen Blick auf Gesine und beugte sich an Arnulfs Ohr, „im letzten Winter musste ich in Stockholm den Preis für einen Nerz abficken ... regelrecht, andres gab's nicht. Aber sie war hübsch und", er lachte jetzt, „besser als nix."

Am nächsten Tag, auf dem Weg zum Strand, kamen sie wieder an dem Eckgeschäft vorbei, vor dem ein kleiner, korpulenter Grieche sie schon mehrfach angesprochen hatte, um sie in seinen Pelzladen zu zerren. Dabei bediente er sich dummer Sprüche, sprach Gesine als „Brigitta Bardot" und Arnulf als „Marlos Brandos" an. Doch bisher hatten sie alle Offerten zurückgewiesen. „Fast wie auf der Reeperbahn", meinte Gesine, „dieses Ankobern." Heute jedoch hielt Arnulf seine Frau einen Moment an der Hand zurück, blieb wenige Sekunden vor dem Schaufenster stehen und sah auf die ausgestellten Modelle. Mit einem Blick bemerkte er, dass sie gut gemacht, vom Fell her aber zweite Qualität waren. Dennoch fand er die Preise günstig, und sicher ließ sich noch handeln. Aber zunächst verfolgte er seine Taktik.

Das Zögern war dem Inhaber, Antonius Anpolus, nicht entgangen. Mit trippelnden Schritten auf kurzen Beinen brachte er seinen fetten Körper aus der Tür, fuhr mit der Hand durch sein schwarzes, sorgfältig nach hinten gekämmtes Haar, strich mit dem Zeigefinger unter den buschigen Schnurrbart, der dem dicken Gesicht etwas Heiteres gab, und rief pathetisch: „Aha, guten Tag, Brigitta Bardot, Marlos Brandos, einen Mantel, maßgeschneidert, für die schöne Frau, für den schönen Mann ..." Arnulf ging weiter, dabei kamen ihm Gedanken. An einen Pelzmantel für sich hatte er bisher nie gedacht; aber warum nicht, wenn sie so billig waren?

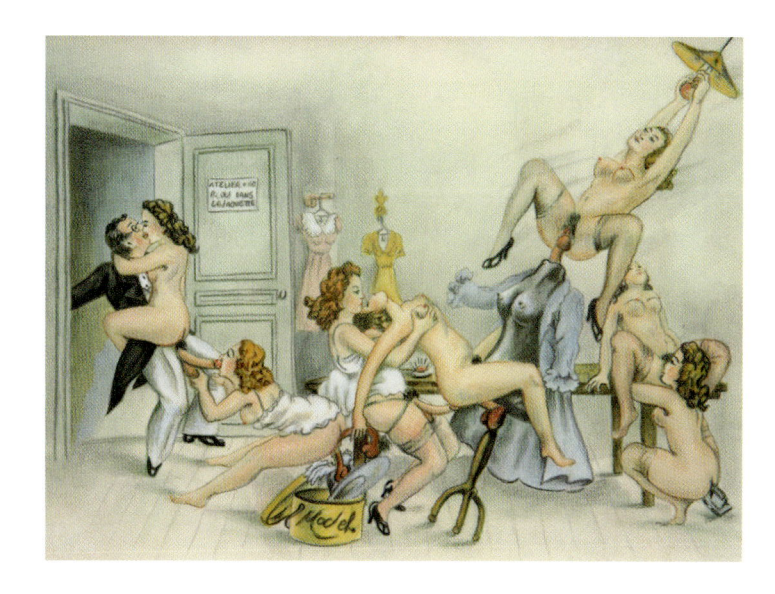

Nach weiteren zwei Tagen hatte Anopolus die beiden endlich weich geredet. Morgens, wenn sie zum Strand gingen, und abends, wenn sie zurückkamen, lauerte er ihnen auf, beschwor sie, wenigsten einen Fuß in seinen Laden zu setzen, lief gar mehrere hundert Meter neben ihnen her und lud sie letztlich zu einem griechischen Salat ein, was sie zögernd annahmen. Er erzählte von Pelzen und wie gut und billig er und wie teuer alles in Deutschland sei. Schließlich willigten sie ein. Anopolus maß und schwatzte, zeigte Felle und fertige Mäntel, Wölfe und Nerze, Hamster, Bisam und Waschbär, Rotfuchs und Grisfuchs, legte Pelze um seinen, um ihre Körper, schaffte mehrere Spiegel herbei, ließ Gesine einen bereits fertigen Fuchsmantel anziehen und Arnulf einen Wolf.

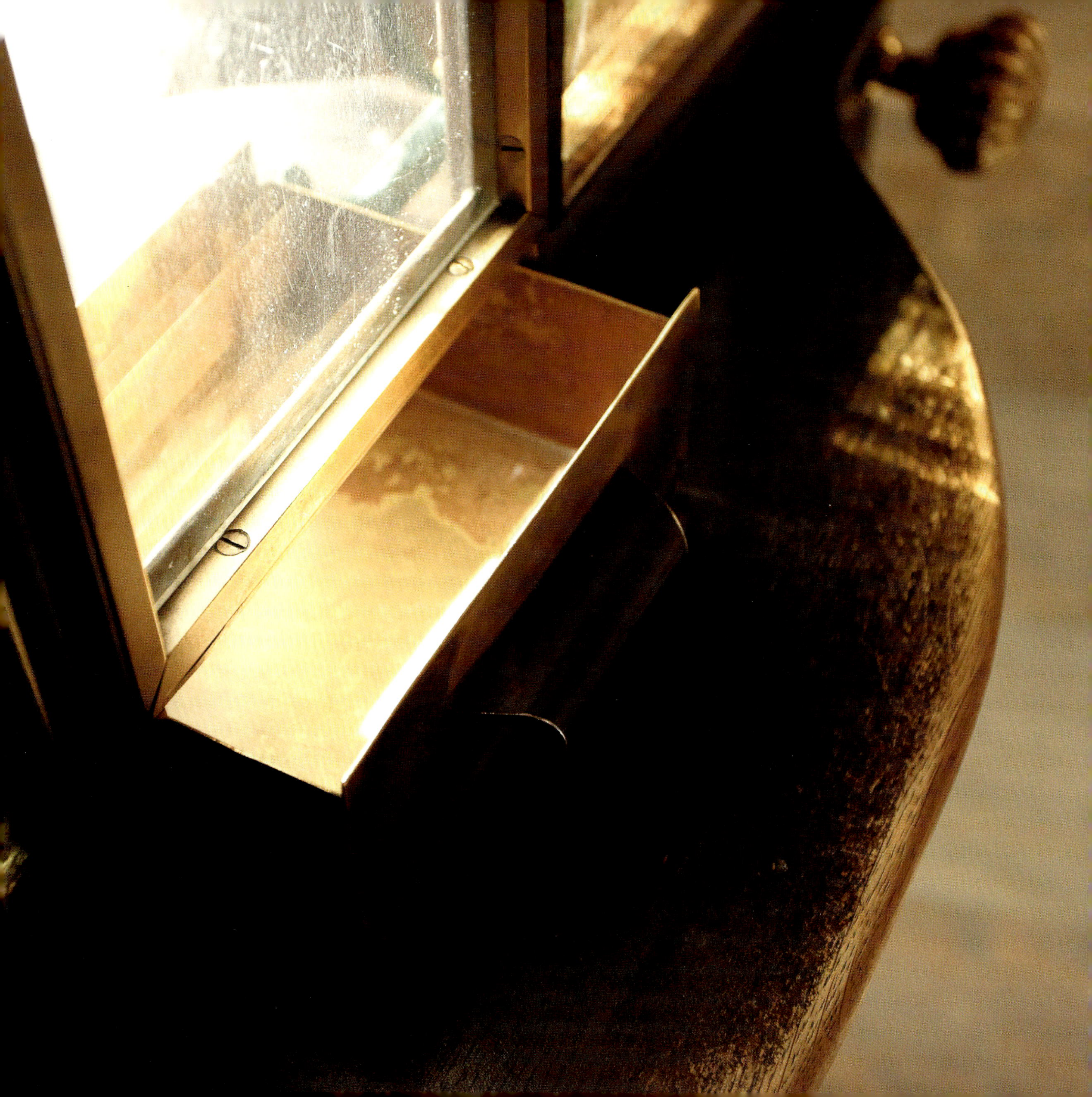

FRAUEN UND MÄNNER

„Aber wir haben kein Geld bei uns", betonte Arnulf zum hundertsten Male. „Macht nix, macht nix", wehrte der kleine Grieche ab und erklärte mit weitausholenden Handbewegungen, wie sehr er ihnen vertraue und was für ehrliche Gesichter beide besäßen. „Vielleicht einen Scheck?", fragte er dann unvermittelt und lächelte sie an. „Nein, nein, kein Scheck." Arnulf schüttelte den Kopf. „Wir sind mit abgezähltem Bargeld hierher gekommen, nehmen nie mehr Schecks mit, seit sie uns im Urlaub gestohlen wurden, und wir haben keine Mark zuviel mitgenommen. Wir brauchen alles hier… Vielleicht… wenn was übrig bleibt? Wer weiß?" Er zuckte die Schultern.

Schließlich einigten sie sich auf 100 Mark Anzahlung pro Mantel. Anopolus schrieb ihnen eine Rechnung über zwei Mäntel aus Stücken und Resten", darauf hatte Arnulf wegen eines eventuellen Einfuhrzolls bestanden. Statt der tatsächlichen Preise, 2.500 und 3.000 Mark, waren nur insgesamt 1.800 Mark aufgeführt. Natürlich gaben sie beim Zoll die Mäntel nicht an, konnten ungehindert das Flughafengelände verlassen und verkauften sie, als sie in den nächsten Tagen feststellten, dass die Qualität wirklich nicht die beste war, über eine Kleinanzeige in der Zeitung für insgesamt 3.000 Mark.

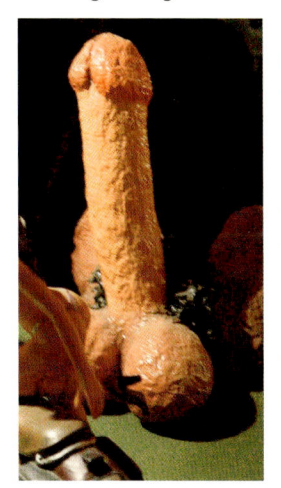

Drei Jahre später saß Arnulf in U-Haft und Gesine, wie immer in solchen Fällen, in einer Ecke neben der Bar im Sudfass und wartete auf Kundschaft, als ein kleiner, korpulenter Ausländer mehrfach an ihrem Hocker vorbeiging und sie mit den Augen fast auffraß. „Kanake", dachte sie, fühlte sich aber nicht abgeneigt. Die Nacht war bisher nicht ergiebig gewesen, und außerdem waren Orientalen keineswegs so schlechte Liebhaber, wie die Deutschen gerne behaupteten. Auch jetzt, wo Arnulf nicht zur Verfügung stand, brauchte sie ihre tägliche Ration an Entspannung. Der Mann trat an die Bar, orderte einen Orangensaft und sah Gesine unverwandt an.

„Irgendwie kommt er mir bekannt vor", dachte sie und wollte sich abwenden, als der Mann die wenigen Schritte zu ihr herüberkam, sie ansah, über das ganze Gesicht strahlte und ihr die Hand hinhielt: „Erkennen Sie mich nicht mehr?" „Ein ehemaliger Kunde", dachte Gesine und sagte, um ihn nicht zu verärgern: „Natürlich, ich erkenne Sie genau, weiß nur nicht mehr, wann es war …" „Aber Brigitta Bardo …", schmeichelte die Stimme. „Ich bin Antonius Anopolus aus Griechenland. Du weißt noch?" Er drohte mit dem Zeigefinger. „Du und Marlos Brandos, zwei Mäntel von mir gekauft und nie bezahlt." Gesine atmete schneller. Trotz ihres schlechten Gedächtnisses traf es sie wie der Blitz. Verdammte Scheiße! „Sie müssen sich irren …", stotterte sie, „ich war noch nie auf Rhodos." Er lachte. „Sehen Sie … Frau Schmidt …", er betonte den Namen Schmidt, sprach ihn sehr langsam und ironisch aus, „ich hab' nix von Rhodos gesagt … aber Sie! Wenn ich wollte, könnt' ich die Polizei rufen. Vielleicht krieg' ich mein Geld nicht mehr, aber Sie kriegen Schwierigkeiten!" „Einen Moment!" Sie erhob sich, eilte die Treppe hoch, setzte sich auf die Toilette und überlegte, ob sie Unwohlsein vortäuschen und nach Hause gehen sollte. So ein scheiß Zufall!

Allmählich fasste sie sich. „Was bildet sich dieser hässliche Zwerg eigentlich ein?", dachte sie und ging zurück an die Bar. „Ich habe nachgesehen, ob in meiner Tasche noch das alte Scheckheft mit den Quittungen ist", sagte sie cool. „Ich erinnere mich, wir haben

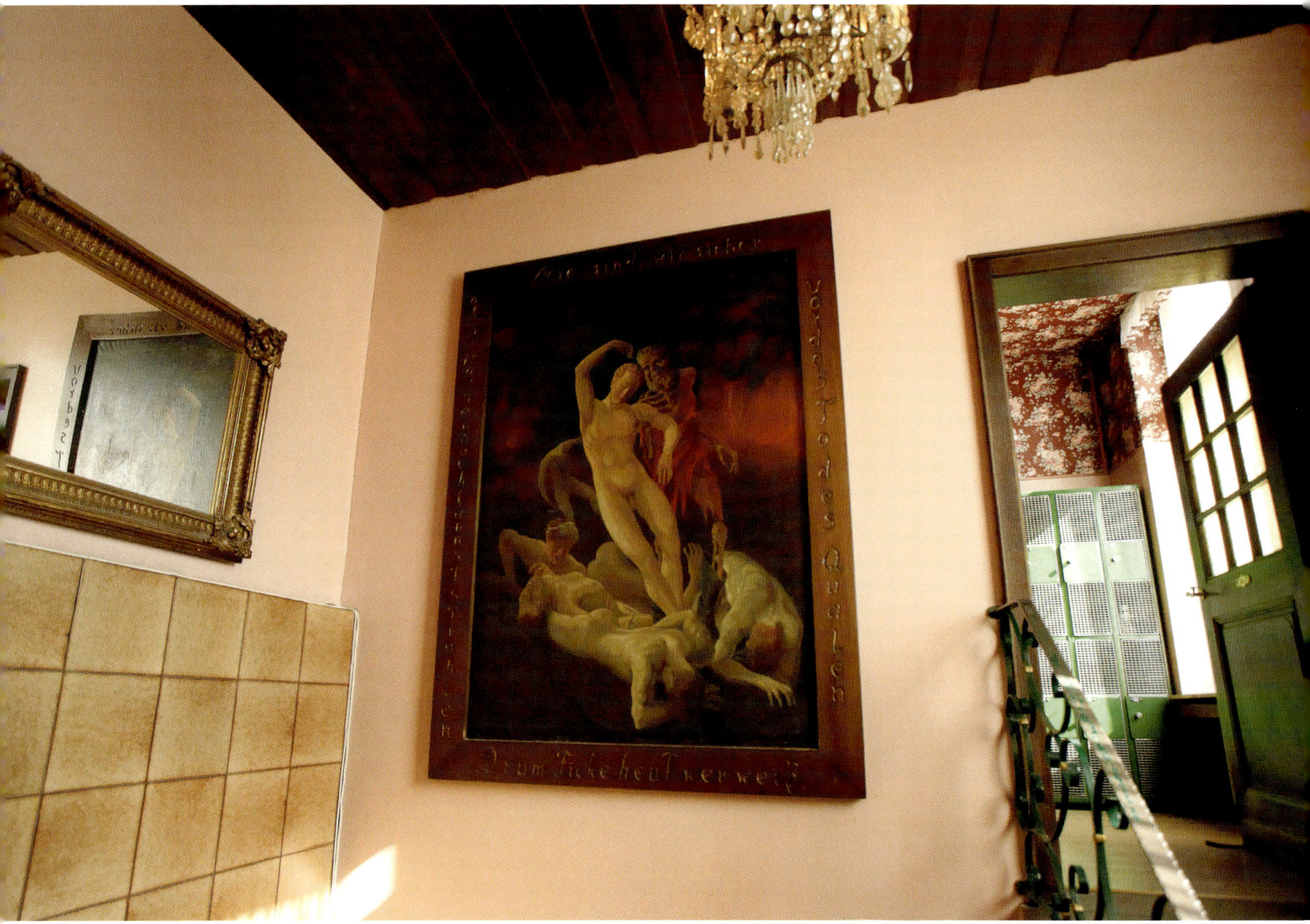
Drum Ficke heut wer weiß

FRAUEN UND MÄNNER

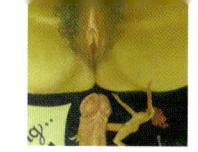

Ihnen damals einen Scheck …" „Lassen Sie", unterbrach sie der Grieche ernst, „versuchen Sie jetzt nicht noch, mich zu verarschen. Aber …", sein Blick glitt ihren Körper auf und ab, und Gesine schämte sich plötzlich, nur mit einem transparenten Slip bekleidet zu sein, „es gibt sicher eine Möglichkeit, wenigstens einen kleinen Teil meines Geldes ersetzt zu bekommen. Ich will mit Ihnen alleine sein. Oder ziehen Sie doch noch vor, dass ich die Polizei anrufe?"

Seine Stimme war nicht mehr freundlich, und Gesine hätte nun einen Pullover gebraucht, um ihre Gänsehaut zu verstecken. „Nein, keine Polizei, hier ist ein anständiges Haus, hier war die Polizei noch nie. Der Chef erlaubt das nicht. Er regelt alles persönlich!", stammelte sie. Sie wusste, die Polizei wäre das Ende ihres Jobs. Hier, im besten Haus der Stadt, wurde kein Kunde betrogen und bestohlen. Versuchte es trotzdem ab und zu ein Mädchen, flog sie auf der Stelle hinaus. Der Gast brauchte nicht zu zahlen oder wurde anders entschädigt. „So, so! So ein vornehmer Laden ist das?", fragte Anopolus und sah sich um. Sein Blick schweifte über die hölzerne Bar, die Wände hinauf, die mit erotischen Holzreliefs verkleidet waren, glitt über die Freskendecke und verweilte schließlich auf Kunstwerken, Antiquitäten und den gutaussehenden Frauen. „Ich habe schon in Athen vom berühmten Sudfass gehört. Stimmt wirklich alles."

Nun los, gehen wir rauf. Ich will sehen, ob auch der Rest des Ladens so pompös ist!" „So einfach ist das nicht. Wenn ich mit Ihnen auf's Zimmer gehe, muss ich Ihre Nummernkarte mit meinem Namen beschriften. Später werden Sie oben an der Kasse mit meinem Honorar belastet. Es gibt keine Bargeschäfte innerhalb des Hauses." „Na, dann lassen Sie's eintragen!" Gesine zeichnete ihr Namenskürzel auf Anopolus' Rechnungskarte, winkte dem Griechen mit dem Kopf, ihr zu folgen, holt an der Ausgabe ein frisches Bettlaken, stakste vor ihm her zum Aufzug und fuhr in den zweiten Stock. Ihr Zimmer war etwas größer als die meisten anderen, wies aber die gleiche seriöse Ausstattung auf: Leder- und Seidentapeten, ein teures Bett, geschmackvolle erotische Zeichnungen aus der Zeit der Jahrhundertwende. Kein Hauch von Porno. Im Nebenraum Duschen; im Zimmer zusätzlich eine Waschgelegenheit und dimmbares Licht. Anopolus ließ sein einziges Bekleidungsstück, das Badetuch, fallen und stand da. Sein Bauch war dicht mit dunklen Haaren überwuchert, die sich über die Schultern bis auf den Rücken fortsetzten. Gesine zog ihr Höschen aus. „Wie ein Tier sieht er aus", dachte sie, war aber nicht überrascht, als der Mann sie zärtlich streichelte. Sie wusste wie ihre Kolleginnen, dass dicke Männer oft Genussmenschen sind – nicht nur beim Essen. Trotz einer gewissen körperlichen Unbeweglichkeit sind sie unermüdliche und einfühlsame Liebhaber. Nachdem Anopolus die Frau mit Händen und Mund vorbereitet hatte, ließ er sie auf sich steigen. Er war kräftig, und er ließ sich Zeit. Gesine verspürte Zorn auf sich selbst. „Warum

145

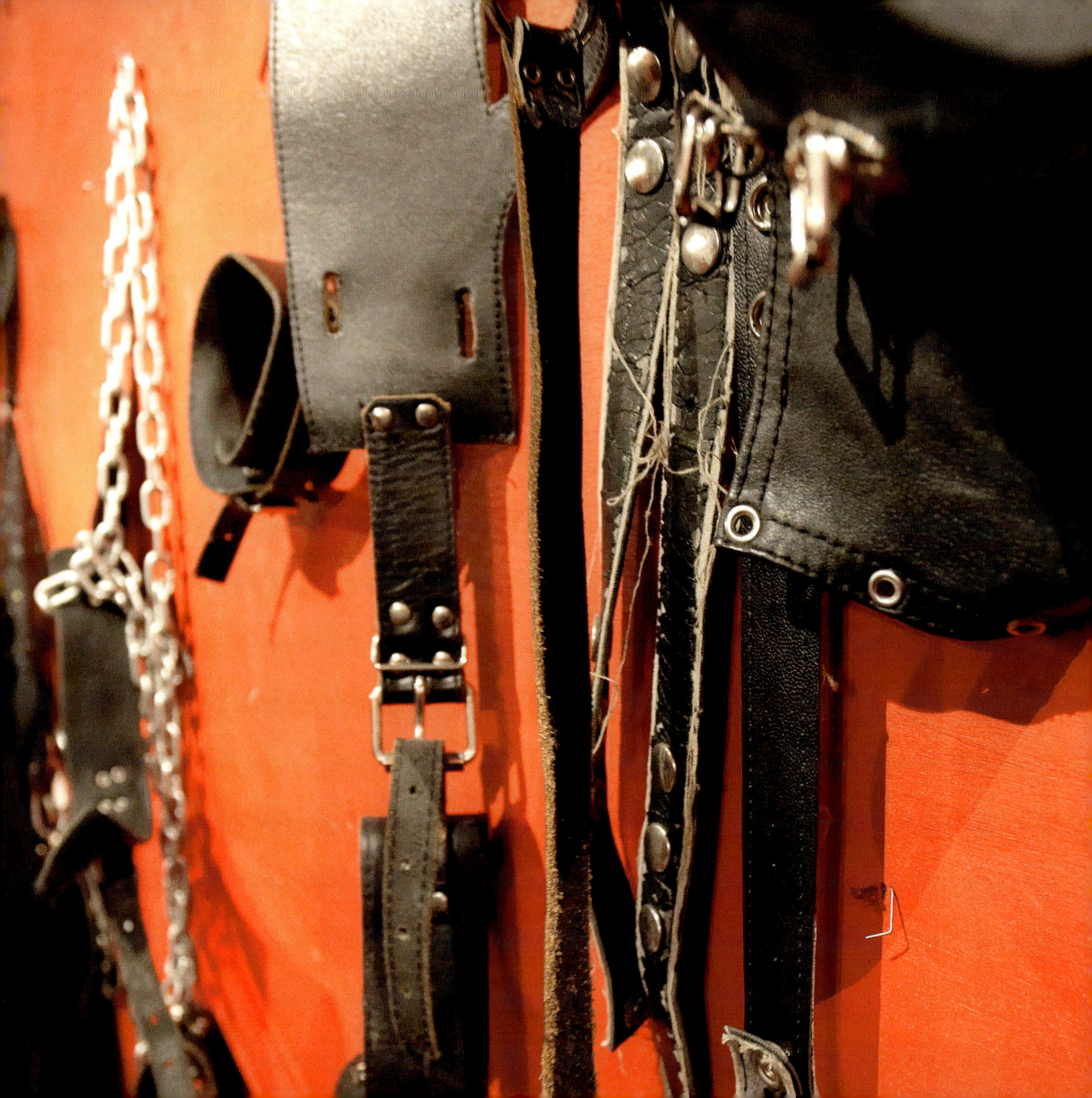

FRAUEN UND MÄNNER

habe ich meine Gefühle immer unter dem Schlüpfer?", dachte sie und konnte sich schon nicht mehr wehren.

Auch als sie zum Höhepunkt gekommen war, ließ der kleine Dicke nicht von ihr ab, streichelte sie weiter und trieb sie zu einem nächsten und einem weiteren Orgasmus. Jetzt küsste sie ihn sogar, eine Sache, die sie sonst vermied wie alle ihre Kolleginnen. Dieser kleine, dicke Mann, seine Hände, seine Zunge brachten sie so weit, dass sie vergaß, wo sie war. Mit einem gewaltigen Ausbruch entlud sich Anopolus schließlich, zog sich aber auch dann nicht mehr zurück. „Warte", flüsterte er, und Gesine nickte mit geschlossenen Augen. Schweigend lagen sie ineinander; er streichelte ihren Bauch, ihre Brüste, küsste ihre verschwitzte Achsel, ihren Hals, ihr Ohr. Als sie hustete, trennte sie sich von ihm und lachte. Dann wurde sie ernst. „Wie geht's weiter?" Anopolus drehte sich zur Seite. „Wann hast du Feierabend?" Sie zögerte. „Um sechs, aber ... ich werde abgeholt." „Von Marlos Brandos?" Sie entschloss sich zur Wahrheit. „Nein. Er ist im Gefängnis." „Im Gefängnis? So ein cleverer Bursche? Also, wer ist es dann, wer holt dich ab?" „Ein Taxifahrer. Er bringt mich nach Hause." „Wunderbar. Ich fahre mit. Habe noch kein Hotel, kam mit der Spätmaschine aus Athen, war essen und wollte erst das berühmte Sudfass kennenlernen. So spare ich das teure Hotel, habe ich gedacht, denn ich bin ein armer Mann!", sagte er im Brustton der Überzeugung, und Gesine wusste nicht, ob sie ihm glauben sollte. Den Rest der Nacht verbrachte Anopolus in der Bar. Er ging dreimal in die Sauna, stand kurz vor sechs auf der Straße und wartete auf sie.

Gesine hatte noch einige Kunden bedient, rechnete ab, zog sich an und trat auf die Straße. Da stand das Taxi – da stand Anopolus. Einen Moment spürte sie Widerstand, dann winkte sie ihm. „Kommen Sie!" Schweigend fuhren sie zunächst zum Bahnhof, holten sein Gepäck, einen kleinen und einen großen Koffer, und betraten ihre Wohnung. Überrascht blieb Anopolus stehen. „Was man sich so als Ganove alles leisten kann!" Er bestaunte die Bilder an den Wänden, die wertvollen Orientteppiche auf dem Boden und die antiken Möbel. Wie ein Kind, das erstmals die Spielzeugabteilung eines Kaufhauses betritt, lief er in der Wohnung umher. Alles musste er ganz aus der Nähe betrachten, alles anfassen. Als er mit seinem Rundgang fertig war, öffnete er seinen kleinen Koffer, entnahm ihm einen Kulturbeutel, und Gesine, die hinter ihm stand, traute ihren Augen nicht. Da lag obenauf ein 1. Klasse-Ticket der Olympic-Airways, gültig für einen Monat und für alle Flüge innerhalb Europas. Darunter lagen je ein Bündel Tausendmarkscheine und Travellerschecks, mit Sicherheit auch einige zigtausend Dollar wert. „Pah, arm ...", sagte sie zu Anopolus, und der lachte. „Wenn ich nur solche Kunden hätte wie dich und Marlos Brandos, dann wäre ich arm. Und nun gehen wir ins Bett und reden weiter."

Nachdem sie erneut miteinander geschlafen hatten, fragte er: „Erzähl mir mehr von dem Puff, in dem du arbeitest. Wird dort wirklich nie die Polizei gerufen? Auch nicht, wenn etwas Schlimmes passiert?" „Nie!", antwortete Gesine und dachte: „Was will er nur?" „Bei Mord natürlich schon, aber den hatten wir noch nicht. Neulich brannte es, das Feuer haben wir selbst gelöscht. Drogenhändler waren nachts bei uns, mit Säcken voll Heroin. Die haben wir mitsamt ihrem Zeug auf die Straße geschmissen. Zwei Entführer mit zwei Millionen Lösegeld hat die Kripo mal im Haus gefasst. Aber die Polizei wird nicht geholt, unser Ruf ist zu wichtig."

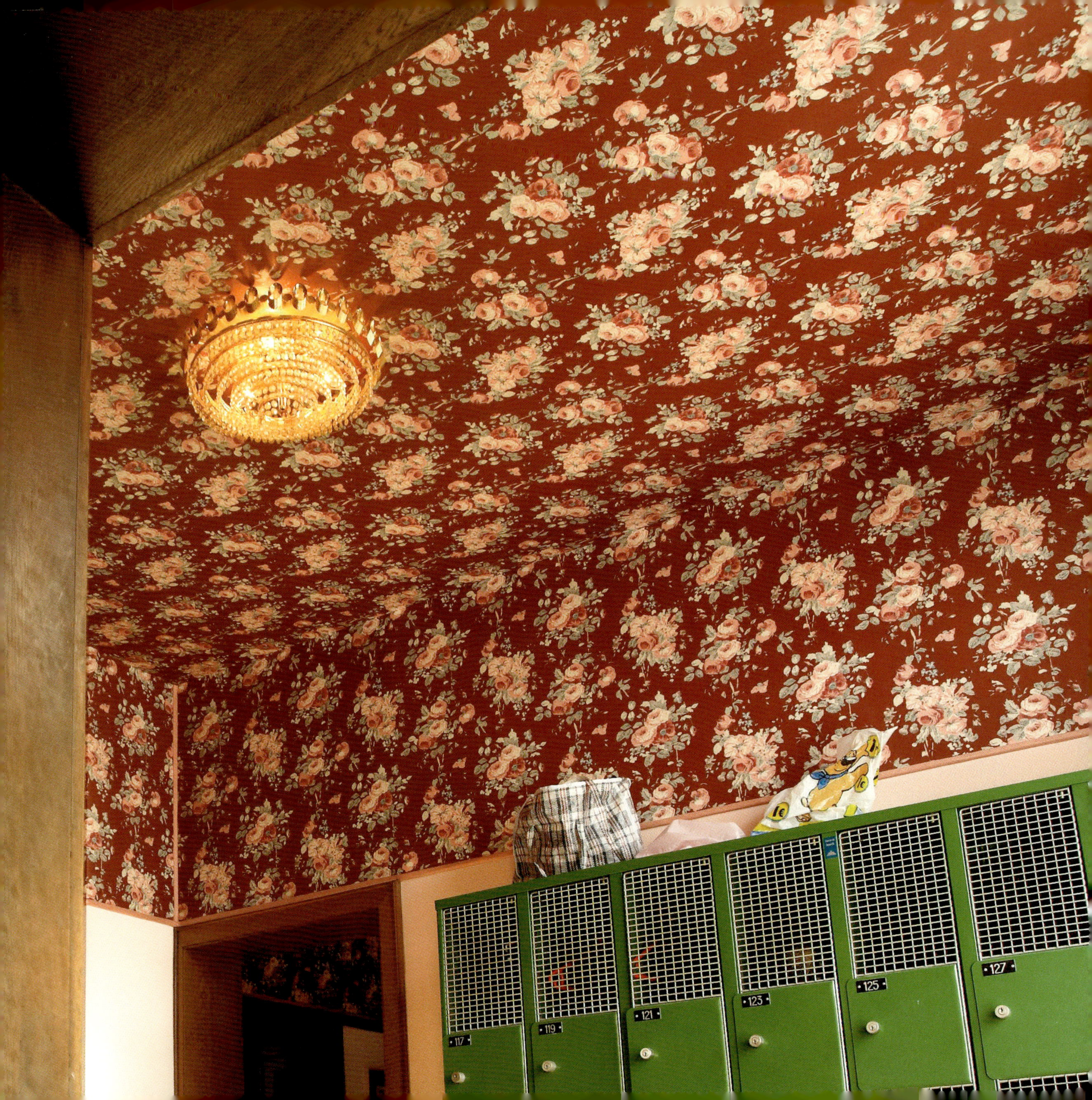
117
119
121
123
125
127

FRAUEN UND MÄNNER

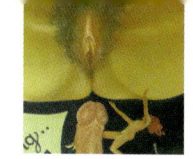

Anopolus nickte dazu, sagte aber nichts. Gegen Mittag wachten sie auf. Gesine wollte noch liegenbleiben, Anopolus erhob sich. „Gib mir deinen Wohnungsschlüssel. Dann kann ich kommen, wie's mir passt und ich habe ein Pfand. Ich will nicht, dass du plötzlich verreist. Womöglich nach Rhodos, um in meinem Laden einen Pelz zu kaufen", fügte er spöttisch hinzu. „Ich muss einiges erledigen und weiß nicht, wann ich zurück bin. Wann gehst Du zur Arbeit?" „Gegen 20 Uhr." „Gut! Bis dahin bin ich zurück. Warte hier auf mich. Ach, sag mal, welcher Juwelier ist der beste der Stadt?" Gesine sah ihn an. Ihre Augen begannen zu glänzen. „Willst du mir was kaufen?" Anopolus schüttelte lächelnd den Kopf. „Ohne unsere Vorgeschichte vielleicht, aber so nicht, noch bin ich 5.500 im Minus." Enttäuscht nannte sie ihm drei Juweliere: Friedrich, Hessenberger und Wempe.

Die Tür fiel hinter dem Griechen zu. Sein großer Koffer stand mitten im Flur. Gesine überlegte, kam zu einem Entschluss, ging ans Telefon, rief unter einem Vorwand Rechtsanwalt, Staatsanwalt und Richter an und erhielt tatsächlich die Erlaubnis, Arnulf noch am gleichen Nachmittag zu besuchen. Nach zwei Stunden Wartezeit für 15 genehmigte Gesprächsminuten betrat sie den Besucherraum. Arnulf sah sie überrascht an. Erst nächste Woche wäre Besuchszeit gewesen. Er sah schlecht aus, sein Gesicht war grau wie die Betonmauer, die ihn einschloss. „Was ist los?", fragte er und versuchte, die Angst hinter der Frage zu verbergen. Gesine blickte den Aufseher an, der neben ihnen hockte und aufmerksam zuhörte. Unter dem Tisch befand sich eine Trennwand, sodass sich nicht einmal ihre Füße berühren konnten. Um sich an der Hand zu fassen, dazu war die Tischplatte zu breit. Sie kniff das dem Wärter abgewandte Auge zu und sagte: „Erinnerst Du dich an unseren Urlaub auf Rhodos, als wir die schönen Pelzmäntel kauften bei diesem Griechen Antonius Anopolus?" Arnulf nickte. „Er ist hier, bei mir, war diese Nacht im Sudfass, hat mich freudig begrüßt", dabei kniff sie wieder das Auge zu, „und ist nachher mit mir heimgefahren. Ich weiß nicht, wie ich ihn loswerde, weiß auch nicht, was er will. Kann mir etwas passieren?" Arnulf sah auf seine gefalteten Hände. „Verdammte Scheiße!" Es ging nicht um die Mäntel, das begriff er sofort. „Die Mäntel", er versuchte ihr das klarzumachen, ohne dass der Beamte die Zusammenhänge verstand, „die Mäntel waren ja schön … aber die Reise!?" Er zögerte einen Moment. „Weißt du, die Schmidts, die wir damals auf der Insel getroffen haben, die werden mit Sicherheit gesucht wegen der Reise und wegen 50 anderer Reisen, verstehst du? Damit möchte ich nichts zu tun haben." Gesine begriff und wurde blass.

„Ja, gut. Ich spreche mit ihm. Was soll ich tun?" „Alles, was du verantworten kannst. Am besten, du gibst ihm das Geld." „Danach hat er noch gar nicht gefragt." „Nicht?" Arnulf runzelte die Stirn. Als er in seiner Zelle saß, begann er zu grübeln.

Viertel vor acht, Gesine saß bereits geschminkt im Wohnzimmer, erschien der Grieche mit glänzender Laune. „Sieh mal, was ich hier Schönes habe!", rief er und schwenkte seine rechte Hand, an der ein großer Ring mit einem Diamanten funkelte. Sie sah hin. „Mindestens zwei Karat", dachte sie. „Schau her, hab' ich bei Friedrich gekauft." Anopolus zog eine Rechnung aus der Tasche. „65.000 Mark! Und nun, ab in's Sudfass. Das wird eine tolle Nacht!" Sie fuhren gemeinsam im Taxi, sie zur Arbeit, er zum Vergnügen. Anopolus war so stolz auf seinen Kauf, dass er den Ring allen Mädchen zeigte, und im Verlauf der halben Nacht wusste jede, welchen Wert er besaß.

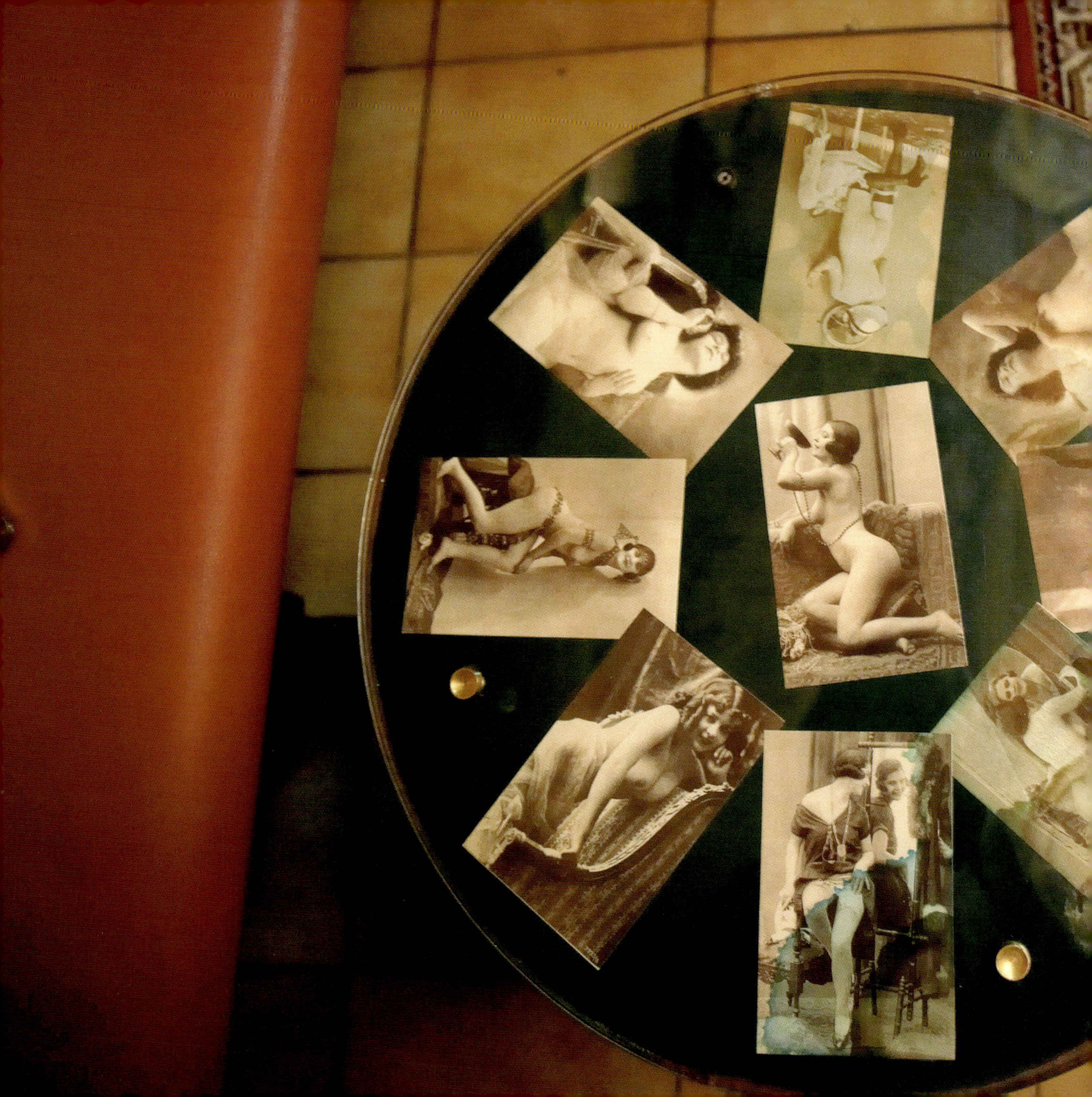

FRAUEN UND MÄNNER

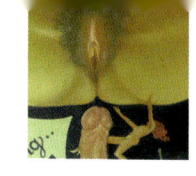

Gegen halb vier trat der Grieche auf die schwarzhäutige Frau an der Theke zu, mit der er vorher auf dem Zimmer gewesen war. „Und nun", sagte er und wedelte mit der rechten Hand durch die Luft, „trinken wir Champagner. Eine Flasche Krug Vintage, bitte!" Er wedelte mit der rechten Hand durch die Luft. Die schwarze Sandy fragte: „Wo hast du denn deinen Ring?" Mitten in der Bewegung hielt Anopolus inne, zog den Arm langsam an sich, hielt die Finger dicht vor sein Gesicht, machte plötzlich auf dem Absatz kehrt und rannte die Halbetage zur Toilette hoch. „Hab ihn beim Händewaschen ausgezogen!", rief er über die Schulter zurück, während er die Stufen hochspurtete. Klirrend fiel die Glastür hinter ihm ins Schloss. Dann ertönte ein Schrei. Die Tür öffnete sich, und langsam, als würde er zum Schafott geführt, schritt der Grieche die Treppe hinab auf die Bar zu. Mehrere Mädchen hatten sich versammelt, außerdem der Barkeeper und einige Gäste. „Ist weg!", schluchzte Anopolus und begrub seinen Kopf unter dem Arm, den er auf die Theke gestützt hatte. „Was ist weg?", fragte der schwule Barkeeper in einem Ton, der für ihn ungewöhnlich hart war. „Mein Ring, mein Ring! Heute habe ich ihn gekauft. 65.000 Mark!" Er schluchzte. Dann schrie er: „Polizei, Polizei! Räuber! Diebe! Polizei!" Der Barkeeper lief wie ein geölter Blitz um die Theke und hielt dem Griechen den Mund zu. „Hilfe!" Anopolus biss Friedel. In die Finger. „Hilfe! Polizei!" „Ruhe!", bellte Friedel. „Wir finden den Ring schon."

„Achim", wandte er sich an seinen Kollegen, „lauf nach oben. Keiner verlässt die Sauna, kein Gast, kein Mädchen, keiner! Und ruf sofort den Chef an, sofort!" Er wandte sich Anopolus zu: „Bleiben Sie ruhig! Sie bekommen Ihren Ring zurück. Setzen Sie sich, und trin-

ken Sie einen Champagner auf's Haus. Und Sie, meine Damen und Herren, lassen Sie sich in Ihrem munteren Treiben nicht stören." Es war bereits zu spät. Die ersten Gäste wollten gehen. Sie waren empört, als sie die Türen verschlossen fanden. Dieter Engel, telefonisch in Köln alarmiert, hatte befohlen: „Keiner verlässt das Lokal, ohne dass man ihn durchsucht hat. Ich setze mich ins Taxi und bin in anderthalb Stunden da."

Die Nachtschicht bekam Verstärkung. Schränke und Kleider der anwesenden Mädchen wurden durchsucht. Gäste, die mit einer Durchsuchung ihrer Garderobe einverstanden waren, durften das Haus verlassen. Allen, die sich weigerten, wurde mit der Polizei gedroht. Sie gaben kleinlaut nach. Besonders hartnäckig wehrte sich ein Richter vom Landgericht Aschaffenburg, doch mit der Polizei wollte auch er nichts zu tun haben.

Der Chef kam gegen halb sechs Uhr früh, hörte sich an, was geschehen war, stimmte den eingeleiteten Maßnahmen zu, stellte sich selbst an die Pforte und ließ Gäste, Mädchen und Angestellte nur passieren, wenn erwiesen war, dass sie den Ring nicht bei sich trugen. Gegen halb sieben war der Laden bis auf Anopolus leer. Er saß nackt und betrunken an der Bar und sprach mit niemandem. Nur ab und zu hob er seine tränengeröteten Augen und stammelte: „Mein Vermögen … Ich bin ruiniert."

Die Putzkolonne musste vor der Tür warten und alle, bis auf den Chef und Anopolus, machten sich auf und durchstöberten das ganze Haus noch einmal von vorne. Kein Zimmer, kein Klobecken wurde ausgelassen. Dabei fand man so manchen Geldschein, auch einen israelischen und einen deutschen Pass, nicht aber den Ring. „Polizei muss her", sagte Anopolus zu Dieter. „Ihr Haus ist eine Verbrechergrube! Es muss sofort geschlossen werden! Und ich hatte

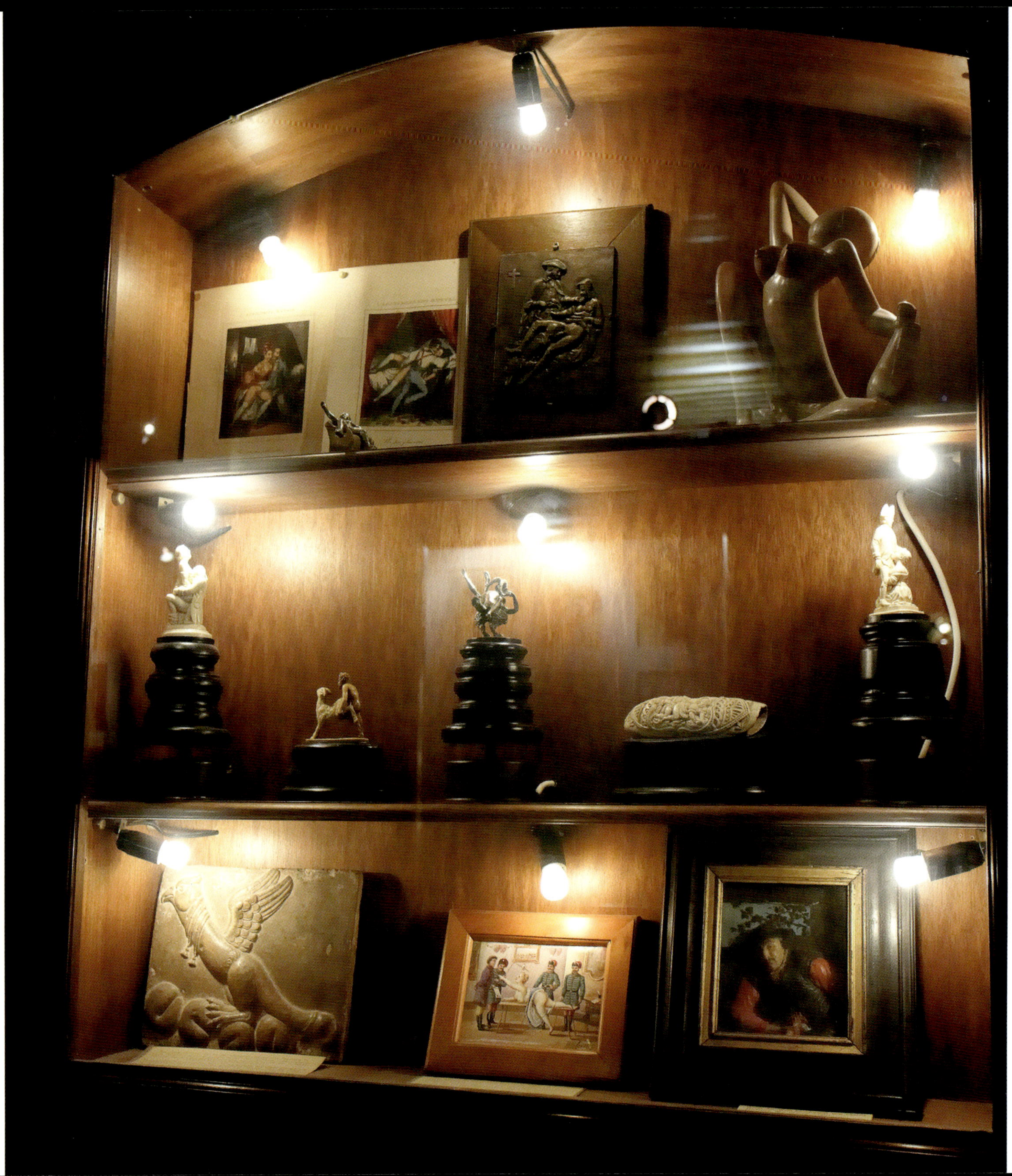

FRAUEN UND MÄNNER

geglaubt, hier sei man gut aufgehoben!" Dieter Engel sah den Mann an. Er hatte ihn seit Stunden beobachtet. Irgendetwas gefiel ihm nicht. Aber was? Den Ring hatte er mitgebracht. Das hatten alle gesehen. Die Quittung lag vor ihm, und ein Anruf beim Juwelier Friedrich gegen halb neun bestätigte, dass alles stimmte. Der Mann hatte den Ring am Tag zuvor gekauft und mit Bargeld und Travellerschecks bezahlt. „Das ist ein Fressen für die Presse und für die Konkurrenz. Außerdem hat das Ordnungsamt endlich mal einen Grund, hier herumzuschnüffeln, mich zu verwarnen, die Schließung anzudrohen oder gar zu schließen. Verdammter Mist!" Der Grieche schaute ihn erwartungsvoll an: „Rufen Sie nun endlich die Polizei? Wenn nicht, gehe ich selbst hin. Sie wissen ja, dass Sie alle Spuren verwischt haben, sodass der Täter entkommen ist. Das nennt man Beihilfe."

Dieter Engel wiegte den Kopf. Er hatte den Typ richtig eingeschätzt. Irgendetwas war faul. Aber was? Er hatte keine Zeit, es herauszufinden. „Warten Sie!" Er zog sein Scheckbuch, stellte einen Scheck über 65.000 Mark aus und reichte ihn Anopolus. „Die Bank ist wenige Minuten von hier entfernt. Dafür unterschreiben Sie mir, dass Sie Ihren Ring wiedergefunden haben." Der Grieche zögerte, gab sich einen Ruck und unterschrieb. Er zog seine Kleider an und verließ den Laden. Der Chef rief ihm nach: „Noch etwas: Sie haben hier Lokalverbot!" Anopolus zuckte die Achseln. „Schade. Ein schöner Betrieb! Statt mir sollten Sie lieber den Dieben und Räubern das Betreten verbieten!"

Er ging, nahm sich ein Taxi zur Bank, kassierte, fuhr in Gesines Wohnung, schloss auf und fand sie besoffen in der Küche. „Mir ist übel", sagte sie, stand auf und schwankte zur Toilette. Anopolus ging ihr nach, blieb in der offenen Tür stehen und sah zu, wie sie vergeblich versuchte zu kotzen. „Scheiß lieber", meinte er, „das ist viel wichtiger!" Gehorsam setzte sie sich auf die Klobrille und erleichterte sich. Anopolus zog sie hoch, sah in das Becken und grinste. „Da sieht man mal: Ein guter Brillant funkelt selbst in Scheiße!"

EROSCENTER
Sauna-Wellness-Club
FKK-SudFass
www.dassudfass.de
Telefon: 069-444566
Eroscenter
Amor
TEL.: 069-48002959
WWW.EROSCENTER-AMOR.DE
HOTEL CENTRAL
EINFAHRT
Parkplätze
SUDFASS
P
flair

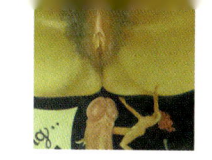

FRAUEN UND MÄNNER

Der Überfall
Quelle: Frau Baldorf, Dieter Engel, Hans, Kriminalhauptkommissar Betz

„Bitte Bernie, gib mir 'nen Druck", bettelte Alf und lehnte sich an die kantigen Basaltsteine der Uferbefestigung. Die Jeans schlotterten um den nicht vorhandenen Arsch wie das blaue Sweatshirt um seine Hühnerbrust. Die seit Tagen versäumte Rasur und das strähnige, fettige Haar ließen ihn ungewaschen aussehen, was wahrscheinlich sogar den Tatsachen entsprach.

Bernie, etwa so groß wie Alf, aber sichtlich kräftiger, mit weißen Turnschuhen, Leinenhose und grüner Lederjacke bekleidet, zog ein verächtliches Gesicht. „Nicht schon wieder, Alf. Hast doch einen vor zwei Stunden bekommen. Erst die Arbeit, dann kriegste einen Schuss!" „Aber ich kann nicht", stammelte Alf, „ich brings's nicht, wenn ich nicht einen Schuss …" „Quatsch", unterbrach Bernie. „Sieh dir Rolli an, er ist die Ruhe selbst, und er ist genauso drauf wie du und ich." Er wies mit dem Kopf auf einen dritten Mann, der unten am Flussufer saß und das schmutzige Mainwasser durch seine Finger gleiten ließ. „Rolli ist ja nur Fahrer, aber ich, ich hab' die schwerste Arbeit zu tun. Bitte, Bernie, gib mir … Außerdem ist es noch viel zu früh." Er sah zum Himmel, als erwarte er von dort Bestätigung. „Siehste, es ist noch zu hell. In einer halben Stunde erst wird's richtig dunkel. Und bis dahin … ich pack's nicht. Bitte gib mir noch einen, bitte, Bernie!" Bernie schaute zweifelnd auf Alf und auch auf Rolli, der wie unbeteiligt weiter mit dem Wasser spielte. „Gut, aber 'nen kurzen, einen für uns alle."

Aus der Innentasche seiner Jacke brachte er einen Löffel zum Vorschein und zögerte. „Kein Wasser!" „Genug Wasser!" Alf zeigte auf den Main. „Zu dreckig!" „Egal, wird doch gekocht." Bernie gab den Löffel an Rolli weiter, der ihn voll Wasser schöpfte. Doch als er ihn hochreichte, zitterte er so sehr, dass er alles verschüttete. „Siehste, Rolli geht's auch nicht gut." Alf wies mit dem Finger auf den Kumpel. Jetzt bückte Bernie sich selbst, kam mit dem gefüllten Teelöffel hoch und bedeutete Rolli, das Papierchen zu entfalten, in dem sich weißes Pulver befand. Rolli zitterte zu sehr, er schaffte es nicht. Bernie legte den Löffel waagerecht auf einen Stein, drehte den Rücken gegen den Wind, dass er ihm nicht den kostbaren Staub aus der Hand blase, und schüttete einen Teil davon auf den Löffel. „Los, Rolli, mach das Feuerzeug an!"

Alf hielt ungeduldig seine vielfach benutzte Fixe in die Nähe des Löffels und schaute zu, wie innerhalb von Sekunden die drei Tropfen Wasser zu brodeln begannen und das Pulver auflösten. Dann zog er das aufgekochte Heroin in den Zylinder der Spritze. Er krempelte bereits den Ärmel hoch, als Rolli sie ihm aus der Hand riss. „Du als Letzter, du bist zu gierig." Er setzte die Nadel bei sich selbst an, drückte sie in die Vene, bewegte den Kolben ein kleines Stück hin und her, sah zu, wie sein Blut die Mischung rosa färbte und bewegte den Kolben von Neuem.

Alf trat von einem Fuß auf den anderen, rief: „Nicht so viel!" und wollte ihm die Spritze aus dem Arm reißen, als Bernie dazwischen kam, sich selbst die Kanüle in die Ader des Handrückens schob und sie endlich an Alf weiterreichte. In Sekundenschnelle war der Rest der Flüssigkeit in Alf verschwunden. Er lehnte sich zurück, wartete

EINGANG
LINKS UM DIE ECKE

FRAUEN UND MÄNNER

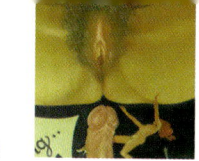

auf den Flash und dachte: „Wenn Rolli seine Gelbsucht nicht ganz überwunden hat, kriegen wir jetzt alle 'ne knallige Hepatitis."

Die Stelle des Mainufers, an der sie sich aufhielten, lag im Schatten eines Gebäudes, das zur Uferseite nur zwei hochliegende Fenster und mehrere Ventilationsöffnungen zeigte. Undeutlich drangen durch den Ventilatorenlärm Fetzen von Gesprächen und Musik, Gläserklirren und Gelächter. Es war die Rückseite des „alten" Sudfasses.

Gestärkt schauten sich die drei Schwachen an. „Jetzt ist es dunkel genug. Los, Rolli, hol' das Auto und fahr es vor. Es bleibt dabei. Ich klingele, du", er wies auf Alf, „wartest, bis ich die Tür aufziehe. Ich muss sie festhalten, damit sie nicht durch die Automatik zufällt. Dann zeigst du der alten Kuh durch's Kassenfenster deinen Revolver. Hoffentlich fällt sie nicht vor Schreck in Ohnmacht. Sie muss die Kohlen rausrücken. Und das ist nicht wenig. Alles klar?" Rolli nickte. Alf nickte ebenfalls, während er versonnen auf das dunkle Wasser blickte. „Und dann", setzte Bernie nach, „fahr'n wir direkt nach Amsterdam! Eine himmlische Woche wartet auf uns. Los geht's!" Die drei kraxelten die Steine hoch, schlichen über ein paar verrostete Eisenbahnschienen und näherten sich der Treppe, die neben dem Sudfass hoch zur Straße führte.

„Masken aufsetzten!", bestimmte Bernie. Er nestelte aus der Jackentasche einen mit Löchern versehenen Nylonstrumpf, zog ihn über den Kopf, prüfte den Sitz und schob den Rand wieder bis in die Stirn hinauf. „Los, Alf, worauf wartest du noch?" Alf zuckte zusammen. „Hab' sie vergessen!" Er lief zurück zur Kaimauer. Halb rutschend, halb kletternd kam er unten an, suchte, fand seine Maske und kehrte zurück. Er setzte sie auf.

Vor dem eisernen Rolltor, das den Hof von der Einfahrt trennte, verabschiedete Rolli sich: „Ich steh' in 'ner Minute hier. Startbereit. Also, viel Glück. Denk daran, Alf, wie viel Stoff wir uns nachher kaufen können, he?" Alf nickte. Rolli trollte sich.

„Alles klar?", fragte Bernie. Alf nickte. „Wo ist der Revolver?", fragte Bernie. Alf tastete seinen Hosenbund ab. „Verloren", stammelte er, drehte um und machte sich auf die Suche. Bernie lief fluchend hinter ihm her. „Du bist eine völlige Niete! Vergisst noch deinen Arsch, du alte Junkiesau", fluchte er. Sie fanden den kurzläufigen 357er Magnum-Revolver an derselben Stelle, wo auch die Maske gelegen hatte. „Nun los", drängte Bernie. Alf gehorchte und nahm die Waffe fest in die Hand. „Auf geht's", sagte er und hoffte, nicht nur auf Bernie einen tapferen Eindruck zu machen.

Frau Baldorf saß in ihrem Kabuff vor dem Schreibtisch. Die Brille war ihr auf die Nasenspitze gerutscht, sie spielte mit Geldscheinen, die sie zärtlich durch die Finger gleiten ließ, während sie auf das Klingeln der Kundschaft wartete.

Hans, der Buffetier, hatte seinem Kollegen Gino die ganze Arbeit im Keller aufgehalst und gemurmelt: „Ich geh nach oben und seh dort nach dem Rechten." Wonach er sah, war der Sessel in dem kleinen Foyer. Er rückte ihn außer Sicht der Eingangstür, streckte

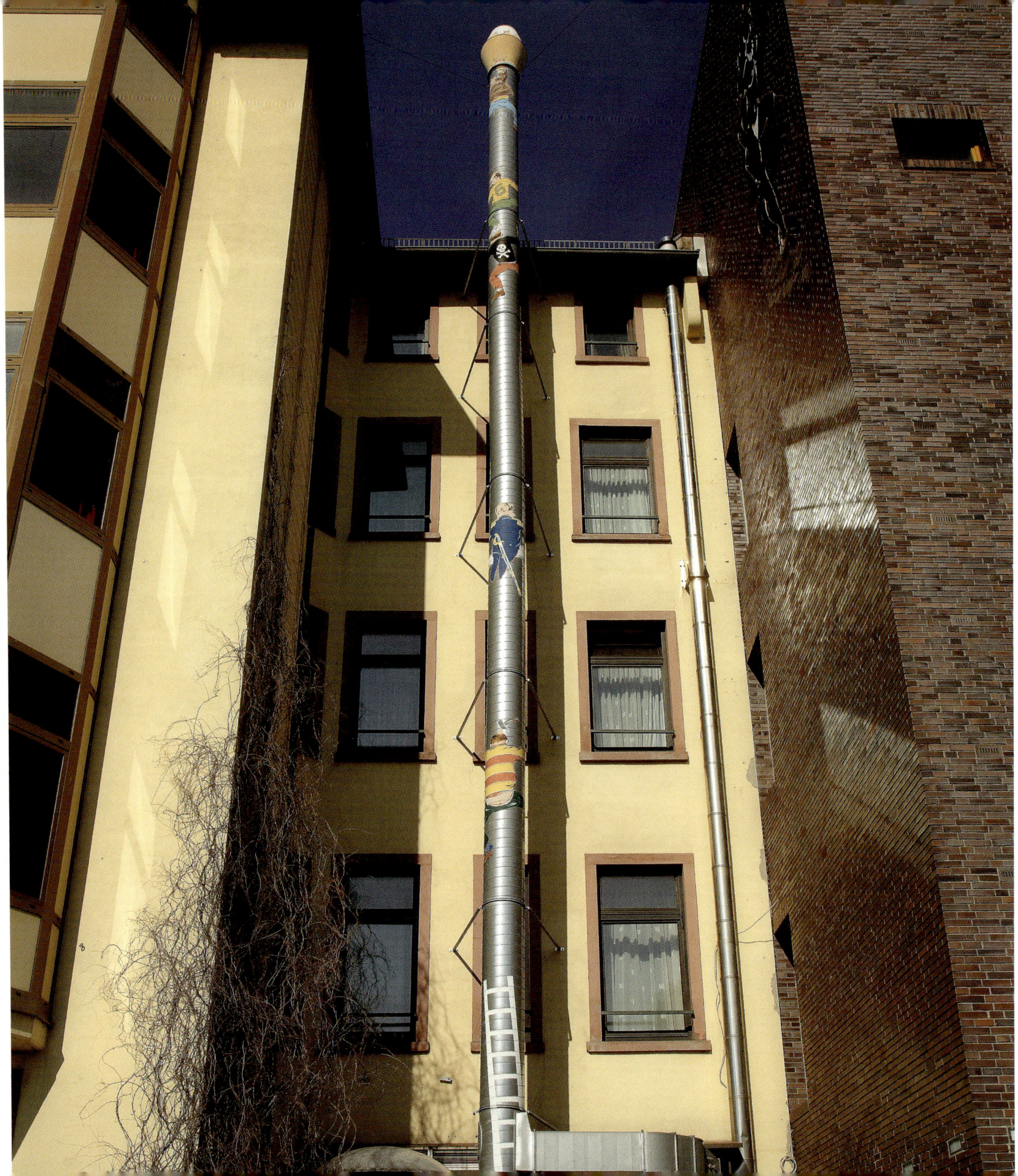

FRAUEN UND MÄNNER

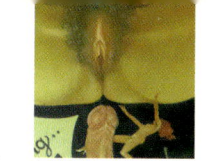

die Beine aus und schlief unverzüglich ein. Bei jedem anderen Arbeitgeber wäre Hans längst entlassen worden, aber Dieter Engels Schwäche für Lebensuntüchtige bewahrte Hans seinen sicheren Job. Zudem besaß Hans eine besondere Eigenschaft: Er konnte vortäuschen, stark, ja übermäßig beschäftigt zu sein. Manchmal erweckte er den Eindruck, er sei nicht nur der Fleißigste, nein, gar der einzige, der in diesem Laden arbeite. Besonders, wenn sich der Chef in der Nähe aufhielt, war Hans nicht zu bremsen. Dann griff er zum Mikrofon und trug zur Unterhaltung der Gäste bei, indem er die einzige Rolle, die er je auswendig gelernt hatte, vorspielte. Er imitierte dann die Begrüßungsrede eines Flugkapitäns für seine Passagiere auf dem Flug auf die Bahamas. Nach dem Beifall von Chef und Gästen, und nachdem der Chef sich entfernt hatte, legte Hans sich unverzüglich auf's Ohr. Er hasste es, wenn sich der Chef längere Zeit in seiner Nähe aufhielt und ihn zwang, das zu tun, wofür er bezahlt wurde: zu arbeiten.

Frau Baldorfs Schreibtisch befand sich zwar an der Fensterwand, doch wegen der herabgelassenen Jalousien sah sie die Gäste erst, wenn sie vor dem Kassenhäuschen standen. Ihre Tür zum Flur sah aus wie ein Kassenschalter im Fußballstadion oder in einer Fabrik. In diesem Falle einer Lust-Fabrik.

Als es klingelte, drückte Frau Baldorf auf den Summer und versuchte, wie immer vergeblich, ein freundliches Gesicht zu machen. Aber diesmal war es wirklich unnötig. Mit einem Knall flog die Tür auf. Eine vermummte Gestalt lehnte sich mit dem Rücken gegen die Tür, eine andere Figur baute sich vor ihrem Fenster auf. Ein durch den Nylonstrumpf hässlich verzogenes Gesicht beugte sich zur Kassenöffnung nieder und schob unter dem Kinn einen Revolver mit einem riesengroßen, schwarzen Mündungsloch in Frau Baldorfs Richtung.

„Überfall!", schrie Bernie an Alfs Stelle und Alf nickte. „Ja, Überfall", murmelte er. Trotz des Schocks blieb Frau Baldorfs Gesicht glatt, kalt, wurde vielleicht eine Spur blasser. Sie hob beide Hände, streckte die offenen Handflächen Alf entgegen, als wolle sie eventuell abgefeuerte Kugeln auffangen oder zur Seite wischen, ließ plötzlich den linken Arm sinken, um wie beiläufig den Deckel der Geldkassette zuzuwerfen, so als sehe der Mann ihr gegenüber das nicht, und sagte: „Nie! Nein, kein Geld!"

Alf schaute verwirrt zu Bernie. „Mach was!", rief Bernie. „Was denn?" Alf drehte sich zu Bernie um, schwenkte den Revolver mit. Bernie rief: „Schieß!" Alf tat wie befohlen. Die Kugel sauste dicht an Bernie vorbei in den Hof. „Doch nicht auf mich, du Idiot!", brüllte Bernie. Er verschwand um die Ecke. Die Tür fiel zu. Alf stand alleine im Flur, schob unentschlossen den Revolver wieder durch das Kassenfenster und fragte: „Geld? Überfall." Seine Hand zitterte. Hätte Bernie mir doch nur 'ne größere Dosis gegeben", dachte er. Nun dämmerte ihm, dass er ganz allein und Bernie verschwunden war. Stumm deutete er mit dem Kopf zur Tür. Frau Baldorf nickte gnädig und drückte den Summer. Alf riss die Tür auf und rief: „Bernie!" Er trat einen Schritt hinaus, während er den Revolver hinter sich in den Flur hielt. Da fiel die schwere Tür zu und klemmte seine

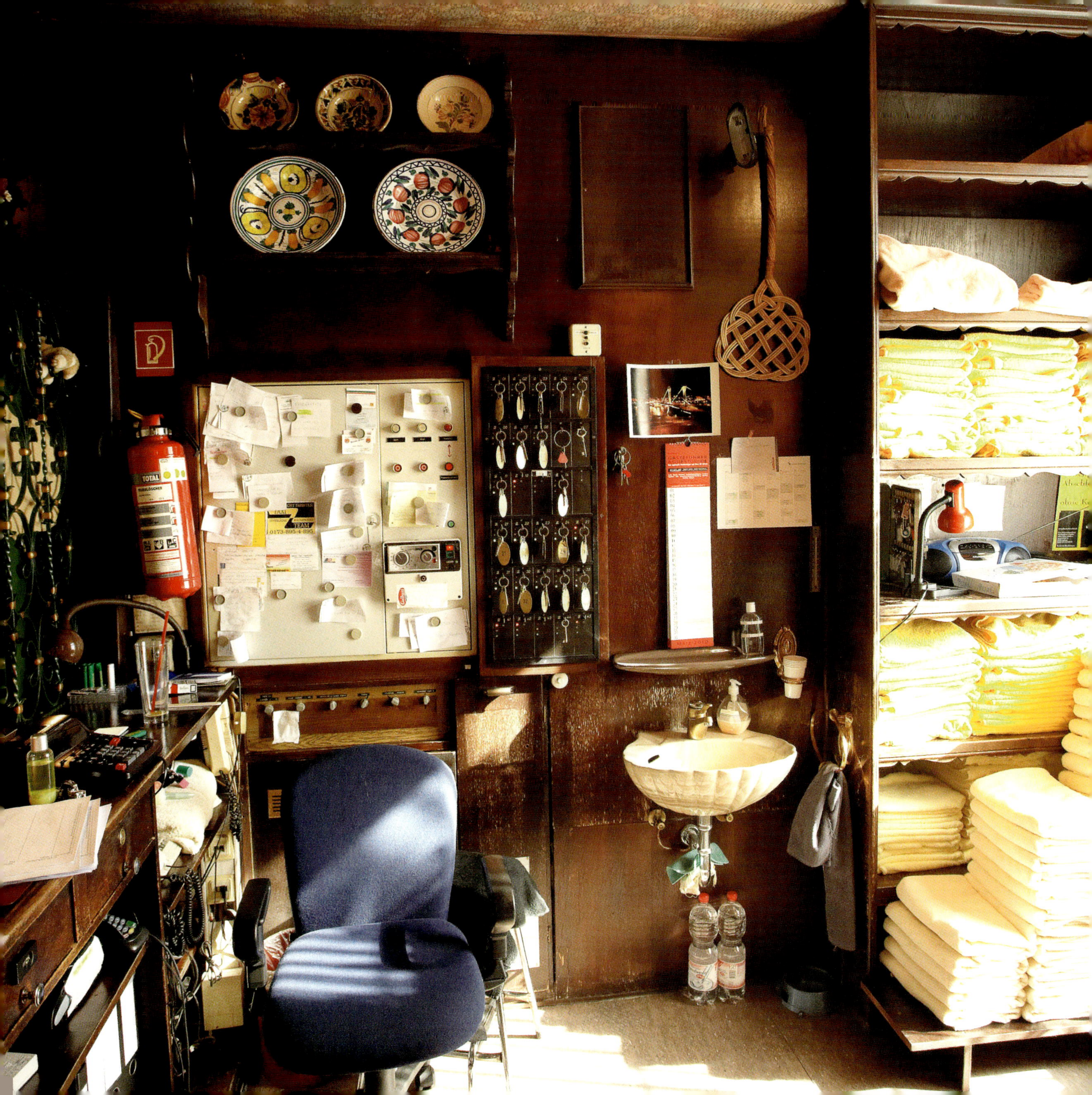
TOTAL

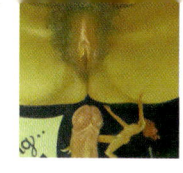

FRAUEN UND MÄNNER

Hand ein, die Waffe polterte zu Boden. Alf schrie auf vor Schmerz, wedelte den geschundenen Arm durch die Luft, blies auf das verletzte Handgelenk und spähte nach seinen Freunden und dem Auto. Weit entfernt sah er Bernie laufen. „Ich sollte auch besser laufen", dachte Alf, als der erste Schrei von Frau Baldorf hinter ihm erscholl. Ein Schrei voller Empörung, der selbst Leute aus dem sechsten Stock des gegenüberliegenden Hauses aufweckte. „Hiiiiiiiiilllllffffeeeeeeee!" Es war keine Hilfe mehr nötig.

Der Chef fand am nächsten Morgen einen schriftlichen Bericht. Er lautete: „Abends, gegen zweiundzwanzig Uhr, näherten sich dem Sudfass zwei maskierte Gestalten. Eine eröffnete das Feuer. Ich schrie um Hilfe. Gestohlen wurde nichts. Barbara Baldorf."

Nachzutragen sei noch, dass sich Hans' Version vom Überfall ganz erheblich von der Frau Baldorfs unterschied. Während sie schlicht und bar jeder Fanstasie die Geschichte erzählte, verkündete Hans, er habe dem Täter die Waffe unerhört tapfer aus der Hand geschlagen. Er erzählte diese Version so oft, dass er selbst sie glaubte und der Chef ihm 500 Mark Prämie zahlte. Tatsache bleibt: Wenn Hans dem Junkie die Waffe aus der Hand geschlagen haben will, müsste sein Arm acht Meter lang gewesen sein, um von dem Raum, in dem er sich hinter dem Sessel versteckt hatte, über den Flur bis zur Ausgangstür zu reichen. Aber, wie gesagt, Hans verstand es, sich zu verkaufen.

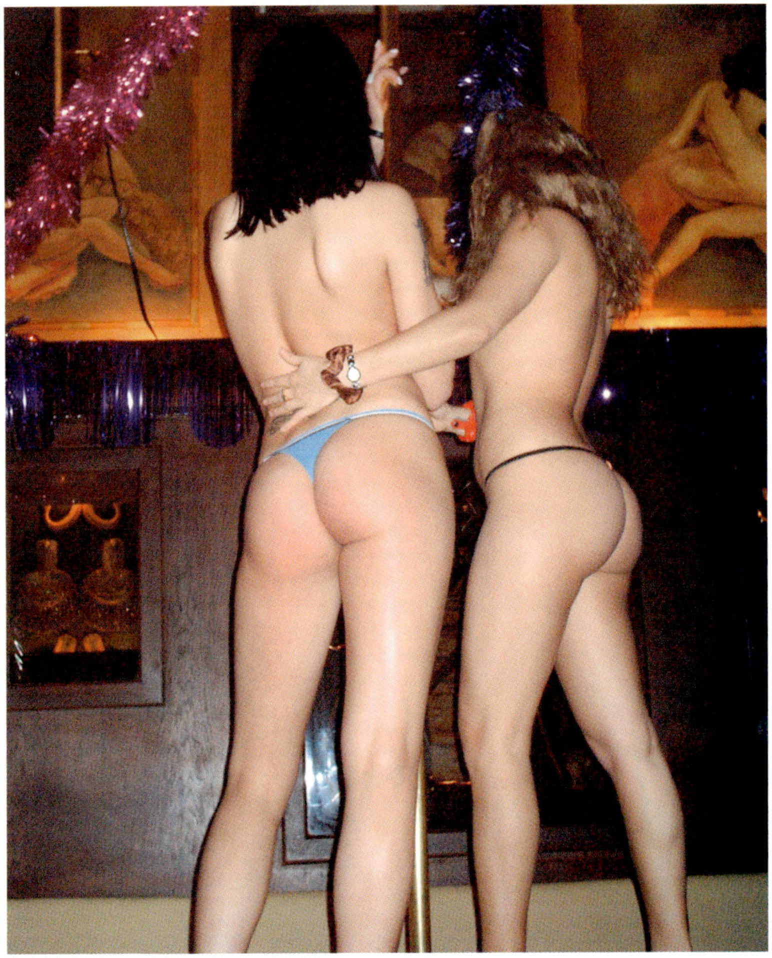

FRAUEN UND MÄNNER

Der Tresorschlüssel
Quelle: Dieter Engel, Angie, Ottmar, Frau Baldorf

Messetag, oder besser gesagt, Messenacht. Ambiente. Chuck, so nannte er sich, war Australier und „Spezialmöbelhersteller". Er betonte, dass er nur tropische Zuchthölzer verwende und alle Umweltzertifikate habe, die es gebe. Jedenfalls lagen seine Fabriken in Asien. Seine Bambus-, Rattan- und Teakholzmöbel waren schön anzusehen und offensichtlich machte er gute Geschäfte.

Seit Jahren kam er während verschiedener Messen nach Frankfurt und dann täglich in das Sudfass, wo er viel, viel Geld ausgab. Vor allem, weil es „Blondes" gab, wie er sich ausdrückte. Asiatische oder dunkelhäutige Frauen konnte er „nicht mehr sehen", aber blonde, hochgewachsene, hellhäutige Frauen wie im Sudfass, das ließ er sich was kosten. Mit allem Drum und Dran. „Eine Frau, die nichts kostet, ist nichts wert". Diesen Spruch hatte er mal von Harri gehört und verwendete ihn, als habe er ihn erfunden. Angeblich von ihm selbst stammte der Satz: „Ehefrauen sind wie Hurricanes, erst blasen sie ganz langsam an und dann fliegen Haus und Vermögen weg." Was mag der arme Mann für schlechte Erfahrungen gemacht haben. Jedenfalls war er im Sudfass immer lustig und guter Dinge. Auch in jener Nacht, in der er einige Mädchen reichlich beschenkt und sich selbst mit Moët & Chandon abgefüllt hatte. Er konnte kaum laufen, geschweige denn stehen. So half ihm Angie, die zuletzt mit ihm zusammen gewesen war, in seine Unterwäsche und ins Hemd.

Das kostete eine riesige Anstrengung, denn ständig überlegte der besoffene Kerl es sich anders, zog das Höschen wieder aus, wollte bleiben oder auf die Toilette. Das Taxi wartete schon und im Grunde hätte sich alles über kurz oder lang erledigt, wenn nicht zu dieser späten Stunde ein anderer Stammgast gekommen wäre, Dr. Hans Dieter Leipold, seinerzeit Leiter einer großen Bank in der Innenstadt. Da es ja schon fast vier war, blieb nicht mehr viel Zeit, blitzschnell huschte er aus der Wäsche und ging, nur mit umgelegtem Handtuch, erst einmal zur Toilette. Just in diesem Moment hupte Chucks Taxifahrer, woraufhin Chuck dann doch ins Bett gehen wollte. Er griff zur nächstbesten Hose und war auch flott mit dem Taxi davongefahren.

Leider war es nicht seine Hose gewesen. Zwar war sie so dunkelgrau wie seine Anzughose auch, aber eben nicht die seine. In H. D. Leipolds Kopf war das Rotlicht schon so weit eingedrungen, dass er erst einmal nichts merkte, seine Klamotten samt der falschen Hose in den Spind warf und sich ins Leben stürzte. Erst eine Stunde später stand er vor Frau Baldorf, die Hose des Australiers in der Hand und beschwerte sich. Die rief den Chef. Dieter Engel, kaum eingeschlafen, erschien in Pantoffeln und Strickjacke über dem Pyjama und schaute mürrisch drein. Doofe Gäste, besoffen, entweder von Alkohol oder Geilheit.

Erst als Stammgast Leipold zähneknirschend gestand, dass sich in seiner Hose der für das Öffnen dringend erforderliche, zweite Schlüssel für den Haupttresor seiner Bank befand, wurde auch ihm der Ernst der Lage

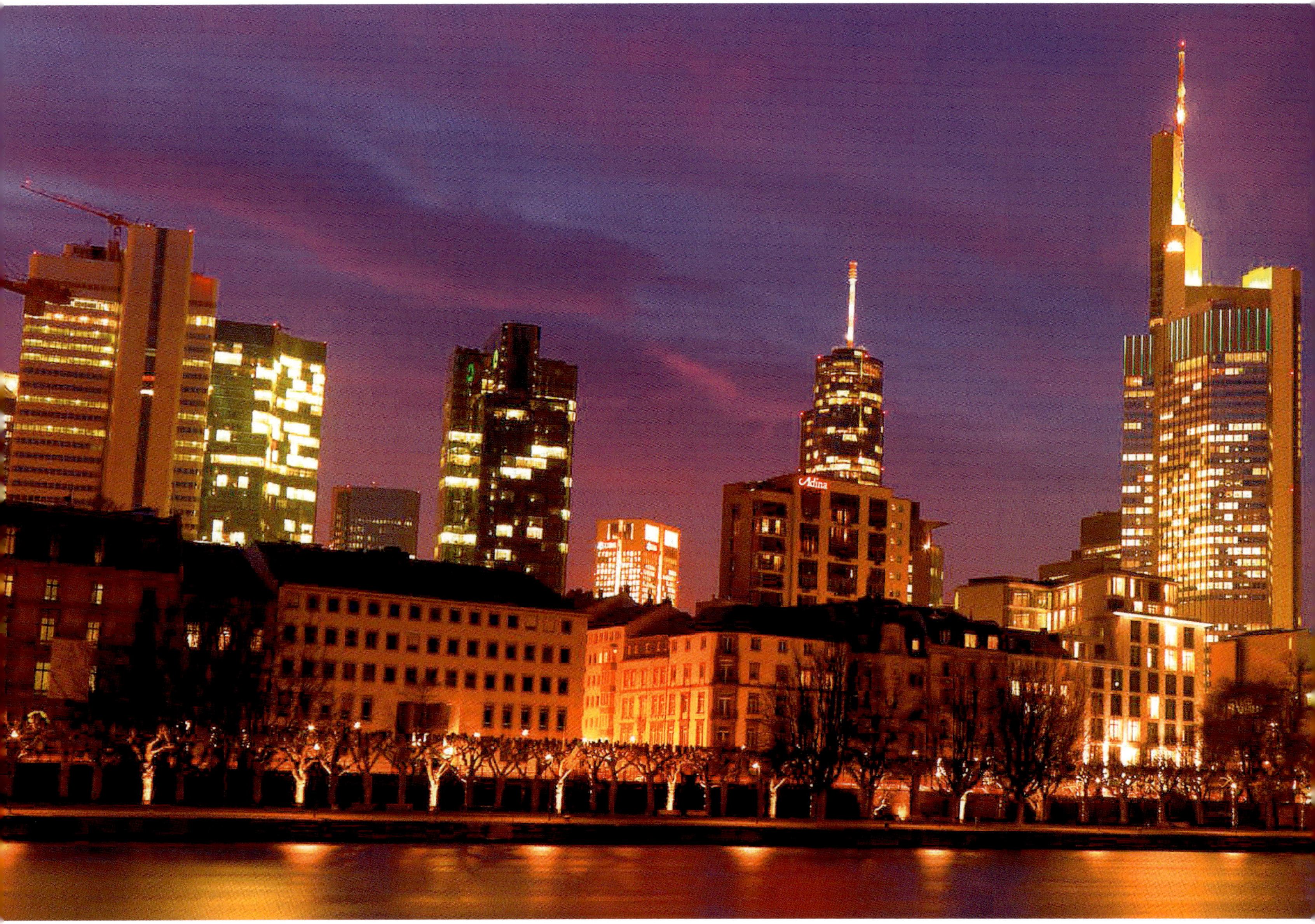
Adina

FRAUEN UND MÄNNER

bewusst. Es war 5.30 Uhr morgens, um acht musste Leipold den Tresor öffnen, um die Bargeldtransporte an die Filialen vorzubereiten. Leipold selbst wusste nicht, ob es irgendwo Ersatzschlüssel gab. Aber dass er, ausgerechnet er, der Chef, die Schlüssel verloren hatte, würde ein Nachspiel haben. Engel war die Konsequenz klar. Er überlegte und traf seine Entscheidung.

„Frau Baldorf, rufen Sie bitte die Taxizentrale an und lassen Sie erfragen, wohin der Fahrer den betrunkenen Australier geschafft hat." Die Antwort brauchte nur Minuten. „Hotel Frankfurter Hof", das beste Haus am Platz. Den Namen des Australiers wusste allerdings niemand. Angie kannte ihn nur als Chuck.

Nun fuhren Dieter Engel in Pyjama, Strickjacke und Pantoffeln und H. D. Leipold in australischer, viel zu weiter Hose, per Taxi zum „Frankfurter Hof". Einen Türsteher gab es zu diesem Zeitpunkt nicht mehr. Der Nachtportier an der Rezeption war sehr überrascht, was da hereinkam. Zwei Männer, einer sichtlich betrunken, der seine zu weite Hose mit beiden Händen festhielt, und der zweite in Pyjamahosen mit Strickjacke und Pantoffeln. Aus Erfahrung hielt der Nachtportier beide nicht für potentielle Hotelgäste, fragte aber vorsichtig nach. Weder Dieter Engel noch Leipold vermochten kurz und schlüssig zu erklären, was ihr Anliegen war und die Hand des Portiers näherte sich bereits dem Notruf, als Dieter Engel auf die Idee kam, sich einfach vorzustellen. „Ich bin der Dieter Engel vom Sudfass. Ich glaube, Sie kriegen ab und zu auch eine Vermittlungsprovision?" Das Sudfass bedachte etliche Frankfurter Portiers mit dem einen oder anderen Scheinchen.

Und hier hatte Dieter Engel ins Schwarze getroffen. Der Nachtportier wurde sofort oberfreundlich. Dieter Engel erklärte ihr Anliegen und der Mann wusste sofort, wer gemeint war. Vor einer halben

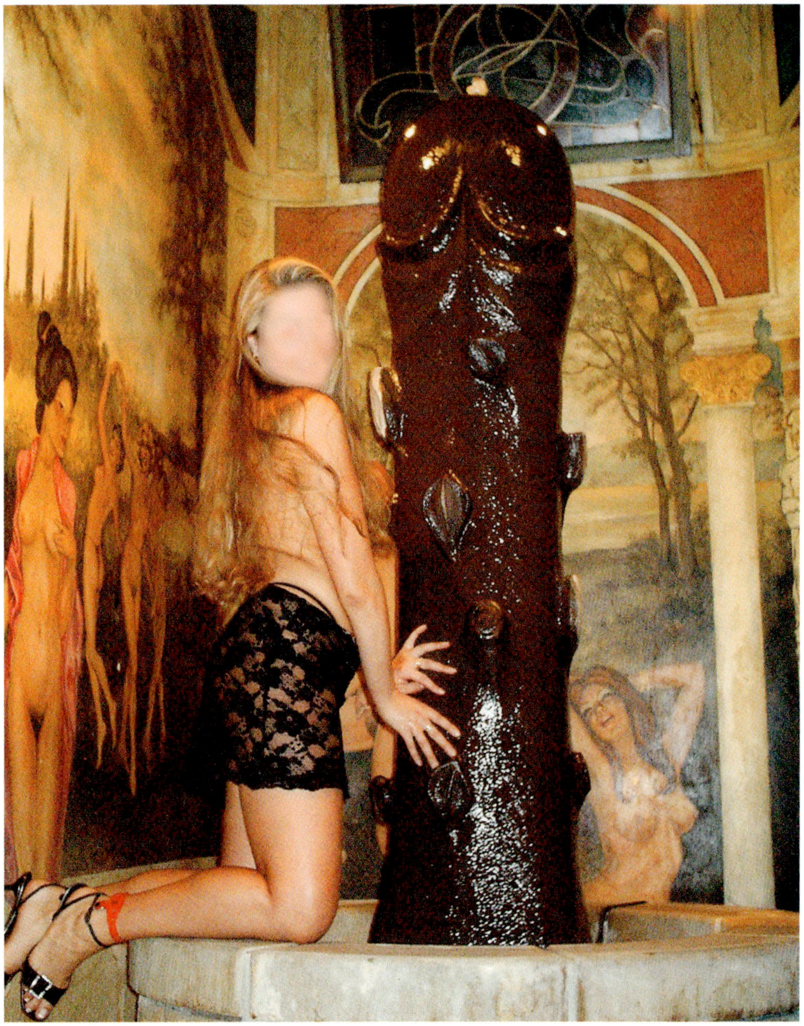

FRAUEN UND MÄNNER

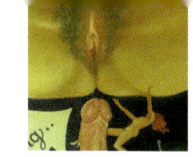

Stunde hatte er einiges damit zu tun gehabt, den schweren Kerl in den Aufzug zu schleppen. „Mr. Crawherd aus Brisbane, 2. Stock. Zimmer 207". Er begleitete seine späten Gäste hinauf. Schon als sie den Aufzug im 2. Stock verließen, sahen sie ihn. Mr. Chuck Crawherd aus Brisbane hatte sein Zimmer zwar erreicht, aber mehr auch nicht. Noch in der offen Tür war er zu Boden gefallen und eingeschlafen. Die Hose, ihm viel zu eng, war nur bis zu den Oberschenkeln hochgezogen. Blitzschnell tastete Leipold ihn ab und fand das Wichtigste: den großen Tresorschlüssel. Aber er hätte gerne auch die Hosen getauscht. Das war aber nicht so einfach. Leipold zog sich die Hose des Australiers aus und stand in Unterhose im Hotelflur.

Währenddessen versuchten Dieter Engel und der Portier dem schlaffen, besoffenen Australier die Hose Leipolds von den Beinen zu streifen, was sich ungeheuer schwierig gestaltete, da der Mann keinerlei Regung von sich gab und die Ausziehbemühungen nicht unterstützen konnte. Zudem war Mr. Crawherd ziemlich schwer. Kaum richteten sie ihn ein Stückchen auf, fiel er wie ein nasser Sack zurück. Es klatschte regelrecht. Der Portier zog ihm die Schuhe aus, Socken hatte er keine und jetzt packten sie mit vereinten Kräften an beiden Hosenbeinen und zogen dabei den ganzen Kerl aus der Türöffnung bis in den halben Flur, ehe die Hose, nachdem sie über die gesamte Naht aufgerissen war, endlich wie ein Trophäe in Dieter Engels Händen hing.

Unbemerkt von den vier Männern hatte sich ob des Lärms eine Zimmertür geöffnet. Eine ältere Dame lugte entrüstet hinaus und sah dem Schauspiel zu. Natürlich dachte sie, in Unkenntnis der Sachlage, sofort an ein Verbrechen. Da lag ein halb ausgezogener Mann bewusstlos auf dem Boden, ein anderer, ebenfalls in Unterhosen, sprang drum herum und hielt einen großen Doppelbart-Tresorschlüssel in der Hand, während die anderen Männer versuchten, den „niedergeschlagenen" oder gar „ermordeten" Mann über den Teppich in ein Zimmer zu ziehen, offensichtlich, um ihn vollends auszurauben.

Die Dame schloss leise ihre Zimmertür und wählte die Nummer der Rezeption. Die Männer hatten es endlich geschafft, Mr. Crawherd in sein Zimmer zu bugsieren. Er wurde einfach nicht wach. Da die Rezeption sich nicht meldete, wählte die Dame den Polizeinotruf. Dieter Engel, Leipold und der Portier schafften es sogar mit vereinten Kräften, den Australier auf das Bett zu wuchten, dann ließen sie von ihm ab.

Erschöpft, doch zufrieden betraten sie den Fahrstuhl. Dieter Engel versprach dem Portier bei seinem nächsten Sudfassbesuch einen Freifick nach Wunsch, doch als sich die Aufzugstür öffnete, kam

167

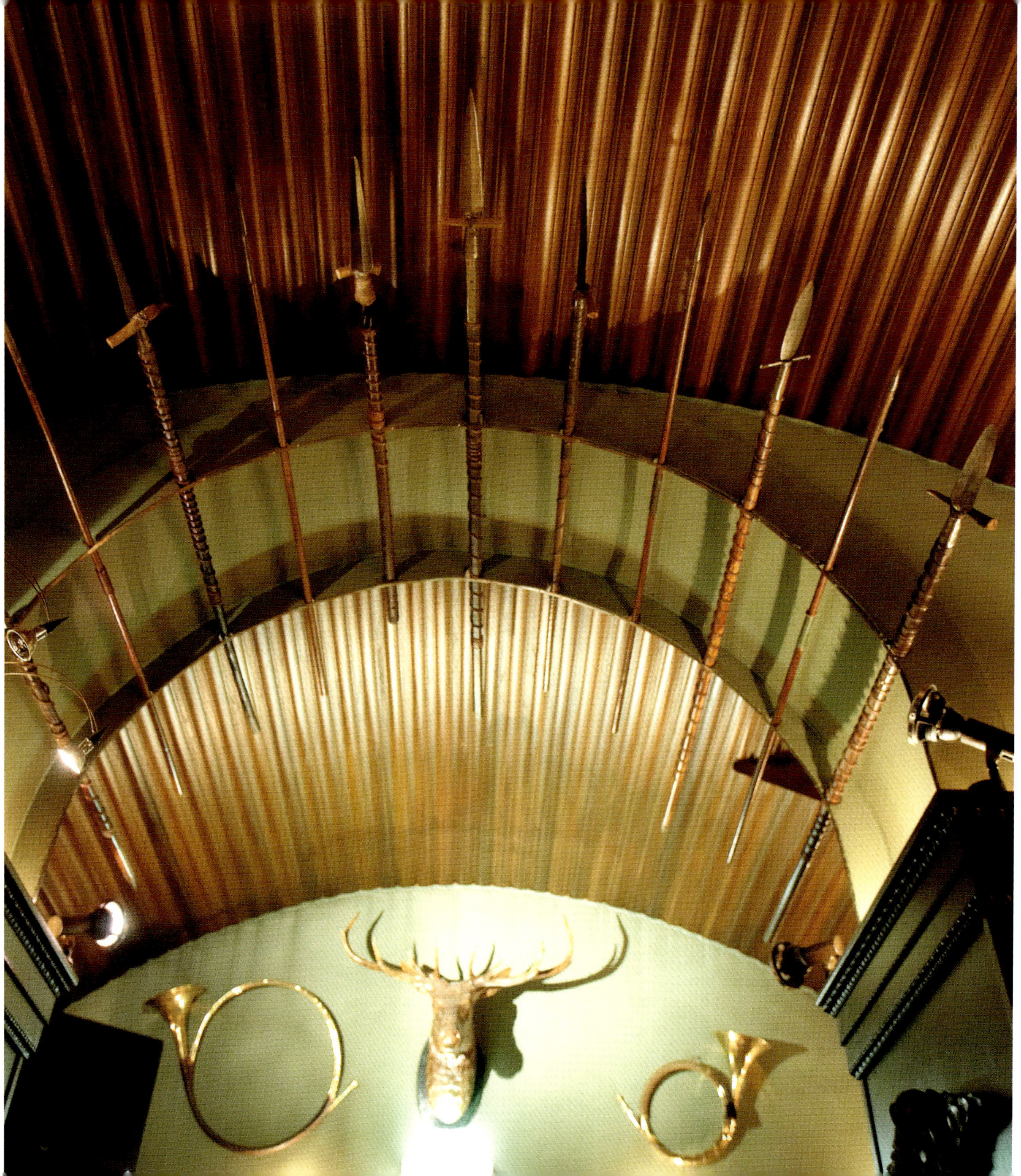

FRAUEN UND MÄNNER

der Schock. Im Foyer standen vier Polizisten mit Pistolen im Anschlag. Ohne auf Proteste zu achten, wurden alle drei an die Wand gestellt und mit Handschellen gefesselt. Den Portier machten sie los, nachdem sie gemerkt hatten, dass er zum Personal gehörte. Aber die Geschichte war den misstrauischen Polizisten so schwer zu erklären, dass Leipold und Dieter gefesselt zum Polizeirevier transportiert wurden, während der alarmierte Notarzt im Zimmer nachschaute, ob der Mann wirklich tot oder nur betrunken war.

Es muss ein seltsames Bild gewesen sein, das an jenem Morgen frühen Passanten geboten wurde. Da standen vor der Pforte eines Luxushotels mehrere Polizeiwagen und aus dem Gebäude wurden ein Mann in Schlafanzug, Strickjacke und Pantoffeln sowie ein anderer in anthrazitfarbenem Bankiersanzug geführt. Und wären Paparazzi dagewesen, sie hätten gestaunt. Ein angesehener Banker und ein prominenter Bordellbesitzer mit Handschellen aneinander gefesselt. Was das wohl zu bedeuten hatte?

Es muss noch angemerkt werden, dass Leipold seinen Arbeitsplatz in der Bankzentrale um drei Minuten vor acht pünktlich erreichte, ein Polizeiwagen setze ihn vor der Tür ab.

Peter Zingler

TRAGISCHE SCHICKSALE

Mona
Lissy
Franzi
Angelika
Der größte Idiot im Sudfass

Mona

Die dunkelhaarige, 24-jährige Schönheit war erst wenige Tage im Sudfass beschäftigt, als sie sich in Barkeeper Uwe verliebte. Verständlich, denn Uwe war blond, hübsch, schlank und hatte ein freundliches Wesen. Aber es war dem Personal untersagt, innerhalb des Sudfasses eine Beziehung einzugehen. Da es nicht zu verbergen war – beide hingen ständig aufeinander, aneinander und leckten sich ab wie kleine Hunde – offenbarten sie sich dem Chef. Dieter Engel sagte: Mona oder Uwe. Er ließ auch erkennen, dass es ihm lieber wäre, wenn Uwe bliebe, denn Uwe war ein sehr guter Barkeeper.

Uwe blieb und Mona wechselte zur Straßenseite in die Oskar-von-Miller-Straße 6 ins Laufhaus. Am ersten Tag ihres einsamen Jobs, die Frau saß im Zimmer und wartete auf Kundschaft, erschien jemand, der sie mit einem Hammer fast totgeschlagen hätte. Als Mona kurz nach dem Anschlag gefunden wurde, glaubte keiner, dass sie durchkommen würde. Sie brauchte auch länger als ein Jahr, um wieder einigermaßen klarzukommen. Uwe hatte sich sehr fürsorglich um sie gekümmert. Mona wusste nichts mehr. Nicht, wie der oder die Täter ausgesehen hatten. Nichts, absolut nichts. Ein Täter wurde nie gefasst. Uwe blieb noch Jahre mit Mona zusammen. Sie hat nie wieder in einem Puff gearbeitet.

TRAGISCHE SCHICKSALE

Lissy

Ihr Lachen wirkte ansteckend. Sie war derart permanent guter Laune, dass man sie eigentlich alleine deshalb hätte beschäftigen müssen. Sie hatte viele zufriedene Kunden. Sie vermittelte dem Freier auf das Überzeugendste, dass sie nur auf ihn und keinen anderen gewartet hatte.

Sie hatte einen Zuhälter und kannte sich mit den Regeln des Geschäftes aus. Trotzdem verließ sie ihren Luden ohne die übliche Absprache, ohne Abfindung und floh nach Köln, um dort für ihre neue Liebe in der Wohnungsprostitution anzuschaffen.

Schon wenige Wochen später wurden sie und ihr Pudel in ihrer Wohnung erwürgt aufgefunden. Wie 20 Jahre früher Rosemarie Nitribitt in Frankfurt auch. Und wie damals waren sowohl Zuhälter als auch Freier im Blickfeld der Fahnder. Einige Tatverdächtige wurden festgenommen und mussten wieder auf freien Fuß gesetzt werden. Und wie der Mord an der Nitribitt wurde auch der an Lissy bis heute nicht aufgeklärt.

Franzi

Unter ihren Kolleginnen galt sie als die pragmatischste. Nie kam ihr ein romantisches Flackern in die Augen, wenn ein Film- oder Fernsehstar im Sudfass einlief oder ein Rocksänger. Das kam häufig vor, denn fast alle im Raum Frankfurt auftretenden Musiker, Tänzer, Sportler oder Schauspieler waren auch Gast im Sudfass, sofern es sich um Männer handelte. Aber, wie gesagt, sie ließen Franzi kalt.

Man könnte sagen, Franzi schwärmte niemals, das war ihr zu doof. Sie war Realistin und wusste genau, was sie tat, sagte sie jedenfalls. Und auf keinen Fall würde sie einem dieser blöden Zuhälter ihr Geld in den Rachen schmeißen.

Sie hatte natürlich eine Beziehung, aber keinen Zuhälter, wie sie betonte. Ihr Walter, und darauf war sie stolz, studierte Landwirtschaft in Gießen. Franzi hatte mit diesem Mann einen Sohn, der zum Zeitpunkt unserer Geschichte gerade schulpflichtig wurde. Natürlich lebte der Sohn bei ihr in Frankfurt, sie hatte Eltern in der Nähe, die sich kümmerten, wenn Franzi Schicht im Sudfass machte.

Franzi verdiente gut. Die siebziger Jahre waren für Huren die allerbesten. Fünfhundert Mark pro Nacht waren das Minimum, tausend die Regel. Und Walter kam nur einmal die Woche lächerliche 65 Kilometer von seinem intensiven Studium nach Frankfurt, kassierte und fuhr zurück. Manchmal, und nur wenn sie flehend darum bat, verbrachte er die Nacht mit ihr. Er hatte sich nämlich einen Bauernhof gekauft, den er neben dem Studium betrieb, um Praxiserfahrung zu sammeln und als spätere Heimat für die Familie, wie er sagte. Deshalb hatte Franzi natürlich den Kreditvertrag für die Immobilie unterschrieben und auch bei allen anderen Neuerungen: Da musste ein Traktor angeschafft werden oder ein Mähdrescher, eine automatische Melkanlage und immer wieder Kälber oder Kühe. Franzi musste ran. Sie war stolz darauf, oft täglich ein „Kalb" zu verdienen. Walter brachte ihr auch wöchentlich zwei Liter „eigene Milch" mit und viele, viele Fotos von den Neuanschaffungen oder Umbauten. Bald, bald sollte alles fertig sein, das Studium, der Hof und Franzi war stolz auf ihn, aber auch auf sich.

Im Laufe einiger Jahre hatte sie mehr als eine Million Mark in den Hof gesteckt, den sie allerdings noch nie persönlich gesehen oder gar betreten hatte. Immer hatte es geheißen, „Lass dich überraschen, wenn alles fertig ist". Als sie dann heftigst darauf pochte, endlich im Puff aufhören zu dürfen, um „Gutsbesitzerin" zu werden, kündigte Walter ihr Freundschaft und Beziehung auf. Es gab zwar den Hof, schön ausgebaut als Landwohnsitz, aber weder Kuh noch Traktor. Walter hatte auch nichts studiert, oder, sagen wir mal, höchstens das Leben. Neben Franzi alimentierten ihn noch zwei Huren aus Gießen und Marburg. Natürlich war alles Walters Eigentum. Franzi wurde unglaublich wütend, aber für sie war nichts zu holen. Sie war letztlich sogar froh, dass sie nicht weiter den Kredit bedienen musste. Ihre Welt brach zusammen. Fortan ging es ihr nicht gut, bis Barkeeper Harri sich um sie kümmerte.

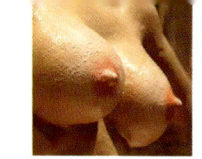

TRAGISCHE SCHICKSALE

Sofort hörte sie auf zu arbeiten. Nie wieder würde sie ihren Körper für Geld hergeben. Harri mietete eine gemeinsame Wohnung und einen Imbisswagen auf einem guten Stellplatz an einem Vorstadtsupermarkt, damit sie einen anständigen Job machen konnte.

Die Sache dauerte nicht lange. Franzi wollte einfach nicht arbeiten. Nun verlangte sie das, was ihr Walter verweigert hatte, nämlich versorgt zu werden. Harri in seiner Gutmütigkeit ließ die Geschichte laufen und als er auf die Bremse trat, war es zu spät. Sie rächte sich konsequent dafür an Harri, was Walter ihr angetan hatte. Für den Barkeeper waren die zwei Jahre die Hölle, erst recht, als er erfuhr, dass sie mit Walter heiße Nächte verbrachte. Harri machte Schluss.

Überrascht musste er eine Woche später feststellen, dass der Chef Franzi wieder eingestellt hatte. „Aha, auf einmal konnte sie doch wieder ‚ihren Körper verkaufen'? Na klar." Harri zweifelte allerdings stark an Franzis Verstand, als er erfuhr, dass Franzi wieder ihr ganzes Geld abgab, und zwar an Walter!

Angelika – Der Wunderfick!

Natürlich gibt es keinen Wunderfick, aber manche Männer behaupten steif und fest das Gegenteil. Was auch immer sie darunter verstehen mögen, ist nicht leicht zu definieren, aber die Sudfass-Hure Angelika sei eines „Kunstgriffes" fähig, der eben diesen Wunderfick möglich mache, behaupteten in den siebziger Jahren viele Kunden des Hauses, unter ihnen auch Profis. Für Profis halten sich Zuhälter, wenn es um den ultimativen Geschlechtsverkehr geht.

Das muss man ernsthaft bezweifeln, Selbstüberschätzung ist leider eine ihrer häufigsten Charaktereigenschaften. Trotzdem sind die Jungs nicht ohne, und wenn sie zu Scharen in das Sudfass strömten, und das Geld, was ihre eigenen Frauen zuvor verdient hatten, nun Angelika andienten, dann hatte das schon eine gewisse Pikanterie. Faktisch ging es den Jungs mit dem geübten Dreifingergriff und dem Wissen um erotische Praktiken genau um deren Versagen. Die starken Jungs, die gewohnt waren, in dem Machtspiel Erotik als Sieger hervorzugehen, hatten in Angelika ihre Meisterin gefunden. So oft die tätowierten, muskulösen Kerle, die sich um den Stammtisch gegenüber der Bar zusammenhockten, auch nacheinander und abwechselnd mit Angelika die Kabinen aufsuchten, genauso oft kam Angelika lustig hüpfend als Siegerin zuerst zurück, die Männer schachmatt und nachdenklich schnaufend auf den Liegen zurücklassend.

Dann redeten sie über „magische Kräfte", bestimmte „gesondert entwickelte Muskeln" und einem „Schraubgefühl", das es ihnen unmöglich gemacht habe, sorgsam und kraftsparend die Oberhand zu behalten und sie stattdessen blitzschnell, ja ungewollt, abgespritzt hätten! Andererseits hatte es ihnen so sehr gefallen, dass sie am nächsten Tag, am übernächsten oder aber so bald als möglich wieder mit Angelika in der Kabine lagen. Natürlich versuchten sie zu ergründen, was da passierte, alleine um ihren Frauen den Kniff zu vermitteln. Nicht nur zum eigenen Vergnügen, sondern um Freier zu binden, so wie sie selbst sich hier von der kleinen Hure Angelika gebunden fühlten.

Dabei war Angelika so klein gar nicht. Etwa 1,78 m groß, naturblond und athletisch schlank. Sie hatte ein ebenmäßiges Gesicht und einen breiten Mund voller gesunder, weißer Zähne. Um die Zeit war sie etwa 29 Jahre alt und diplomierte Sportlehrerin. Ihr Auftreten glich dem einer nordischen Göttin!

In den Puff war sie gekommen wie die Jungfrau zum Kind. Sie arbeitete in Köln im Schuldienst zur Probe, wie das damals hieß, bevor man verbeamtet wurde. Ihr Freund Nick war ein versoffener, etwas verkommener Antiquitätenhändler mit Hang zum Spiel und zum Alkohol. Das Gegenteil ihres klar „nüchternen" Lebensentwurfes. Natürlich verdiente man als Lehrerin auf Probe nicht das meiste, doch ihr Kerl verzockte nicht nur die Gewinne seines Ladens, sondern auch ihr mickriges Gehalt. Sie liebte ihn. Daher wäre es mit der Beziehung wohl oder übel irgendwann zu Ende gegangen, hätte nicht Nick eine Dame namens Liza gekannt, die im gleichen Appartementhaus wohnte wie die beiden. Sie ging dort der Wohnungsprostitution nach. Kurz gesagt: Liza fuhr für zwei Wochen in Urlaub und hatte den beiden, deren ständiges Jammern wegen Geldsorgen sie nervte, vorgeschlagen, Angelika könne sie doch zwei Wochen während ihrer Abwesenheit vertreten, wenn sie die Zeitungsinserate bezahlen würden.

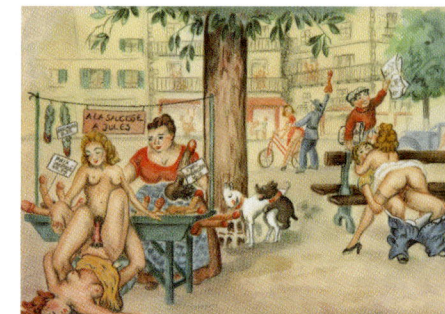

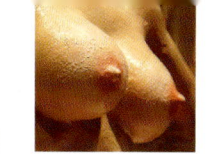

TRAGISCHE SCHICKSALE

Natürlich hatte Angelika moralische Bedenken, aber die waren gering angesichts des finanziellen Drucks und außerdem sagte sie von sich selbst, dass sie gerne fickte. Warum also nicht Angenehmes mit Nützlichem ...

Der Erfolg war durchschlagend. Nach den Ferien ließ Angelika sich krankschreiben und dann auf eigenen Wunsch beurlauben. Sie stammte aus Köln und wollte wegen ihrer Familie nicht gerne dort bleiben. Also kam sie nach Frankfurt, in das beste Bordell der Stadt, das Sudfass.

Angelika kam, sah und siegte. Sie verdiente von allen Frauen am meisten, kaum unter 2000 Mark pro Tag. Jeden Morgen gegen sechs rief Nick aus irgendeinem Spielclub Deutschlands an und wollte wissen, wie viel er noch verzocken konnte und sie hauchte ihm ihren Verdienst ins Ohr: „Achtzehnhundert, Schatz, ich liebe dich."

Dann holte Angelika nach, was ihr fehlte. Schmuck, Kleider, Pelze, die Damen-Rolex und einen Mercedes SL. Letztlich kaufte sie eine große Wohnung auf dem Sachsenhäuser Berg, in die Nick einzog, der seinen Antiquitätenhandel längst aufgegeben hatte. Was sollte er sich plagen, wenn die Frau soviel verdiente?

Doch Angelika fand immer weniger Gefallen an ihm. Vor allem sein Suff störte sie und eines Tages forderte sie ihn auf, auszuziehen. Er war kein „gelernter" Zuhälter, daher machte er Fehler. Einer war, jetzt in diesem Moment seine „Macht" zu demonstrieren und zuzuschlagen. Angelika überlegte nicht lange. Nachdem sie alles hatte, wollte sie nun doch einen richtigen Zuhälter, natürlich den besten, Aki. Aki kam, Nick flüchtete aus ihrem Leben.

Noch ein paar Jahre blieb Angelika im Sudfass, dann wurde es ruhig um sie. Angeblich soll sie wieder im Schuldienst sein, kurz vor der Pension.

Der größte Idiot im Sudfass

1. Streich
Wilfried, genannt Freddie, war etwa 30 und Metzgermeister. Er hatte keinen eigenen Laden, sondern arbeitete in den Filialen einer Dreieicher Großmetzgerei. Er war verheiratet und hatte zwei kleine Kinder. Besoffen gab er einmal zu, als Filialleiter seinen Chef und die Kunden zu betrügen, um sich einmal wöchentlich einen Sudfass-Besuch leisten zu können. Außerdem erzählte er, dass er seit seiner Lehrzeit wöchentlich mindestens einen Liter reines Rinderblut trinke, und er deshalb der geilste und größte Ficker der Neuzeit sei. Das Blut hat wahrscheinlich auch sein Gehirn verstört, denn Freddie hatte eine Macke, und die hing mit der Sauna zusammen. Jedesmal, so sagte er, müsse er in die Sauna gehen, um zu Hause seiner Frau keine Lügengeschichten erzählen zu müssen, wenn sie ihn fragte, wo er so lange bliebe. „In der Sauna, der Gesundheit wegen", sage er ihr immer. Wo die Sauna stand und was da sonst noch lief, erzählte er natürlich nicht. Sie gab sich wohl damit zufrieden. Also ging er immer zuerst in die Sauna, bevor er sich den Damen widmete. Die Sauna selbst liebte den Metzger Freddie wohl weniger. Nicht nur einmal wurde sie für ihn zum lebensgefährlichen Ort. Es begann mit einem Slivovitz-Aufguss. Den machte Freddie selbst und verwendete dafür keinen verdünnten Schnaps, sondern den Alkohol pur. Prompt wehrte sich die Sauna, der Ofen begann mit einer Stichflamme zu brennen, dann das Holz an der Wand, die Decke. Mit Mühe und Not konnte der fast erstickte Freddie gerettet werden. Er war alleine in der Kammer gewesen.

2. Streich
Etwa sechs Monate später trank Freddie dann doch den Slivovitz lieber selbst, und zwar vor dem Saunabesuch. Davon hatte er dann so viel, dass er beim Hochklettern auf die obere Sitzbank aus-

TRAGISCHE SCHICKSALE

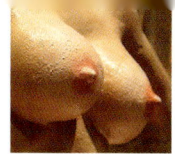

rutschte und sich mit dem Hintern und dem, was dazwischen hängt, auf die heißen Steine setzte. Sein Schrei muss bis nach Sachsenhausen zu hören gewesen sein.

3. Streich
Aufgrund der Verletzungen dauerte es fast ein Jahr, bis Freddie, der Metzger, wieder auftauchte. Mittlerweile war das Catern von Essen verboten worden, weil die Gäste sich zu lange damit aufhielten und Dieter Engel darauf bestand, dass das Sudfass ein Puff sei und kein Restaurant. Auch der Essensgeruch war in der oft überheizten Kellersauna nicht eben lustfördernd. Hier sollte gefickt werden, nicht gegessen. Die Mädels durften, aber sie mussten sich zum Essen rasch nach oben neben Frau Baldorfs Kassenhäuschen begeben. Als Metzger hatte Freddie immer Hunger, und das Catering-Verbot passte ihm überhaupt nicht. Aber er wusste sich zu helfen. Er ging zu seinem Spind, in dem er neben seinen Socken auch sein Fleisch für zu Hause aufbewahrte, und begann, natürlich im Suff, auf eben jenen Steinen, die ihm Eier, Schwanz und beide Pobacken verbrannt hatten, Fleisch zu grillen. Dieses Mal muss es bis Sachsenhausen gestunken haben. Dieses war dann endlich der Tropfen, der das Fass zum Überlaufen brachte. Freddie erhielt Hausverbot und ward nicht mehr gesehen.

4. Streich
Ein paar Jahre später ist in Heldenbergen in der Wetterau ein kleines Landbordell fast abgebrannt. Es hieß, ein Metzger habe die Sauna in Brand gesteckt und sei dabei ums Leben gekommen. Alle Angestellten im Sudfass waren sicher, das konnte nur Freddie gewesen sein.

Peter Zingler

ZUHÄLTER

Zuhälter sind wichtig im Sozialgefüge der Prostitution. Sie sind nicht nur die berüchtigten Abkassierer der Mädchen, sondern geben ihnen Schutz und Halt in ihrem schweren Job. Es ist nicht angenehm, Tag für Tag mit unbekannten Menschen so intim zu werden, wie es nur möglich ist, ohne seelischen Schaden zu nehmen. Man kann versuchen, sich abzukapseln und zu verdrängen, man kann trinken oder Drogen nehmen. Über kurz oder lang suchen die Frauen aber jemanden zum Anlehnen und zum Reden, denn es ist kaum möglich, während der Tätigkeit als Hure eine Beziehung mit einem „soliden" Partner zu führen. Hier kommen die Zuhälter ins Spiel. Gute Zuhälter haben eine Bandbreite an Charaktereigenschaften, die eine Mischung vom Gigolo bis zum Psychotherapeuten enthält. Auch Boxer sollte er noch sein und natürlich gutaussehend und total männlich. Da sind manche überfordert, wie andere Männer in ihren Lebenspositionen auch, aber die meisten geben sich Mühe, und einige können es einfach. In der Folge daher ein Portrait über einen der bekanntesten Zuhälter, das schon 1989 im Playboy erschienen ist, und hier ergänzt wird.

Der Indianer

Die Stimmung in der Schlachthofgaststätte schäumt über. Eine Band spielt „Born To Be Wild" und über 100 geladene Gäste gehen voll mit. Der Gastgeber – laut Interpol – eine der schillerndsten Figuren im internationalen Zuhältergewerbe – feiert Geburtstag. Die Kosten des Abends zahlt er lässig, cash – aus der Tasche. Der Parkplatz bleibt bis in die frühen Morgenstunden besetzt von der Creme de la Chrom. Dann klettern die Jungs in ihre Daimler und Rolls Royce, in Lamborghini und Porsche und dampfen davon, Richtung Heimatpuff – sei's der Eierberg in Bochum, das Zürcher Niederdorf, die Essener Stahlstraße oder St. Pauli. Sie haben einem

ZUHÄLTER

der ihren Referenz erwiesen. Der Jubilar steigt als Letzter auf seine Harley-Davidson und zieht knatternd von dannen.

Die Rede ist von Aki, 1943 auf den Namen Jürgen getauft. Er wirkt nicht jünger als 50, macht aber den Eindruck, als habe er all die Jahre nicht im Großstadtdschungel, sondern im echten Urwald als Indianer verbracht. Aki ist mittelgroß und stämmig. Ein leichter Bauchansatz zeigt seine Vorliebe für Essen – beileibe kein schöner Mann. Er trägt die Haare schulterlang und hält sie mit einem Stirnband zusammen. Nase, Kinn und Wangenknochen sind groß, breit und kantig wie ein Schnitzwerk von Riemenschneider. Wenn er lacht, wirft die dunkle Gesichtshaut Falten und sieht aus wie zerknittertes Butterbrotpapier. Die Zähne sind echt und kräftig, ein Raubtiergebiss. Seine dunklen Augen strahlen Wärme aus. Er trägt die Ärmel seiner teuren Lederjacke hochgekrempelt, und in sehnigen Unterarmen wälzen sich Adern wie Flüsse. Aki ist Zupacken gewöhnt. Wenn er seinen Oberkörper freimacht, erkennt man die Kampfspuren seines 35-jährigen Berufslebens: Narben von Fußtritten, Messerstichen und einer Schussverletzung.

In der Stadt wird erzählt, Aki habe alle seine Kämpfe gewonnen. Ist er stolz darauf? Er lacht verschmitzt. „Nein. Stolz bin ich auf die vermiedenen Kämpfe, die ich vielleicht verloren hätte." Alle Probleme hindern Aki nicht daran, das Leben für ein großes Fest zu halten. Als Beruf gibt er „Strolch" an.

Aki wuchs in einer nordbayrischen Kleinstadt auf. Als Treibholz des Flüchtlingsstroms kam er mit Mutter und Geschwistern aus dem Osten. Der Vater war im Krieg gefallen. Von Einheimischen als „Polacken" beschimpft, wurde die Familie in Notunterkünfte am Stadtrand verbannt. Eine normale Karriere endete, bevor sie begann. Aus finanzieller Not gab es kein Schulgeld für Akis Traum vom Gymnasiumsbesuch. Der talentierte Junge – heute parliert der Autodidakt in zwei Fremdsprachen – blieb auf der Volksschule. Er ergriff seine einzige Chance: mit Fäusten und Raffinesse nach oben!

In Akis Stadt gab es eine große amerikanische Kaserne. Im Schatten der Garnison blühte die Prostitution der Nachkriegszeit. Schon vor Aufhebung des Fraternisierungsverbots trieb wirtschaftliche Not viele Frauen in die amerikanische Besatzungszone und in jene Kleinstädte, deren erwachsener Frauenbestand der amerikanischen Herausforderung nicht standhielt.

Eine jener Mischungen aus Dorfgaststätte und Honky-Tonk-Kneipe war auch Akis erste Begegnungsstätte mit dem Milieu. Im Alter von 15 verliebte er sich in eine Hure. Sie war sieben Jahre älter, ihr Zuhälter saß im Knast. Alle warnten Aki vor „Hammer-Karl" und dem Tag seiner Entlassung. Es wurde ein Meilenstein in Akis Leben, als der Mann, doppelt so alt wie er, endlich vor ihm stand. Mit der gesammelten Erfahrung aus 20 Kneipenschlägereien machte er „Hammer-Karl" binnen Sekunden mit Flaschen, Aschenbechern und Tritten nieder.

Es war der Einstieg in ein Leben, das von der Gesellschaft als minderwertig eingestuft und mit Verachtung gestraft wird. Aki weiß das und lacht darüber. „Ohne diese Normalbürger würd' ich keine müde Mark verdienen und müsst' malochen geh'n. Die Spießer sind feige und stehen nicht zu ihren Lastern. Sobald sie den Puff verlassen, blicken sie scheu nach allen Seiten und hasten über die Straße. Kommt die Rede auf Prostitution, verziehen diese Leute angewidert das Gesicht. Mit dieser Doppelmoral muss ich leben, und ich leb' ganz gut davon!"

Sein Aussehen brachte Aki den Namen „Häuptling" ein. Er ist allerdings auch so etwas wie ein Vorstandssprecher. Was er sagt, wird im Milieu anerkannt. Daher ist er für mich der Ansprechpartner. An seinem Telefonanschluss hängt ein Anrufbeantworter. Vor dem Hintergrundgeräusch einer Buschtrommel erklingt seine Stimme: „Häuptling Aki ist nicht in seinem Wigwam. Ihr könnt ihm allerdings einige Rauchzeichen hinterlassen. Aber Vorsicht: Der Sheriff kann die Rauchzeichen auch lesen." Aki ruft zurück. Wir kennen uns schon lange, daher kein Misstrauen. Das erntet nur Inga, eine befreundete Rundfunk-Reporterin. Aber auch Inga ist misstrauisch, als sie hört, dass sie einen bekannten deutschen Zuhälter interviewen soll. Sie zeigt Abscheu.

Auf der Fahrt zu Akis Hauptquartier, einer Villa im Grünen vor der Stadt, zählt sie sämtliche Vorurteile auf, die sie gesammelt hat. „Zuhälter sind böse, schlagen Frauen, zwingen sie zur Prostitution, puschen sie mit Drogen, machen sie abhängig, töten sie."

Auf Akis Terrasse lümmeln etliche Männer herum. Zuhältergilden sind Männervereine. Wenngleich sie von der Arbeit ihrer Frauen profitieren, bleiben diese meist von gemeinsamer Freizeit ausgespart. Begründung: Erstens haben Frauen zu arbeiten, jede Mark wird dringend gebraucht, und zweitens gibt es richtige Freude nur unter Männern. Richtige Freude bedeutet: saufen, lachen, zocken. Aber auch in fremde Puffs einzufallen, das Geld, das die eigenen Frauen verdienen, bei anderen Huren wieder loszuwerden. Solche Aktionen laufen unter dem Begriff: Arbeitsbeschaffungsmaßnahmen. Wenn die Horde aus dem fremden Bordell abzieht, hat nicht selten der eine oder andere einen Kontakt geknüpft, um die Dame dem eigenen Dienstleistungsbetrieb anzugliedern.

Inga zückt ihren Kassettenrekorder, und die meisten Jungs verschwinden aus der Reichweite des Mikrofons. Es dauert Wochen, bis sie sich an meine Begleiterin und ihren Rekorder gewöhnen. Aki lässt sich nicht irritieren. Er steht zur Verfügung. Inga, eine gestandene Frau von 35 Jahren, und der Oberlude sitzen dicht beieinander. Inga: „Ich muss ihn erst beschnuppern."

Aki scheint ihr Misstrauen nicht zu stören. Er lacht. „Mein Gott, hast du 'nen tollen Arsch." Sein Gesicht strahlt. Inga rutscht unruhig hin und her. Dann reden sie und reden, eine Stunde lang, bis sich beide erheben. Aki wirft die Harley an, sie setzt sich hinter ihn und ruft: „Wir fahren ein paar Runden, ein ungestörtes Plätzchen für ein 0-Ton-Feature suchen!" Kaum ist das Stakkato des Motorrads verklungen, da grinsen die anderen schon: „Die bist du los!" Als Inga zurückkommt, funkeln Sternchen in ihren Augen. „Hole mal was zu essen!", befiehlt Aki. Adlatus Ringo macht sich auf. Leute wie er sind wichtiger Bestandteil für das Renommee erfolgreicher Zuhälter. Ringo sieht aus, als sei er früher Boxer gewesen und habe alle Kämpfe verloren. Heute ist er Fahrer, Butler, Kassierer, Portier,

Wenn der Wein beschwingt den Reigen,
Mädchen ihre Brüste zeigen,
langt die Hand oft nach dem Pfriemen.
Spürst Du Deine Säfte steigen,
doch Dir ist kein Weib zu eigen,
dann reiße Dich am Riemen!

Mädchen für alles in Akis Diensten. Zum Beispiel bringt er, immer wenn Aki im Knast sitzt, die wöchentliche Ration Geld für den Einkauf sowie frische Wäsche und das Geburtstagspaket. „In solchen Situationen sind Frauen sehr unzuverlässig", sagt Aki. Ringo arbeitet seit zehn Jahren für ihn. Ringo kommt zurück und packt aus: Moët & Chandon und gerösteten Hummer vom Chinesen. Alle greifen zu. Kaum hat Aki den ersten Bissen im Mund, spuckt er ihn wieder aus. „Ringo!" schimpft er. „Was bringst du denn da für 'n Scheiß an. Der Hummer war ja gefrostet. Du weißt doch, dass ich nur frischen mag!" Uns anderen war der Unterschied nicht aufgefallen, mir schmeckt's. Ringo verschwindet und taucht eine Stunde später wieder auf. Beim Italiener in der Stadt hat er einen noch lebenden Hummer erwischt und trägt ihn in die Küche. Ringo ist auch Koch. Zum Abschluss des Tages gibt's eine Einladung zum „Ochsenfest", einer traditionellen Feier der „Jungs aus dem Leben", wie sie sich gern nennen.

Auf der Heimfahrt strahlt Inga innerlichen Frieden aus. Binnen dreier Stunden wurde aus Aki, einer persona non grata, die nicht einmal ihre Toilette hätte benutzen dürfen, ein Mensch. „Ich hab ihn mir anders vorgestellt – dumm, frech, gewalttätig –, aber das ist er nicht. Er hat eine sehr warme Art, mit Menschen umzugehen, kann zuhören, behutsam erklären, hat keine Arroganz, keine dumme Anmache. Die Art, wie er spricht, lacht, schaut, sich bewegt, lässt seine Kraft, seine Vitalität erahnen, ohne dass er sie ausspielt. Ein richtiger Mann, sehr selbstsicher. Kein Kokettieren mit seinem Alter, alles ist selbstverständlich. Ich kann mir nicht vorstellen, dass er Frauen schlägt. Das hat er nicht nötig!"

Ingas Vorurteile sind dahin, als wir einige Tage später zu Gast in einer Bordellkantine sitzen. Der Puff hat 30 Zimmer und einen großen Raum für den Wirtschafter, der Laken und Pariser ausgibt, die Kunden zählt und die Mieten kassiert. Hier stehen auch Cola-, Kaffee- und Bierautomaten sowie Tische und Stühle. Vier, fünf Männer und etwa zehn Frauen sitzen bei guter Stimmung und Kaffee, Captagon, Koks und Champagner zusammen. Eine Musikbox dröhnt, und nichts stört diesen Teil des endlosen Lebensfestes der Zuhälter. Außer Benni, Akis jüngste Eroberung. Sie ist ein Groupietyp. Ihre knallengen Jeans können nur mit dem Schuhanzieher bewegt werden. Sie trägt wild gelocktes, schwarzes Haar und große goldene Ohrringe, die ihr ohnehin schon zigeunerinnenhaftes Flair noch unterstreichen.

Benni, altersmäßig etwa zwei Generationen hinter Aki, ist total in ihn verliebt. In den Pausen zwischen ihrer „Kundenbetreuung" kommt sie rein, setzt sich auf seinen Schoß, küsst ihn ab und wirft wütende Blicke auf Inga. „Sie weiß doch sicher, dass du noch fünf Frauen hast, die für dich anschaffen. Wie kommt sie damit zurecht?", frage ich, als Benni wieder mal zur Arbeit im Kontakthof verschwindet. Akis Antwort: „Eben deswegen hat sie mich ja ausgewählt. Sie tritt in Konkurrenz zu den anderen, will mir beweisen, dass sie die Beste ist. Wenn ich ihr sage: ‚Bettina hat heute 700 abgeliefert', steht sie sich garantiert die Beine in den Bauch, bis sie 800 hat!" „Was kriegt sie von dir dafür?" „Zuneigung! Und das Gefühl, in ihrer Scheißsituation nicht alleingelassen zu sein. Sie hat aus eigenem Entschluss diesen Job hier angenommen und sich mich ausgesucht. Die landläufige Meinung, dass Huren erst von einem Zuhälter auf den Strich geschickt werden, stimmt nur bedingt. Früher war das öfter so, heut' ist es anders." „Wie denn?"

„Anfang der Siebziger begann ein Run auf den Prostituiertenjob. Es kamen Hausfrauen, gescheiterte Berufsanfängerinnen, Frauen, denen das Dach auf den Kopf fiel vor Langeweile, und solche, denen die Werbung vorgaukelte, was man sich alles zu leisten hatte. Es gab einen gewaltigen Boom, der uns, den Leuten, die die Prostitution in der Stadt organisieren, geschadet hat. Auch der Zuhältertyp änderte sich. An die Stelle des gelernten Kriminellen trat der Liebesloddel, ein Mechaniker oder Büroangestellter, dessen Freundin plötzlich auf den Strich ging und der seinem Job nachging, bis er einsah, wie unsinnig es ist, den ganzen Monat für 2000 Mark zu arbeiten, wenn die Freundin dasselbe in zwei Tagen verdient."

Aki ist in seinem Element: „Diese Jungloddel werden jetzt, nach dem Aidsschock, so nach und nach verschwinden. Sie besitzen weder die Härte noch die kriminelle Energie, sich durchzukämpfen, um auf den verbleibenden guten Plätzen ihre Frauen zu platzieren. Die Männer sind verweichlichter Wohlstandsabfall, haben nicht mal das Stehlen richtig gelernt. Alles, was sie können, ist, bei Frauen die Hand aufzuhalten und allenfalls Drogen zu dealen. Ich gehöre noch zum alten Schrot und Korn. Okay, ich war ein paar Jährchen im Knast, aber das gehört dazu." „Wegen Zuhälterei?" „Nein, nie! Dazu gehört die Aussage einer Frau. Mich hat nie eine angezeigt, warum auch? Außerdem genieße ich als Zuhälter den Schutz der Behörden. Wir machen die Drecksarbeit für sie, sorgen dafür, dass alle Frauen zur Gesundheitskontrolle gehen. Wöchentlich geben wir eine Liste ans zuständige Polizeirevier, in der alle Frauen aufgeführt sind, die in den Häusern arbeiten. Auch Ausländerinnen ohne Arbeitsgenehmigung. Die Polizei weiß immer, was bei uns los ist und zeigt sich erkenntlich. Denen sind ja oft die Hände gebunden. Als etwa die Senegalesen mit ihrem Heroin bis in die Puffeingänge vordrangen, haben wir beschlossen, das Problem selbst abzuschaffen. Es ist uns gelungen!"

Es ist wahrlich gelungen. Vor drei Jahren bewaffnete sich die deutsche Garde mit Baseballschlägern und ging Streife. Nach zwei Tagen waren die Bordellstraßen frei von Senegalesen. Ähnliches passierte letztes Jahr beim Champagnerfest. Die Sackgasse vorm Hauptbahnhof wimmelt seit Jahren von Junkies und Dealern. Ausgerechnet dort bauten die „Jungs" ihr Festzelt auf und erklärten die Straße während des Festes zur Sperrzone für Süchtige und Dealer. Nach deutlichen Hinweisen auf eventuelle körperliche Schäden wurde während der ganzen Woche nicht ein einziger Dealer gesehen.

Das Kantinenfest wird lauter und wilder. Man tanzt. Die Frauen legen eine Art Flamenco hin, laut angefeuert und beklatscht von den Männern. Wieder erscheint Benni mit Eifersuchtsmiene und wirft Aki vor, er flirte mit Inga. Die Störung der Stimmung behagt Aki nicht. Er fasst in Bennis wilden Haarbusch, reißt ihren Kopf nach hinten und schlägt ihr die Faust ins Gesicht. Sie fällt zu Boden, rappelt sich auf, weint, klammert sich an Aki, küsst sein Gesicht, drückt ihre Zunge in sein Ohr, lässt sich von ihm mit einem Klaps auf den Hintern zur Arbeit abschieben.

Inga ist verstört. „Ist das auch ein Beweis deiner Zuneigung?", fragt sie. Es sollte ironisch klingen, aber Aki lacht nicht einmal, als er nickt. „Natürlich, alle wollen beherrscht werden. Es ist wie bei Hunden – je öfter man sie schlägt, umso abgöttischer lieben sie einen. Ich mach' das nicht gerne, aber Frauen verlangen es einfach, sie brauchen es." „Aber, das ist doch absurd!" Inga regt sich auf. Ihre Augen strahlen nicht mehr, sie blitzen jetzt. „Du hast keine Ahnung." Aki ist nicht mal beeindruckt. „Es wird immer kritisiert, das Milieu sei gewalttätig. Aber Gewalt als Ausdruck zwischenmenschlicher Beziehung gibt es nicht nur im Milieu. Der Bürger schlägt seine Frau hinter verschlossener Tür, hier wird Gewalt offen gezeigt. Wir stehen dazu. Der Stärkste ist der Größte. Frag doch mal die Frauen,

ZUHÄLTER

was sie anzieht. Das ist keine Frage von Dummheit. Frag doch mal Angelika!" Angelika sagt: „Wenn ich Feierabend habe, brauche ich einen richtigen Typ! Einen, der mich versteht, einen, bei dem ich meinen ganzen Frust abladen kann und der das auch aushält! Das lass' ich mich was kosten. Das Beste kostet eben immer etwas mehr. Und Aki ist sein Geld wert."

Eine Disco in der Innenstadt. Das Publikum ab Mitte 20. Es ist nach ein Uhr, viele Leute aus dem Milieu verkehren hier. Aki ist eine Legende. Wo er hinblickt, lachen ihn die Frauen an. „Es kommt ein Groupie-Effekt dazu", sagt er. „So wie alle Mädchen Mick Jagger ficken wollen oder den Maffay, so kriege ich auch jede Menge Angebote. Meist lehne ich ab." Und was ist mit der Geschichte vom Zuhälter, der ruhelos Vorortdiskotheken nach jungen, naiven Opfern durchstöbert? „Das mag's geben, aber selten. Heute entschließen sich die meisten Frauen ja selbst zur Prostitution und geraten in ihrer Unerfahrenheit und Einsamkeit über kurz oder lang an einen Loddel. Er ist ihr wichtigster Ansprechpartner. Immerhin tut sie als Hure etwas, das die Öffentlichkeit ächtet. Sie kann keine normale Beziehung eingehen, ohne dass ihr Beruf irgendwann zur Sprache kommt. Damit geht die Bindung kaputt. Der Zuhälter ist für die Hure eine Art Gott, ein Vertrauter, der sie akzeptiert, wie sie ist. Andere Leute haben ihren Bhagwan. Das Ganze ist keine rein finanzielle Kiste. Ich nehme meine Frauen nicht aus. Ich lass sie alle gut leben." Aki erzählt weiter: Ich mach' mir keine Sorgen. Ob viel oder wenig Geld, es ist immer genug da zum Leben, zum Trinken, zum Zocken, zum Feiern."

Das „Ochsenfest" findet auf dem Hof eines Puffs in Darmstadt statt. Am Spieß der Ochse, in großen Waschzubern einige 100 Liter Champagner auf Eis. Etwa 60 „Jungs" sind angetreten. Aki hat als einziger eine Frau mitgebracht – Angelika. „Sie hat heut' ihren freien Tag." Während des Festgewimmels ziehe ich sie in eine ruhige Ecke und frage sie nach Aki und ihrer Beziehung.

Angelika hat bereits eine Flasche Schampus intus. Ihr Gesicht ist gerötet, ihre Zunge locker: „Aki ist der erotischste Mann, den ich kenne. Zärtlich und verständnisvoll und total unberechenbar. Aus heiterem Himmel explodiert er und macht dich nieder. Vor ein paar Wochen haben wir eine Motorradtour nach Berchtesgaden gemacht. Vorm Eingang zum Führerbunker saßen wir auf der Maschine, als es ihn überkam. Er wollte vögeln, sofort. Wir machten es auf dem Motorrad. Die umherstehenden Leute waren völlig verstört, aber das hat ihn nicht interessiert. Als ein Typ wagte, Bemerkungen zu machen, hat Aki nur gelacht und mit der Faust gedroht. Da ist der Mann weg. Aki ist echt ein irrer Typ!"

Der irre Typ sitzt mittlerweile im Kreise seiner Genossen, zecht, isst, erzählt Geschichten. Männer erzählten noch immer die besten Geschichten, behauptet er. Hauptthema seit Jahren: die große Zuhälterverhaftung auf Gran Canaria und ihre Folgen für die deutsche Szene. Ausgelöst durch die Intrige einer fallen gelassenen Urlaubsliebe, die angeblich vergewaltigt worden war, stürmte die Guardia Civil das Café. Die Polizei kannte weder Namen, noch besaß sie Fotos. Sortiert wurde nach Schmuckbehang. Geschmeideträger links, andere Gäste rechts. Wer mit einer Rolex behangen war, kam

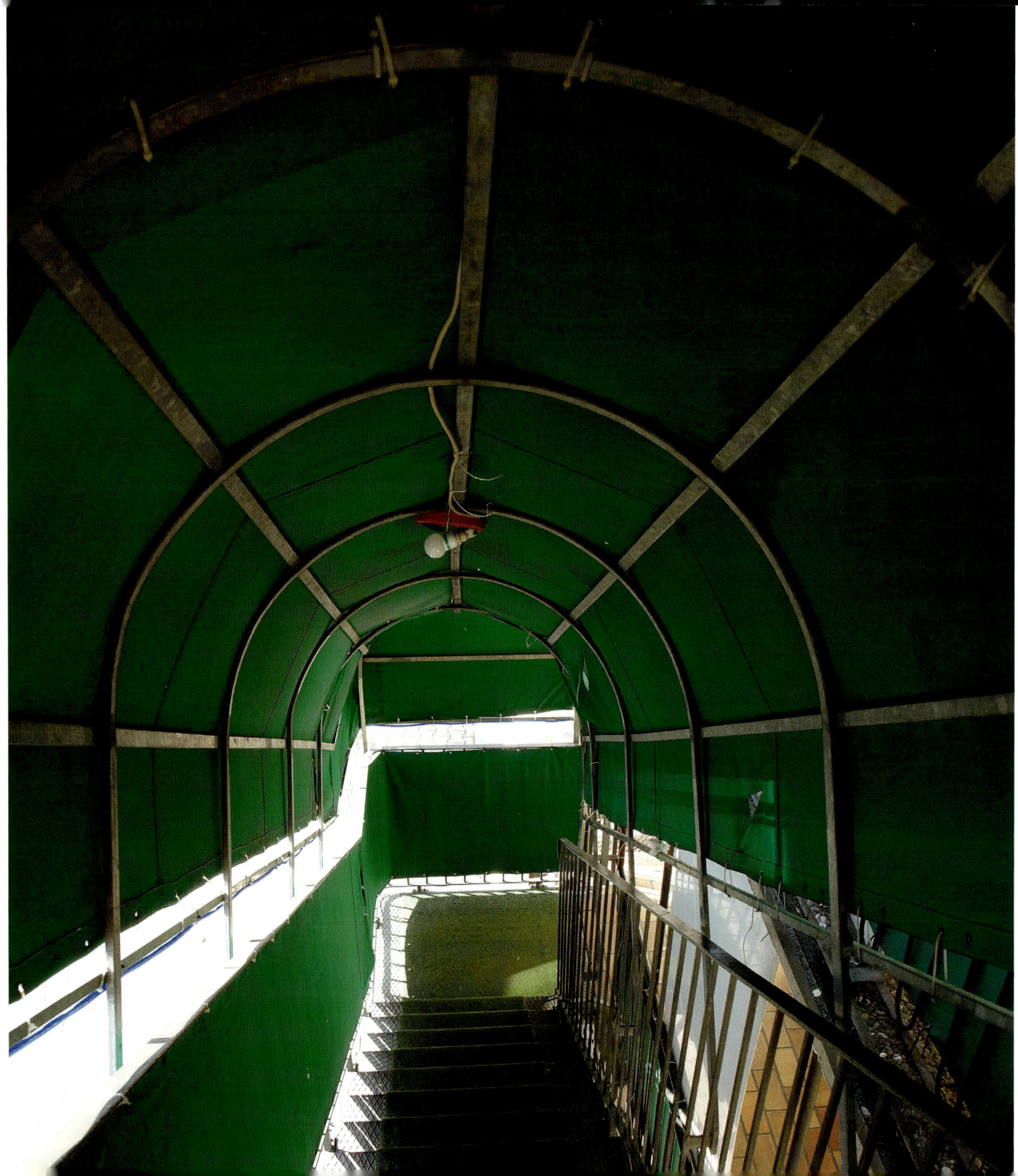

ZUHÄLTER

in den Knast. Sitzt man einmal, finden sich Gründe. Über 15 Jungs saßen im Knast, unter ihnen Aki. Die Aktion sprach sich in Deutschland herum. Sofort begannen Grabenkriege; Grenzen und Gebiete wurden umverteilt. Den „Jungs" auf Gran Canaria schwammen die Felle weg. Es kam zu Schießereien, vor allem in Hamburg. Die Fehde „Nutella" gegen „GMBH" ging durch die Presse, auch als sich Micha, das „M" aus „GMBH", im Wald erhängte. Dann kam die Ära Pinzner – und das alles, weil eine eifersüchtige Frau in Spanien zur Polizei lief, um ihrer Urlaubsliebe eins auszuwischen. „Wir haben eine Schlacht verloren, aber nicht den Krieg", erklärt Aki heute. Dann stimmen die „Jungs" das Zuhälterlied an. Aus vielen Kehlen erklingt:

„Das, das, das ist ein Geschäft,
das bringt heute noch was ein.
Ein jeder aber kann das nicht,
er muss ein Lude sein."

Aki breitet beim Singen die Arme aus, als wolle er die Welt umarmen. Gefällt ihm das Fest? „Welches Fest? Das Leben ist immer so!"

Soviel zum Jahre 1989. Viele Jahre später gab es wieder ein Geburtstagsfest. Motto: „Ein Rabe wird 60". Aki hatte einen Altar aufgebaut, auf dem sinnbildlich viele Urnen aufgebaut waren. Alle trugen Namen schon verstorbener Kollegen. Außerdem spielten drei Bands, eine Mariachi-Kapelle war extra aus Mexico eingeflogen worden. Das Riesenzelt fasste 900 Besucher und war drei Tage lang überfüllt. Nur Männer! Die einzigen Frauen, vier mit Rotkreuzhäubchen getarnte „Notfallhelferinnen", die in der Regel unter den Tischen knieten und dem „Notfall per Fellatio Abhilfe schafften". Es war Akis letzter runder Geburtstag. Er hatte sich mittlerweile mit den spanischen Behörden versöhnt und lebte auf Mallorca. Sein umgebautes Fischerboot lief stets mit wehender Piratenflagge in den Hafen ein, was ihn immer 500 Euro Buße kostete, ein Ritual. Im Juni 2008 ist er gestorben. Nach einem Herzinfarkt lebte er nur noch drei Wochen. Ende Juni wurde er auf dem Frankfurter Hauptfriedhof unter Anteilnahme hunderter Kollegen aus der ganzen Welt beigesetzt. Kurz darauf begann der Run auf sein Erbe. Die Frauen waren rasch aufgeteilt, aber was war mit Bargeld? Aki hatte nie ein Konto besessen, nie eine Kreditkarte. Immer nur die Röllchen Tausender oder Fünfhunderter in der Tasche.

Glückssucher gruben seine Grundstücke in Mallorca um, jede Bohle seines Bootes wurde abgekratzt – bisher ohne Erfolg. Er wird da oben oder unten sitzen und lachen, natürlich nur mit Petrus, dem Teufel, dem lieben Gott und ohne Engel. Denn richtige Geschichten erzählen sich nur Männer.

Matthias Beltz, Torsten Schiller

RUHE IM F

ODER DIE HURE ALS SÜNDENBOCK

zahlte alleine Engel an Gewerbe- und Getränkesteuer. Dass ein Amt nicht immer weiß, was das andere tut, bewahrheitete sich einmal mehr. Das Finanzamt fragte bei Engel nach, wann er denn seine Steuer zu entrichten gedenke. Sie fielen aus allen Wolken als sie erfuhren, dass sie mit dem gewohnten Betrag nicht mehr rechnen konnten. Engels Bar „Flair" geriet ebenfalls unter Beschuss. „Undercover Agenten" meldeten: „Im Lokal verkehren Huren!" Dass dies schon seit 30 Jahren so ist - früher betrieben die Brüder Rombach das Kontaktlokal - scheint das Ordnungsamt völlig verdrängt zu haben. Auch, dass alles im Toleranzgebiet liegt. Doch Toleranz hin, Toleranz her: Die Huren müssen sich fortan hinter Glas kasernieren lassen, sonst wird die Bar geschlossen. Alljährlich wiederkehrenden Messegästen, vor allem Ausländern, sträuben sich vor Unverständnis die Haare. Ein Puff ohne Suff und Mädchen hinter Glas wie ausgestellte Schmetterlinge....

Die Hure eignet sich vorzüglich als Sündenbock
Von Torsten Schiller

Das Trauerspiel währt nun bereits elf Jahre. Die Darsteller wechseln, ein Ende ist aber nicht abzusehen. Die Unsicherheit der Betroffenen wächst; die unbefriedigende Situation bleibt bestehen. Man hat fast den Eindruck, dies sei gewollt.

Ich spreche von der Prostitution und den Bemühungen, sie zu regeln, zu kanalisieren, einzudämmen, gegebenenfalls sogar abzuschaffen. Prostitution an sich ist nicht verboten und auch nicht strafbar. In diesem „an sich" liegt jedoch des Pudels Kern. Denn was einerseits gewährt wird, wird in demselben Atemzug durch entsprechende Vorschriften derart eingeschränkt, dass von dem eigentlichen Grundsatz wenig bleibt. Zu diesen Vorschriften gehören auch die sogenannten Sperrgebietsverordnungen, die zum Schutze der Jugend oder des öffentlichen Anstandes für Teile eines Gemeindegebietes ein Prostitutionsverbot aussprechen können. Eine Beschränkung der Prostitution auf bestimmte Häuserblocks oder Straßen (Kasernierung) ist allerdings verboten. Die gesetzliche Ermächtigung zum Erlass derartiger Regelungen besagt daher eindeutig, dass Prostitution aus bestimmten Gegenden einer Stadt, wie Wohngebieten, dem Umfeld von Schulen, Kindergärten, Kirchen, sozialen und ähnlichen Einrichtungen ferngehalten werden soll. Des Weiteren ist in diesem Zusammenhang sicherlich zu differenzieren nach der jeweiligen Form der Prostitution, zumal sicher nicht bestreitbar ist, dass eine Prostitutionsausübung in Häusern, ohne dass dies von außen erkennbar wird, weder den Schutz der Jugend noch den öffentlichen Anstand relevant tangieren kann.

Der jeweils berufene Verordnungsgeber – in Hessen ist das die Landesregierung – hat aus der beschriebenen Ermächtigungsnorm jedoch etwas gänzlich anderes gemacht, sie quasi auf den Kopf gestellt. Bei dem Begriff „Teile des Gemeindegebietes" streitet man sich darüber, ob nicht wenigstens zehn Prozent der Fläche der Gemeinde für Prostitution freigegeben werden müssten. Mit anderen Worten: Nicht die Integration durch Vermischung, wie das Gesetz es eigentlich vorsieht (Kasernierungsverbot!), sondern die Ausgrenzung der Prostitution verbunden mit ihrer Konzentration auf kleine Bereiche ist Praxis.

RUHE IM PUFF ODER DIE HURE ALS SÜNDENBOCK

Was steht dahinter? Provokant formuliert: Sperrgebietsverordnungen der vorliegenden Form, und besonders auch die seit 1986 für die Stadt Frankfurt am Main geltende, sind Ausdruck der herrschenden, allerdings nicht zugegebenen Frauenfeindlichkeit der (männlichen) Gesellschaft. Die Hure wird versehen mit dem Verdikt der Abartigkeit, des Andersseins und der Minderwertigkeit. Im Einklang mit dieser Diskriminierung steht ihre Verdrängung in die Außenbezirke einer Stadt, in unbedeutende, möglichst unwirtliche Gegenden. Prostitution in menschenwürdiger, ja gar gehobener Umgebung ist strafbar. Dabei hat es der männliche Teil der Gesellschaft hervorragend verstanden, sich aus dem Diskussionszusammenhang herauszunehmen. Und dies, obwohl weibliche Prostitution ohne die Freier überhaupt nicht denkbar ist. Es sind nicht nur die untreuen und sittlich verwahrlosten Männer, die die Frauen aufsuchen. Die Nachfrager rekrutieren sich vielmehr aus allen Bevölkerungsschichten, wie gleichermaßen das Angebot die ganze Bandbreite zwischen Edeldirnen und Straßenhuren enthält: ein echtes Spiegelbild der Gesellschaft.

Prostitution wird mithin von dem männlichen Teil der Gesellschaft produziert, denn Männer sind in einem Dilemma. Sie fürchten einerseits die Frau, die ihnen andererseits doch so wichtig für die eigene Selbstbestätigung ist. Sie bedürfen der Illusion, eine Frau zu „besitzen". Der Mann versieht sich mit dem Mythos der Überlegenheit und kann hieran doch nicht so recht glauben. Dieser Selbstbetrug darf nicht nach außen dringen und wird in bestimmten Fantasien beim Liebesakt deutlich. Sie reduzieren die Frau zum beliebigen, passiven Objekt. Viele Männer können daher Sex nur mit einer Frau genießen, die ihre Sexualität verkauft oder mit der ihnen eine Hurenfantasie möglich ist. Hier liegen die wahren Ursachen für Prostitution, die nicht herausgelöst aus dem gesellschaftlichen Zusammenhang gesehen werden kann. Eine Gesellschaft, die Sexualität tabuisiert, wozu deren Vermarktung keinen Widerspruch darstellt, provoziert zwangsweise das Phänomen der Verdrängung. Sie huldigt der Ideologie, Leben sei normierbar und müsse sich notwendigerweise gegen solche Mitglieder wenden, die die Körperlichkeit des Menschen betonen. Dass hierzu in erster Linie die Prostituierten gehören, steht außer Frage. Sie führen dem Einzelnen und der Gesellschaft, also dem so intelligenten und rationalen modernen Menschen, dessen sklavische Abhängigkeit von der Natur immer wieder vor Augen und beleidigen ihn damit in seinem Selbstverständnis zutiefst.

Dies ist allerdings nur die eine Seite der Medaille, die andere Seite bestätigt die Abhängigkeit des Menschen von der Natur immer wieder dadurch, dass Prostitution eben existiert und nicht ausrottbar ist. Eine derart strukturierte Gesellschaft, der abweichendes Verhalten zuwider ist und in der die Suche nach Schuldigen eine lange Tradition vorweist, hat sehr schnell den Sündenbock gefunden, nämlich die Prostituierten. Sie führen dem Mann seine Unzulänglichkeit und seinen fortwährend aufrechterhaltenen Selbstbetrug vor Augen und haben zudem den Nachteil, dass sie ohne Lobby dastehen und ihre Tätigkeit selbst mit der Diskretion steht und fällt. Die Gesellschaft schafft also selbst die Zustände, die sie nachher nachhaltig beklagt und vorgibt, bekämpfen zu müssen. Resümierend ist festzustellen, dass die Einstellung gegenüber Prostitution und ihrer Regelung ein signifikantes Beispiel für die normative Zurichtung der Wirklichkeit darstellt, zugleich aber täglich beweist, dass Leben eben mit Hilfe von Normen nicht manipulierbar ist. Der herrschende strafrechtliche und ordnungsrechtliche Ansatzpunkt zur Behandlung von Prostitution ist verfehlt, was angesichts der Historie sicherlich keines Beweises bedarf. Ändern wird sich dies allerdings nicht, denn Einsicht ist nicht gefragt und was wäre diese Gesellschaft ohne ihre Feindbilder und Sündenböcke!

Auszug:

Liebe Leserin, lieber Leser !

Als im Vorfeld der Veröffentlichung klar wurde, dass es auch eine Gästeliste geben werde, kamen sofort Einsprüche und Drohungen Betroffener. Die ersten Anwaltsschreiben trudelten ein. Wir haben uns dann entschlossen, die Liste dennoch, aber mit geschwärzten Namen zu veröffentlichen.

███████████
Olympiasieger und Boxweltmeister im Schwergewicht.

███████████
Boxweltmeister.

███████████
Boxeuropameister mit Milieunähe.

███████████
Großindustrieller, eröffnete schon mal die Internationale Automobilausstellung.

███████████
Bundesminister und Parteivorsitzender.

███████████
Sein Vetter, in Frankfurt lebend und tätig.

███████████
Deutscher Landesminister der Justiz.

███████████
Parteigeschäftsführer im südlichen Deutschland.

███████████
Musikmanager und, damals wie heute, Oberlinker.

███████████
Megaerfolgreicher Musikproduzent, der alle Stimmen seiner Bands selbst sang.

███████████
Top Rockmusiker, dessen ursprüngliche Band nach einer Behörde benannt war.

███████████
US-Countrymusiker, der stets nackt im Stetson herum lief. War hier zur Aufzeichnung in der Musiksendung DISCO

███████████
US-Countrymusiker, der den gleichen Auftritt pflegte, nur statt Hut trug er Cowboyboots am nackten Körper – hatte Konzert in Mannheim bei der US Army

███████████
US-Countrymusiker, der stets schwarz gekleidet war, anlässlich eines Konzertes in Frankfurt.

███████████
US-Schmusesänger, in ihn verliebte sich die Hure Cora, die ihn dann vier Wochen auf seiner Europatournee begleitete.

███████████
Männlicher Teil eines bekannten deutschen Schlagerduos. Er bestand immer darauf, dass keines ihrer Lieder gespielt wurde, solange er im Sudfass war. Es sei schon genug, dass er mit „dieser Scheiße" sein Geld verdienen müsse.

███████████
Deutscher Liedermacher. Nach dem ersten Sudfass-Besuch komponierte er „Das Hurenlied" und trug es in einer Satiresendung im Fernsehen vor.

███████████
Wiener Liedermacher, der, wie die Mädels versicherten, nicht nur Skifahren kann.

███████████
Erfolgreicher deutscher Fernsehmoderator, vielleicht der erfolgreichste überhaupt?

SUDFASS-GÄSTELISTE

▬▬▬

Deutscher Rock-, Schlagersänger und Komponist. Schon früh in der Kritik, weil er sich seinen Fans im Adamskostüm zeigte, ohne „Marmorhöschen".

▬▬▬

Deutscher Schlagersänger, sein erster und einziger Hit war ein Motorradsong.

▬▬▬

Österreichischer Sänger mit Welterfolgen, leider schon lange tot.

▬▬▬

US-Regisseur und Filmemacher. Ob Vietnam oder im türkischen Knast. Seine Thriller waren die besten.

Ferner zahlreiche Sportler:

▬▬▬

Deutscher Fußball Nationalspieler

▬▬▬

Deutscher Fußball Nationalspieler

Alleine an deutschen Fußballnationalspielern könnten wir mindestens 28 benennen. (Franz Beckenbauer allerdings war NIE da.)

Und viele, viele andere, wie nahezu alle Konzertveranstalter, die meist ihre Konzertstars in das Sudfass begleiteten.

Einen Namen rücken wir in diesem Zusammenhang trotzdem raus, weil es ihnen nicht gelungen ist, das Sudfass zu betreten. Der Rockgruppe „The Who" wurde von Frau Baldorf der Einlass verwehrt, weil sie so verwahrlost aussahen. Auch das Argument der Begleiter der Agentur: „Dies sei zurzeit die berühmteste Rockgruppe der Welt" machte auf Frau Baldorf nicht den geringsten Eindruck „Dann erst recht nicht", soll sie gesagt haben.

Monika Büchner

WARUM MÄNNER IN DEN PUFF GEHEN

Diese Frage bewegt Millionen von Frauen. Aber viele Männer wissen selbst nicht genau, warum sie Prostituierte aufsuchen. Nur eines ist klar, es gibt sie, die „Freier". Eine Studie sagt, jeder erwachsene Mann war mindestens einmal im Leben bei Prostituierten.

Das Sudfass lebte von ihnen, das Bahnhofsviertel, aber auch alle anderen Bordelle, Privatclubs und Straßenstriche in Deutschland und der ganzen Welt. Millionen und Abermillionen von Männern gehen täglich zu Huren. Überwiegend verantwortlich ist ganz sicher der männliche Fortpflanzungstrieb, der seit Millionen von Jahren die Gene geprägt hat. Da unterscheidet sich die männliche ganz erheblich von der weiblichen Verhaltensweise. Natürlich gibt es auch pures sexuelles, weibliches Verlangen, aber es ist bei Weitem nicht so ausgeprägt wie der fast tierische Trieb des Mannes, der am Besten im folgenden Zweizeiler beschrieben ist: „Wenn der Schwanz steht, ist der Verstand im Arsch". Doch man findet selten jemanden, der dazu steht. Kaum haben Männer das Bordell verlassen, wechseln sie die Straßenseite und tun, als hätten sie das Haus noch nie gesehen.

Was liegt also näher, als diejenigen zu fragen, die bei der „Tat" anwesend sind? Die Frauen und die Bediensteten des Sudfasses. Die Frage an unsere Sudfass-Belegschaft lautete also: „Warum gehen Männer in den Puff?"

Die Antworten:

Michaela:
„Der Puff ist eigentlich ein ‚Beichtstuhl' und die Ejakulation gleichzeitig die Erleichterung der Seele. Und die Bußen kein Ave Maria, sondern Cash!" Michaela ist eine der am längsten im Sudfass tätigen Frauen, die ihre Arbeit mit dem Satz „der Geldbeutel wird voll, aber die Seele frisst Backsteine", so klar definiert hat, wie kaum jemand. Gemeint hat sie damit die Kundennähe im Edelbordell. Nicht wie auf dem Straßenstrich oder im Laufhaus eine kurze Nummer, abputzen, fertig, der Nächste. Nein, das Edelbordell verlangt, dass sich die Frauen mit den Männern abgeben, mit ihnen trinken, mit ihnen reden, ihnen zuhören vor allem. Und mit jedem Wort, das sie wechseln, mit jeder Minute des Abtastens und sich Näherkommens wird es für die Frau schwerer, das zu tun, was sie am liebsten täten: Das Geld nehmen und möglichst wenig, am besten gar nichts, dafür herzugeben."

Tina:
„Warum sollen sie nicht? Ich hatte immer das Gefühl, Männer gehen alle in den Puff, weil's bequem ist und sie da so sein können, wie sie wollen. Ich habe nur einmal einen auffälligen Freier gehabt, einen Psychopathen, der war gefährlich und hatte einen Frauenhass. Aber alle anderen waren normal. Ich glaube, die meisten machen zu Hause auch nix anderes. Ein Stammgast zum Beispiel, der oft bei mir war, kam nie, er hat endlos gevögelt, aber kam nicht. Weil mir das zu lange dauerte, habe ich's ihm mit Hand und Mund zu Ende gebracht. Da sagt er, das fänd' er schön, aber das könne er zu Hause von seiner Frau nicht erwarten. Der tut er dann immer einen Orgasmus vorspielen und wixt dann später alleine. Ich fand es schön, dass er mir das so einfach erzählt hat, das traut' er sich bei seiner Frau nicht."

Angelika:
„Ganz klar, weil's einfach ist! Ich wünschte mir, es gebe auch einen Puff für Frauen. Hier kriegen die Männer alles ohne Folgen. Ich meine, sie zahlen und wenn sie das Haus verlassen, ist das Geheimnis gewahrt. Egal, was sie gemacht haben, ob sie gefickt oder nur geschwätzt haben. Sie verlassen sich auf die Wahrung des Geheim-

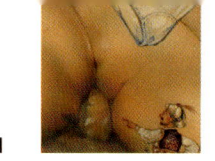

WARUM MÄNNER IN DEN PUFF GEHEN

nisses und deshalb sind sie so relaxed. Viele laufen ein wie ein Stier und enden platt wie eine Flunder, aber das macht hier nix. Zu Hause hätten sie bestimmt Versagensängste und die Befürchtung, ihre Frau würde es ihnen ankreiden. Ich glaube, zu Hause sind die meisten Männer viel angespannter, sie wollen es sich nicht leisten, ihr Gesicht zu verlieren, hier ist es egal. Tür auf, Tür zu. Bis zum nächsten Mal."

Annmarie:
„Auffällig waren am Anfang für mich immer die Rettungsversuche meiner Seele. ‚Warum bist du hier? Du bist doch viel zu schade für so was, usw.' Aber dann machten sie all das mit mir, für das ich eigentlich zu schade sein sollte. Später habe ich das locker analysiert. Obwohl die Männer wissen, dass sie bei mir nicht der einzige sind, nicht heute, nicht gestern und auch nicht in der übernächsten Stunde, tun sie, als wollten sie mich ganz alleine für sich haben, und ich bin überzeugt, manche glauben das auch. Spielt sich alles im Kopp ab! Kommt drauf an, wieviel ich dazugebe. Eine gute Hure muss weder jung noch schön sein, aber eine gute Schauspielerin. Manche Männer brauchen richtig viele aufbauende Sprüche, mehr noch als körperliche Angebote. Manchmal wollten sie ja gar nichts machen, liegen nur angeschmiegt, sich wärmend und freuen sich, dass sie nicht müssen. Ich bin sicher, die meisten suchen hier im Puff eine Beziehung, wenn auch nur für drei Minuten."

Consuela:
„Bei uns in Kolumbien gehen alle Männer zu Mädchen, die sie bezahlen, ob Profis oder Amateure. Sie sind wie Gockel, desto mehr Hennen sie besteigen, umso stolzer sind sie, auch wenn sie die Eroberung bezahlt haben. Noch dazu sind sie grob zu den Frauen, sowohl in Worten und im Anfassen, eine reine Machtdemonstration. Das erlebe ich hier in Deutschland anders, ich kenne allerdings nur das Sudfass. Die Männer sind weniger grob und wenn sie harte und gemeine Worte benutzen, dann um sich erotisch anzufeuern. Aber sonst ist es hier wie in Kolumbien. Alle Männer gehen fremd, glauben aber, ihre Frauen täten es nicht."

Cora:
„Ich glaube, Männern reicht eine einzige Frau nie und nimmer. Ich stamme aus einem islamischen Land, dort dürfen die Männer sowieso mehrere Frauen heiraten. Und es gibt kaum Prostitution, sie wird hart bestraft, aber ich bin sicher, es wäre gut für unsere Länder, wenn die Prostitution dort erlaubt wäre. Dann kämen die Burschen nicht auf so dumme Ideen. Meine Brüder zum Beispiel laufen bis zum Haaransatz mit Testosteron vollgepumpt herum und dürfen eine Frau noch nicht einmal anschauen. Sie wixen mehrmals am Tag oder vergehen sich an Tieren oder lassen ihre Aggressionen an anderen aus. Sie sind leichte Opfer der politischen Verführer, die ihre Unbeholfenheit ausnutzen. Die sind so gestört im Kopf, dass sie an die Jungfrauen im Paradies glauben. Alleine aus dem Grunde ist es gut, dass Männer in den Puff gehen."

Partners jedoch ganz andere sind? Sollte man sich davonstehlen bei Nacht, um sich zu holen, was man zuhause vermisst? Leicht ist die Entscheidung nicht.

Langjährige Partnerschaften und käuflicher Sex
Viele von uns wissen es: In langjährigen Partnerschaften ist es schwer, eine sprühende, lebendige Sexualität aufrecht zu erhalten. Vielleicht ist man schon seit Jahrzehnten zusammen, die Kinder sind groß, der Job anstrengend und im Bett immer das gleiche Programm oder der Sex hat sich vor langer Zeit unauffällig verabschiedet. So könnte es sein, dass er ab und zu einen Abstecher macht, während der Mittagspause oder nach der Arbeit, um sich das zu holen, was er zuhause vermisst. Frank sagt: „Seit dreißig Jahren sind wir ein Paar. Wir haben die Kinder großgezogen, das Haus gebaut. Sie hat mich immer unterstützt. Ohne sie wäre ich heute nicht da, wo ich jetzt bin. Ich liebe meine Frau und daran wird sich auch nichts ändern – aber Hautkontakt haben wir keinen mehr. Ich mag nicht, wie sie riecht und ihr Körper hat sich verändert im Laufe der Jahre. Ich habe mich mehr und mehr zurückgezogen und heute leben wir wie Bruder und Schwester. Und deshalb brauche ich ab und zu eine Frau, die mir in die Ohren stöhnt und mir sagt, wie großartig ich bin."

Es gibt langjährige Partnerschaften, die nur durch gelegentliche Puff-Besuche oder Inspruchnahme anderer sexueller Dienstleistungen aufrecht erhalten werden können. Da wirken Seitensprünge stabilisierend – obwohl vermieden wird, was natürlich der bessere Weg wäre, nämlich über Probleme zu sprechen.

Achtung – bei zu häufigem Gebrauch
Erik sagt: „Ich gehe regelmäßig in den Puff und die Frauen lieben mich. Sie sagen, ich mache sie ganz verrückt und ich wäre ein hervorragender Liebhaber, ein wahres Naturtalent. Und ich genieße es sehr, wenn ich sie verwöhnen darf und sie von einem Orgasmus in den nächsten schwingen. Frauen im Puff sind ja meistens von Natur aus sexbesessen, da ist es leicht, seinen Spaß zu haben. Im wirklichen Leben ist es viel schwerer, eine Frau sexuell zufrieden zu stellen. Die sind doch mit nichts zufrieden und nörgeln ständig an einem herum. Ich persönlich habe es aufgegeben, eine Partnerin zu suchen. Ich gehe regelmäßig in den Puff, bezahle ein paar Euro und weiß, was ich dafür bekomme."

Wenn Sexualität jahrelang auf käuflichen Sex beschränkt bleibt, dann kann es sein, dass sich der Blick für Realitäten trübt. Eine Sexarbeiterin, die mit sexuellen Dienstleistungen ihr Geld verdient, wird stets sagen: „Du bist wunderbar, du bist der perfekte Liebhaber, nur du machst mich wirklich heiß." Und da spielt es keine Rolle, ob er jung ist mit wenig Erfahrung oder schon alt und die Klitoris am Oberschenkel sucht. Sie ist heiter, unbeschwert und zu

WARUM MÄNNER IN DEN PUFF GEHEN

(fast) allem bereit, solange das Geld stimmt. Es ist ein künstlicher Raum, eine bezahlte Dienstleistung, die zwar umso besser funktioniert, wenn sich die Partner sympathisch sind und ihren Spaß miteinander haben, welches jedoch für die zufriedenstellende Ausführung der Vereinbarung nicht unbedingt notwendig ist.

So könnten Männer, die regelmäßig und über einen längeren Zeitraum für Sex bezahlen, im Laufe der Zeit dazu neigen, den Sinn für Realitäten zu verlieren und sich selbst und ihre sexuellen Fertigkeiten überschätzen. Sie könnten die Fähigkeit verlieren, normalen Kontakt aufzunehmen und den Sinn für ein gegenseitiges Liebesspiel vergessen, das man beim schnellen, unproblematischen und käuflichen Sex nicht braucht.

Der Sex im Bordell lässt sich nicht mit dem in einer Partnerschaft gleichsetzen. Ein Frau im „wirklichen Leben" möchte langsam erobert werden, will sich Zeit lassen, wird sich langsam und allmählich öffnen und sich erst dann, wenn das Vertrauen stimmt, auch entblättern. Es braucht Einfühlungsvermögen und Überzeugungskraft, um im wahren Leben eine Frau zu verführen und es könnte sein, dass er die Geduld verliert, wenn an der nächsten Ecke eine andere steht und flüstert: „Komm mit, mein Schatz!"

Fazit

Die Gründe dafür, warum Männer in den Puff gehen, sind vielfältig und individuell höchst verschieden. Für den einen geht es um die Befriedigung seiner sexuellen Impulse, dem unkomplizierten erotischen Kick, welchen er sich gönnt wie ein Wellness-Angebot, für den anderen geht es um die Erfüllung emotionaler Bedürfnisse wie Nähe, Anerkennung, Freude, Wohlbefinden oder Entspannung. Die Übergänge dazwischen sind fließend. Manchmal jedoch geht es auch darum, sich eine Illusion zu bewahren, die Bestätigung zu erhalten, dass man männlich ist, potent und stets willkommen – auch wenn man ein paar Euro dafür bezahlt. Denn leicht ist es für die Männerwelt heutzutage nicht, wo Frauen die Bohrmaschine selbst bedienen. Die Rolle des Ernährers und unbestrittenen Familienoberhauptes ist nicht mehr erwünscht. Sie fragen sich, wozu sie noch gebraucht werden, wann sie ihre Männlichkeit beweisen dürfen, ihren Mut, ihre Stärke, ihren Bewegungsdrang, ihre Zärtlichkeit, ihre Wildheit und ihre gelegentliche Sexbesessenheit? Sie wollen, dass ihre sprühende Sexualität, ihre spielerische Fantasie und überschäumende Potenz gewürdigt wird. Frauen im wirklichen Leben haben Ansprüche, stellen Forderungen und sind zudem dauerhaft präsent. Männer geben in festen Beziehungen ihre sexuellen Wünsche selten preis, da sie die Ablehnung und die womöglich anschließende Verachtung fürchten.

Also gehen Männer gelegentlich in den Puff wie andere zum Therapeuten, um danach heiter und entspannt zu sein, sich fabelhaft zu fühlen für die nächsten Stunden, den nächsten Tag oder bis zum nächsten Mal. Und das ist nicht gegen die Partnerin gerichtet, sondern für die Partnerschaft!»

Peter Zingler

DIETER ENGEL

Es muss irgendwo zwischen Tanger und Rabat gewesen sein, in jenem heißen Sommer 1959, als dem jungen Dieter, auf seinem Fahrrad, die Idee gekommen ist: „Wasser! Wasser ist der Lebensspender, es kühlt den Körper und trinkt sich hervorragend. An einem heißen Tag wie diesem wirkt es sogar berauschend."

Schon fast ein Jahr war Dieter Engel zu dem Zeitpunkt unterwegs, auf seiner Radtour von Köln durch Frankreich und Spanien nach Marokko und über die Balearen zurück ins Rheinland. Hier bei Acilah am Atlantik holten ihn der Durst und der Wunsch nach Abkühlung vom Rad. Erst trank er am öffentlichen Brunnen ein paar Schlucke, dann stürzte er sich ins erfrischende Meer.

„Wie", so dachte er, „kann man Menschen diese einfache Wahrheit nahebringen?" Zur Glückseligkeit genügen Durst, Hitze und Wasser. „Kann man diese Situationen nach Köln exportieren?" Noch war es ihm nicht bewusst, aber etwas rumorte in ihm, wie auch vor drei Tagen in Fès. Es war gegen Abend gewesen, ein weiterer heißer Tag ging zu Ende, als er durch die schmalen Gassen der Altstadt von Fès streifte. Die Kasbah mit all ihren Gerüchen und Geräuschen. In einer offenen Tür entdeckte er, wie Jungs, etwa zehn bis zwölf Jahre alt, ein Feuer mit Holzspänen fütterten. „Nanu", hatte er gedacht, „ein Feuer an einem solch heißen Tag?" Das Feuer schien eine niedrig hängende Decke zu wärmen. Es dauerte, bis er begriff. Die Jungs waren sozusagen die Heizer, und in der höher gelegenen Straße gab es ein Hamam, eine arabische Sauna, auch türkisches Bad genannt. Er war neugierig geworden. Warum an einem heißen Tag nochmal Hitze suchen? Doch nach einigen Stunden in heißem Dampf, nach einer Seifenmassage auf angewärmten Steinen, war er derart entspannt, dass er alles begriff. Und auch das war Wasser gewesen, die heilende Kraft des Wassers.

Denn eines war von vorneherein klar. Wenn er nach Köln zurückkäme, dann würde über kurz oder lang Schluss sein müssen mit der Maloche, dem Herumrutschen auf den Knien, dem Verlegen von Fußböden aller Art. Ein mörderischer Job, und den hatte er, seitdem er mit 14 Jahren die Schule verlassen hatte, ununterbrochen ausgeübt. Schließlich mussten Mutter und Schwester unterstützt werden, nachdem der Vater nicht aus dem Krieg zurückgekommen war. Mit 21 Jahren hatte Dieter schon gesundheitliche Probleme in Rücken und Gelenken und traf daher seine Entscheidung: eine Auszeit. Nicht etwa Urlaub oder eine Reise per Bahn oder mit dem Auto, das er eh nicht besaß. Nein, mit dem Rad in die Welt, so weit die Beine strampeln konnten! 3.000 Mark hatte er gespart, das musste reichen. Auch damals war dies ein außergewöhnliches Unterfangen. Dieter Engel wollte spüren, was er sich selbst zumuten konnte, was er aushält, was ihm Freude macht und was nicht. Nun stand er, nach fast einem Jahr unterwegs, an der marokkanischen Küste und war sich zum ersten Mal sicher: Sein Leben würde einen anderen Verlauf nehmen.

Dieter Engel wurde am 13. April 1937 in Köln als Sohn von Benno und Amalie Engel geboren. Die Kölner Zeitung von jenem Tag berichtet auf der Titelseite von der Blockade des Hafens San Sebastian durch die Engländer. Im spanischen Bürgerkrieg standen die faschistischen Truppen Francos kurz vor dem Sieg.

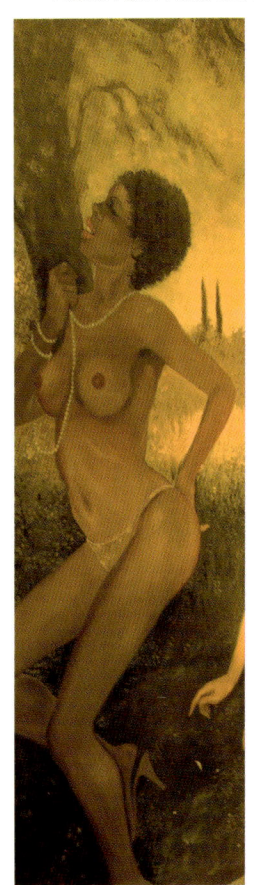

DIETER ENGEL

Dieter Engels Vater stammte aus Trier und war Handelsvertreter, die Mutter Hausfrau. Benno Engel war in der schweren Zeit der Wirtschaftsflaute mit seinem Vater, einem Polsterer von der Mosel, wo es gar keine Arbeit gab, in die Domstadt gekommen. Amalie Engel, deren Vorfahren Ostfriesen waren, lebte schon länger in Köln.

Dieter war das erste Kind der jungen Familie, Benno war zu dem Zeipunkt 35, Amalie 30 Jahre alt. Erst fünf Jahre später, 1942, wurde Dieters Schwester Gertrud geboren. Dieter war alt genug, um das ganze Kriegselend mitzubekommen. Die vielen Bombenangriffe auf Köln, die Brände, Zerstörung, Tod und Elend. Dann, 1944, kam die Nachricht, dass der Vater „im Felde vermisst" sei. Er wurde nie gefunden. Dieters Mutter stand, wie so viele Frauen jener Zeit, alleine da und musste sehen, wie sie sich und die Kinder durchbrachte.

Daher kam eine weiterführende Schule, die seiner Intelligenz und seinen Interessen entsprochen hätte, genausowenig in Frage wie eine Lehrstelle. Als er 1951, mit 14 Jahren, die Volksschule verließ, hieß es Geld verdienen. Als Fußbodenverleger bekam er achtzig Pfennig bis 1 Mark 50 die Stunde, immerhin. Als cleveres Kerlchen hatte er bald raus, worauf es ankam. Egal, ob Stragula, Balatum, Linoleum, Teppich oder Holzböden, immer musste er auf die Knie! Fußbodenverleger war kein Lehrberuf. Jeder konnte einen Betrieb eröffnen. Und Arbeit gab es genug. In jener Zeit wurden die großen Kaufhäuser wieder eröffnet oder umgebaut. Das bedeutete Nachtarbeit. Am Tag waren die Häuser für ihre Kunden geöffnet, nachts wurden Fußböden verlegt. Dieter schuftete Nacht für Nacht und am Tag versorgte er seine Schwester, Klein-Gertrud, wenn die Mutter auf ihrer Arbeitsstelle als Verkäuferin war. In der kargen Zwischenzeit las er, was er kriegen konnte. Karl May war sein Favorit. Die fantastischen Abenteuerromane des Sachsen, die in aller Welt spielten, fesselten ihn so, dass er sie schon in der Schulzeit nachts bei Taschenlampenlicht unter der Bettdecke gelesen hatte. Heinz Helfgens „Ich radle um die Welt" begeisterte ihn Mitte der fünfziger Jahre und war nicht zuletzt ausschlaggebend für sein späteres Unternehmen Marokko. Wenn der so weit radelte, dann konnte Dieter das auch.

Auch das andere Geschlecht machte ihm unaufhörlich Gedanken. Nun gab es in jener Zeit und in seiner Situation nicht viele Möglichkeiten herauszufinden, was er gerne gewußt hätte. Junge Mädchen waren fast unerreichbar, die Mutter traute er sich nicht zu fragen und einen Puffbesuch konnte er sich nicht leisten, obwohl er als junger Bursche schon am Rheinufer herumstrolchte und verstohlene Blicke in die Nächelsgasse warf. Im Sommerschwimmbad huschte Dieter stets auf der Suche nach einem vorwitzigen Schamhaar umher, das aus dem Badeanzug hervorlugte, oder aber einem lockeren Oberteil, das für Sekunden die Nippel blitzen ließ. Er bekam „rote Ohren" und nicht nur das. Aber alles spielte sich im Kopf ab. Bis er Helga begegnete, dem schönen, stolzen, dunkelhaarigen Mädchen aus der Parallelstraße, die mit ihm in den Konfirmandenunterricht ging. Mein Gott, war er verliebt, aber er traute sich natürlich nicht, auch nur ein Wörtchen darüber verlauten zu lassen. So liebte er sie heimlich, unheimlich und träumte, träumte, träumte ...

Dann sprach er sie doch einmal an, sie unterhielten sich, gingen am Rhein spazieren, aber Dieter hatte keinen Mut, ihr seine Gefühle zu gestehen. Sie kriegte genausowenig den Mund auf, der lockige Kerl gefiel ihr schon, aber wie sollte man das ausdrücken, ohne sich zu viel zu vergeben, schließlich war man ja kein Mädchen von wer weiß wo.

So machten die beiden sich jahrelang das Leben schwer, oder zumindest nicht leichter. Mit 20 überlegte Dieter, ob er sich selbstständig machen oder eben seinem Traum nachgeben und Südeuropa und Marokko mit dem Fahrrad erforschen sollte. In einem fast kindischen Treueschwur versprachen sich Dieter und Helga, aufeinander zu warten und Dieter stieg auf das Rad.

Es war der heißeste Sommer seit Jahrzehnten. Aber im Süden wurde es grauenhaft. Bei einem Weinbauer zwischen Cadiz und Jerez, wo Dieter für ein paar Tage Arbeit gefunden hatte, trank man auch zum Frühstück nur noch Sherry und wusch sich damit, so knapp war das Wasser. Und als Dieter per Fähre auf der Insel Formatera ankam, von der er in Deutschland noch nie gehört hatte, herrschte dort akute Wassernot. Der Liter Wasser kostete mehr als Wein.

Hier döste Dieter vor sich hin. Er nennt es, „dösen", aber es war wohl mehr seine große Meditation. Er lebte karg, von einer Mark pro Tag. Er schlief im Freien. Das Geld reichte für das nötige Essen, ansonsten las er, was er kriegen konnte. Sein spanisch-deutsches Lexikon erklärte ihm nicht nur die andere Sprache, sondern half ihm auch, Worte zu verstehen, von denen er noch nie gehört hatte.

Auf der Nachbarinsel Mallorca wurde soeben der Militärflughafen in einen Verkehrsflughafen umgebaut. Oft stand er auf dem Gipfel des großen Berges und schaute über die gesamte Insel und zu den schemenhaft aus dem Meer auftauchenden Nachbarinseln. Er genoss die Schönheit, die Einsamkeit, das Meer und die Sonne, und er ahnte, dass viele seiner Landsleute ähnliche Gefühle hegten wie er und bald diese Insel, aber auch andere, besuchen würden, um ihrer Sehnsucht nach Sonne und Wärme auszuleben.

Als er eineinhalb Jahren später zurückkam nach Köln, erwarteten ihn eine treue Helga und viele Arbeitsangebote als Fußbodenverleger. Da er seine Gedanken noch nicht geordnet oder in praktikable Pläne umgebaut hatte, nahm er ein Angebot an, arbeitete sich ein und beschloss dann, sich in der Branche selbstständig zu machen. Er kannte genügend Kollegen, die nun für ihn arbeiten würden, wenn er nur genug Arbeit fand. Und er fand Arbeit. Zunächst kleine Stellen, aber kurz darauf auch öffentlich-rechtliche Aufträge der Stadt, für Behördengebäude oder Schulen. Stolz hängte er sich die erste Rechnung, die er einem Kunden schrieb, in Kopie auf. Die Rechnung hing noch jahrelang in Engels Wohnung über dem Sudfass, dritter Stock.

Gleichzeitig aber dachte er an die Verwirklichung seiner Träume. Er war enttäuscht, als er feststellte, dass es in Finnland mit der Sauna bereits so etwas gab, wie er es sich vorstellte. Eine Mischung aus Hamam und Wasserspaß. In einer Wochenschau der damaligen Zeit entdeckte er es als Kuriosität. Finnen kamen nackt aus der Blockhaus-Sauna, in der sie sich mit Birkenzweigen die Haut rot- geschlagen hatten, und sprangen in Löcher des zugefrorenen Sees. Engel konnte sich die Freude vorstellen. Er fuhr an einem Wochenende an die Nordsee, um seine Gedanken aufzufrischen. Trotz der Beruhigung durch den Wellengang, kam er nicht wirklich weiter. Er besuchte die Quellen im Rheinland, Bad Breisig, fand warmes, braunes, mineralhaltiges, schmutziges Wasser und wusste: Auch das war es nicht.

DIETER ENGEL

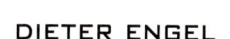

Zu seiner Überraschung gab es sogar in Köln-Müngersdorf bereits eine Sauna. Er besuchte sie und sprach mit dem Inhaber. Die Sauna hatte einen winzig kleinen Außenbereich im Garten des Hauses und war ansonsten als Kundenfang gedacht, für die im Haus stattfindende medizinische Massage. Aber es kamen mehr und mehr Saunafreunde, von denen sich einige, aber längst nicht alle, massieren ließen. Die Sauna lohnte sich.

Als Dieter dann in der Zeitung las, dass beim Neubau eines städtischen Schwimmbades erwogen wurde, auch eine Sauna zu bauen, wusste er, er musste sich beeilen. Zwar war ihm klar, dass seine Sauna anders werden würde als die der Stadt, aber jetzt galt es anzufangen! Längst war ihm bewusst geworden, dass ihn bei den Besuchen in der Müngersdorfer Sauna nur ein Tag interessierte: der Mittwoch. Denn während an anderen Tagen die Geschlechter getrennt in dem heißen Raum hockten, war der Mittwoch der sogenannte „Familientag" oder auch „gemischte Saunatag". So etwas wollte Dieter Engel machen: eine gemischte Sauna für Männer, Frauen oder auch Kinder. Er durchsuchte Inserate und fand schließlich in der Huhnsgasse eine brauchbare Wohnung, baute sie um und nannte sie Finnlandsauna. Schon nach wenigen Wochen wurde sein Haus prämiert als die „Schönste Sauna auf kleinstem Raum". Noch gab es auch bei Engel Herren- und Damentage und nur einmal die Woche gemischt. Aber das sollte sich bald ändern.

Mit der kleinen Sauna war schwer viel Geld zu verdienen. Er suchte etwas Größeres und wurde in Pulheim fündig, westlich von Köln, an der Landstraße nach Grevenbroich, ein Anwesen, das ihm geeignet erschien, mit ausreichend Freigelände und Platz für einen Swimming-Pool.

Nordring, hieß die Straße, an der es lag, und so nannte er sie, „die Nord-Sauna".

Immer noch, während der gesamten Vorbereitung, gab er seine Fußbodenverleger-Firma nicht auf. In der Zeit arbeitete er für einen Imobilienhai namens Günther Kaussen. Der hatte in den frühen Sechzigern tausende von Betriebswohnungen der ehemaligen Zechengesellschaften im Ruhrgebiet gekauft, dafür einen Kredit aufgenommen und die Häuser notdürftig saniert, wodurch ihm ein freundliches Gutachten einen doppelten Wert attestierte. Er verkaufte einen Teil der Häuser und war schuldenfrei. Mit dem Rest ergatterte er neue Kredite und kaufte und kaufte und kaufte. Sogar in den USA. Zu den Sanierungen gehörten oft die Fußböden, und Kaussen hatte einen Narren an dem jungen Dieter Engel gefressen. Dieser war zuverlässig, flott und preiswert.

Der Umstieg von der normalen Sauna auf ein Haus in Köln gelang Engel durch ein Mietobjekt von Kaussen. Im Römerbad vermischte Engel erstmals das noch nicht erfundene Wort „Wellness" mit Prostitution. Von dem Tag an hörte er auf, auf den Knien zu rutschen. Das tat er nur noch einmal, vor Helga, als er sie um ihre Hand bat. Die er natürlich bekam.

1966, mitten im Kampf gegen die Kölner Behörden, wurde sein Sohn geboren, den er nach seinem kaum gekannten Vater Benno taufte. Eine glückliche Familie. Frau Helga unterstützte ihren Mann bedingungslos. Sie hatte seine Philosophie begriffen, die Träume der Menschen wahr werden zu lassen. Sie wusste wie er: Alles findet im Kopf statt, auch das „Rotlicht".

Mittlerweile hatte Engel sich mit der Erotik in der Literatur beschäftigt, mit Goethe und Hafis und auch mit der Erotik in der bildenden Kunst. Bald wurde sein Interesse breiter. Und als er später, in den Siebzigern begann, richtiges Geld zu verdienen, sammelte er Erotika. Er flog durch die ganze Welt und kaufte seltene Kunstgegenstände. Ein Metier, das ihn noch heute, mit über siebzig Jahren, beschäftigt. Obwohl er den größten Teil seines Schatzes an Beate Uhse verkauft hat, pflegt er in der Bar Venusberg, dem ehemaligen Keller der Romanfabrik, tausende Kleinode aus seiner Sammlerzeit und lässt seine Gäste an seiner Freude teilhaben.

Um ihn richtig zu verstehen, muss man noch einen ganz wichtigen Teil seines Charakters entziffern. Sein Faible für Schwache. Zeit seines Lebens hatte er mit vielen Leuten zu tun und er wusste, dass er die starken Partner braucht, aber seine Liebe galt den Schwachen. Und es hieß, wen er einmal umarmt, den lässt er nicht mehr los. Das galt nicht zuletzt für viele Bedienstete des Sudfasses. Ob nun der Chaot und Säufer Hubert, Fingerbrecher genannt oder die homosexuellen Barkeeper Friedel und Ottmar, die später an Aids erkrankten, oder sein Urkumpel Robbie, der ihm mit seiner vorgezogenen Erbschaft den Umbau des Sudfasses erst möglich gemacht hatte, und viele, viele andere. Jede Frau, die mehr oder weniger lang bei ihm beschäftigt war, und Pläne für einen Ausstieg hatte, unterstützte er, sie fanden immer ein offenes Ohr bei ihm und er half ihnen, auch wenn sie mehrfach rückfällig wurden. Und auch wenn viele um ihn herum ihm gut gemeinte Ratschläge gaben und sagten, „lass das, das bringt nichts", so gab er es doch nie auf zu helfen, wenn ihm Menschen ihre Not schilderten.

Als er aufgrund eines geschäftspolitischen Hintergrundes Frankfurt mit der „Romanfabrik" das erste literarische Zentrum verschaffte, erwartete er keinen Dank, aber Akzeptanz. Immerhin ist der Mann literaturfest, besonders Goethe hat es ihm angetan und so nannte er sein neues Hotel „West-östlicher Divan". Dieter Engel kann heute noch Gedichte zahlreicher deutscher Klassiker rezitieren und war sicher, wenn er nur die Literatur und darüber hinaus arme Gegenwartsautoren unterstützt, dann tut er was für die Autoren, die Sprache, für seine eigene Freude, aber auch für die Stadt, die damals den nominell höchsten Kulturetat aller deutschen Städte vorwies. Er war erschüttert, wie sehr Stadt und Medien seine gut gemeinte Tat herabwürdigten. Das alles habe er nur getan, um sich ein gutes Gewissen zu verschaffen, weil man ja wisse, dass er von der unsäglichen Ausbeutung der Frauen lebe.

Engel, einiges gewohnt, nahm es hin. Aber irgendwann, nach einigen Jahren, wurde ihm auch das zuviel. Das Haus „Romanfabrik" hatte sich etabliert und auch von seinem Geld unabhängig gemacht, also zog er sich als Sponsor zurück. Traurig und um die Erfahrung reicher, dass die meisten Menschen nicht in der Lage sind, zu lernen und auf ihren Vorurteilen beharren, als seien sie aus Stahl. Aber er hat sich nicht aufgegeben, er glaubt an das, was er tut, heute noch.

DIETER ENGEL

So wie er das Sudfass erschaffen hat, so findet er es auch in Ordnung, dass es in naher Zukunft abgerissen wird. Das Sudfass hatte seine Zeit, er, Dieter Engel, hatte seine Zeit. Alles geht einmal zu Ende. Und so schrieb er in seinem eigenen Abgesang ans Finanzamt, das von ihm verlangt hatte, nun die bei ihm beschäftigten Prostituierten steuerlich zu denunzieren: „Nie mache ich mich zum Handlanger! Was das Finanzamt heute fordert, wurde noch vor wenigen Jahren als Förderung der Prostitution und Zuhälterei bestraft." Er schloss mit der Warnung, die Steuereintreiber sollten nicht zu nahe an die heutzutage rasierten Vaginas der Prostituierten treten, sonst geschehe ihnen, was Goethe romantisch in seiner Ballade „Der Fischer" reimte:

(…)
Sie sprach zu ihm, sie sang zu ihm;
da war's um ihn geschehen;
halb zog sie ihn, halb sank er hin
Und ward nicht mehr gesehen.

Und schob Goethes Lied nach:

Und was bleibt denn an dem Leben,
wenn alles ging zu Funken,
wenn die Ehre mit dem Streben
Alles ist im Quark versunken.

Und doch kann dich nichts vernichten,
Wenn, Vergängliches zum Trotze,
Willst dein Sehnen ewig richten
Erst zu Flasche, dann zur F (…)

BILDNACHWEIS

John Christie: 16, 51 unten
Robbi Claes: Seite 23, 26, 27
Dieter Engel: 25, 31, 43
Doris Lerche: 201, 202, 203, 204, 205, 206, 207
Vincenzo Mancuso: 215
Helmut Newton: 185
Bettina Rheims: 35 Hintergrund, 140
Peter Schulz: 29 oben, 41, 59, 67, 89, 96, 112, 149, 162, 166
Fred Siegismund: 29 unten, 39
Peter Zingler: 11, 53, 193, 194

Alle anderen Fotos: Thomas Goos, Goos-Studios Groß-Gerau.

Illustration: Michael Hasted: 189

Zahlreiche Fotos zeigen Ausschnitte der Wand- und Deckenbemalungen im Sudfass. Diese wurden von Vlado Tudic und John Christie angefertigt. Ferner sind erotische Gemälde, Stiche, Skulpturen, Spieluhren und Illustrationen zu sehen. Diese stammen aus der Sammlung von Dieter Engel und können in der Bar und Erotik-Kabinett „Venusberg" in Frankfurt am Main besichtigt werden (Öffnungszeiten unter www.venusberg-bar.de).